Die Brüder Boateng

Eine deutsche
Familiengeschichte

D1721877

Michael Horeni

Die Brüder Boateng

Eine deutsche
Familiengeschichte

Ernst Klett Sprachen
Stuttgart

Diese Ausgabe ist eine für den Unterrichtseinsatz bearbeitete und von Michael Horeni autorisierte Fassung der Originalausgabe *Die Brüder Boateng – Drei deutsche Karrieren*, die im April 2012 bei Tropen erschienen ist.

1. Auflage   1   10 9 8 7 6 | 2019 18 17 16 15

© 2012 Tropen – J. G. Cotta'sche Buchhandlung Nachfolger GmbH, gegr. 1659, Stuttgart
© Ernst Klett Sprachen GmbH, Rotebühlstraße 77, 70178 Stuttgart 2012.
Alle Rechte vorbehalten.
Internetadresse: www.klett-sprachen.de

Textbearbeitung: Sebastian Weber, Dr. Christoph Kunz
Redaktion: Stefan Hellriegel
Layoutkonzeption: Sandra Vrabec
Gestaltung und Satz: Satzkasten, Stuttgart
Umschlaggestaltung: Sandra Vrabec
Titelbild: © Mikiharu Yabe, Dutch Uncle, London
Bild Seite 192: © Klett-Cotta (Julia Zimmermann)
Druck und Bindung: AZ Druck und Datentechnik GmbH, Heisinger Str. 16, 87437 Kempten/Allgäu
Printed in Germany

ISBN 978-3-12-666905-4

Inhalt

Wo alles begann: Der Käfig an der Panke

Langsam nähert sich der schwarze Mercedes dem Ende der Sackgasse. So ein Wagen verirrt sich nicht oft in diese Gegend. Als Kind hatte George Boateng immer von so einem Schlitten geträumt, aber noch viel mehr davon, irgendwie aus diesem verfluchten Viertel rauszukommen. Er hätte alles dafür gegeben, und in gewisser Weise hat er das auch getan.

Der Mercedes schluckt die letzten Schläge des Kopfsteinpflasters, dann hält er zwischen einer Werkstatt, in der kein Auto repariert wird, und einem Spielplatz, auf dem kein Kind spielt. Hinter Kletterpflanzen verborgen liegt ein verlassener Fußballkäfig. George Boateng steigt aus und befreit seine Tochter von dem Sicherheitsgurt des Kindersitzes. Er nimmt das zweijährige Mädchen an die Hand und hilft ihm die Treppe zur Rutsche hoch. Doch bevor Rojda rutschen darf, kontrolliert George schnell noch den Spielplatz.

»Junkie-Spielplatz«, sagt er. Aber er findet nichts, was seine Tochter gefährden könnte. Dann darf Rojda rutschen.

Es ist ein kühler Mittag im Sommer 2011, als George mit seiner Tochter in den Berliner Wedding zurückkehrt, zum Fußballkäfig an der Panke. Vor dem Käfig wartet er auf seinen jüngsten Bruder. Jérôme kommt wieder von der anderen Seite, so wie früher, als er an der Pankstraße aus der U-Bahn stieg, die Badstraße entlangrannte, durch das eiserne Tor in den kleinen Park einbog, um dort dann mit seinen beiden Brüdern und einem Ball hinter den Gitterstäben zu verschwinden. In der Enge des Käfigs gerieten die drei aneinander wie alle in diesem Viertel, aber noch mehr fanden sie zueinander. Der Käfig, das spürten sie, machte sie wirklich zu Brüdern. So wurde der Platz hinter den Gitterstäben groß genug, um darin eine Jugend zu verbringen. Doch die drei Brüder liebten diesen Käfig auch, weil die Welt um sie herum nicht durch die Gitter zu ihnen drang.

Um so lange wie möglich zusammenzubleiben, haben die Brüder manchmal von den Baustellen in der Nähe große Lampen rangeschleppt und sie in die Ecken gestellt. Mit dem geklauten Flutlicht konnten sie auch nach Anbruch der Dunkelheit spielen, oft blieben sie bis nach Mitternacht zusammen. Niemand konnte sie aus dem Käfig vertreiben, auch nicht der Regen. Wenn es so schüttete, dass der Platz unter Wasser stand und der vollgesogene, bleischwere Ball in den Pfützen liegen blieb, holten sie aus der Werkstatt einen Besen und kehrten die Pfützen weg.

»Wir wollten im Käfig immer so lange bleiben, wie es ging«, sagt George Boateng, »wir wollten nicht nach Hause.«

Im Käfig spürten George, Kevin und Jérôme wie nirgendwo sonst, dass sie Brüder sind – von einem gemeinsamen Vater, aber von zwei verschiedenen Müttern. George und Kevin lebten mit ihrer Mutter um die Ecke im Wedding, Jérôme bei seiner Mutter in Wilmersdorf, und das heißt: Sie lebten in verschiedenen Welten. Das tun sie auch heute – in Berlin, Mailand und München. Doch manchmal ist es so, als werfe der verlassene Käfig im Wedding lange Schatten, ganz so wie die Gitterstäbe in der Abendsonne an der Panke, wenn es dort am schönsten war.

Der Käfig war ihr gemeinsames Leben, einem Bindemittel gleich, das stärker schien als alle Unterschiede, die sie mit auf diesen harten Platz brachten, stärker auch als alle Schwierigkeiten, die sie schon als Kinder mit sich herumschleppten. Kevin und Jérôme hat der Käfig zu Fußballmillionären gemacht und zu internationalen Spitzenklubs geführt, dem AC Mailand und dem deutschen Rekordmeister FC Bayern München. Auf diesem Weg ist für alle Brüder etwas abgefallen, auch für George, der es nicht geschafft hat, sein ebenso großes Talent aus dem Käfig in die Welt hinauszutragen, der sich nie aus dem Wedding freigespielt hat und ohne Schulabschluss und Perspektive einfach hängen blieb in dieser Sackgasse, wie so viele Jungs hier. Er landete schließlich im Gefängnis, verstand das als letzte Warnung und entschloss sich dann, Hunde zu züchten. Denn sonst ging nicht mehr viel.

George läuft im Park einem alten Kumpel über den Weg, Kaan, einem Türken in seinem Alter, er macht jetzt irgendwas mit Autos.

Kaan trägt eine kurze Adidashose und Badelatschen, als würde er nach einem Spiel in der Kabine stehen und gleich unter die Dusche gehen. Aber er führt nur seinen Hund aus, eine kleine weiße Promenadenmischung. George und Kaan klatschen sich zur Begrüßung ab. Sie haben sich lange nicht gesehen, aber die gemeinsamen Erinnerungen sind stark, stärker als die Jahre, die dazwischen liegen.

»Viele sagen, dass sie die Boatengs kennen, aber Kaan kennt uns wirklich«, sagt George.

Die beiden Familien gehörten zu den ersten, die in den Neunzigerjahren hier in die Neubauten um die Ecke gezogen sind. Damals waren das begehrte Wohnungen, die Stadt hatte sich vorgenommen, etwas aus der miesen Ecke zu machen. Aber das hat dann doch nicht geklappt, genau wie bei so vielen Leuten hier, die sich mal was vorgenommen hatten, wo dann aber doch immer was dazwischen kam.

Kevin kommt an diesem Tag nicht zurück zum Käfig.

Den Kontakt mit seinem ältesten Bruder George hat er seit ein paar Jahren immer wieder unterbrochen, und nach der Weltmeisterschaft in Südafrika wollte er bald auch von Jérôme nichts mehr wissen. Jérôme weiß nicht, warum das so gekommen ist. Fast ein Jahr meldete sich Kevin nach der Weltmeisterschaft nicht, aber dann rief er plötzlich wieder an und sagte, er werde ihm bald alles erklären, denn immer wieder muss etwas geklärt werden zwischen den Brüdern.

Als Kinder konnten sich Kaan, Kevin und George vom Balkon aus zuwinken. Kaan spielte fünf, sechs Jahre mit Kevin in einer Mannschaft, bei Hertha BSC Berlin und davor bei den Reinickendorfer Füchsen. Auch Kaan war ein großes Fußballtalent, aber er brach sich viermal den Fuß, da war er noch nicht einmal 18 Jahre alt, und irgendwann brach bei all den Rückschlägen auch sein Wille.

Kaan kehrt immer wieder an die Panke zurück, früher mit einem Ball unter dem Arm und großen Hoffnungen in seinem Kopf, heute kommt er mit seinem Hund und den Erinnerungen an einen unerfüllten Traum zum Fußballkäfig. »Wenigstens einer von uns hat es

9

geschafft. Aber wenn ich daran denke, was bei mir aus dem Fußball hätte werden können, kommen mir heute noch die Tränen«,
sagt er. Es ist, als fiele mit der Karriere von Kevin, dem Jungen vom
anderen Balkon, der es in diesen Sommertagen des Jahres 2011
gerade mit dem AC Mailand zum italienischen Meister gebracht
hat, ein Teil des Ruhms auch auf ihn zurück. Das ist schon was in
diesem verlorenen Viertel, findet Kaan. Aber er spricht nur von
den Erfolgen Kevins, nicht von Jérômes Aufstieg, der doch auch
jahrelang im Käfig spielte, aber eben nicht mit ihnen im Wedding
lebte. Dann geht Kaan mit seinem Hund wieder nach Hause, vorbei am schwarzen Mercedes von George, den er nicht ansieht.
Jérôme steuert eine Holzbank an, von der man einen schönen
Blick in den Park hat. Man schaut von dort auf ein sorgfältig res-
tauriertes Vestibülgebäude*, die Bibliothek am Luisenbad, ein frü-
heres Kurhaus, kurz vor der Jahrhundertwende erbaut im Stil
der Pariser Oper. Ein kleines Juwel, das man hier nicht erwartet.
Jérôme, Kevin und George waren früher auch oft in der Bibliothek, aber nur, um aufs Klo zu gehen.
George möchte sich nicht auf die Bank setzen, die Jérôme ausge-
sucht hat. Er trägt seine Tochter auf dem Arm und sagt kopfschüttelnd: »Da sind immer die Alkoholiker.«
George sagt das so, als fürchte er, der schlechte Einfluss der Gegend
könne sich übertragen wie eine ansteckende Krankheit. So wie früher bei ihm und Kevin, die hier gemeinsam in einem Zimmer aufgewachsen sind, mit drei weiteren Geschwistern und ihrer Mutter.
Aber ohne Vater und ohne Geld.
George geht weiter. Jérôme folgt seinem ältesten Bruder schwei-
gend.
Er ist früher auch oft hier gewesen, vor allem am Wochenende
und in den Ferien, aber er war hier nur zu Besuch, das war etwas
ganz anderes, als hier groß zu werden. Abends fuhr Jérôme wieder
zurück zu seiner Mutter nach Wilmersdorf, wo er nach ein paar

---

* Gebäude mit großer Eingangshalle.

U-Bahn-Stationen ausstieg und jenen Halt fand, den seine Brüder vergeblich suchten.

Jérôme ist an der Panke irgendwie immer Besucher geblieben. Hier hatten George und Kevin das Sagen, und weil das an diesem Tag immer noch so ist, entscheidet George, sich auf eine Bank in dreißig Metern Entfernung unter hohen Pappeln zu setzen, direkt vor dem Flüsschen Panke, das in Berlin in die Spree übergeht und dem Kindheitsort der Boatengs seinen Namen gegeben hat.

Zufrieden lehnt George sich mit seiner Tochter im Arm auf der Bank, auf der er vor den Alkoholikergespenstern sicher ist, zurück. »Hier ist es gut«, sagt er.

Jérôme schweigt. George kennt sich hier einfach besser aus.

Im Käfig schlägt das wilde Herz des Fußballs. Zinédine Zidane*, der Sohn algerischer Einwanderer, der die Menschen auf dem Fußballplatz verzauberte und 2006 im WM-Finale gegen Italien seinen Gegner mit einem Kopfstoß niederstreckte, hat seinen Kampf hinter den Gittern von La Castellane aufgenommen, einer runtergekommenen Banlieue** von Marseille. Hetzer wie der französische Politiker Jean-Marie Le Pen ließen diese Ausländerghettos nur zu gern abreißen und würden ihre Bewohner am liebsten übers Mittelmeer zurückschicken nach Nordafrika.

In der Enge der Käfige hat auch der schmächtige Mesut Özil seine Technik entwickelt – als Schutzschild, mit dem ausgerüstet ihm die Härte hinter den Gittern nichts mehr anhaben konnte. Wayne Rooney eignete sich im Käfig dagegen eine Bulligkeit an, die keinen Widerstand duldete. Es gibt verschiedene Überlebensstrategien in einem Fußballkäfig, und als diese Jungs die Käfige verließen, haben sie diese Strategien mit hinausgenommen in die großen Arenen der Welt, wo ihnen niemand mehr Angst machen konnte.

---

* Ehemaliger französischer Nationalspieler.
** Frz. »Vorort«; die Banlieues französischer Großstädte sind Wohnquartiere mit großen sozialen Problemen.

Wenn einer der Jungen in Zidanes Käfig neue Fußballschuhe bekam, trampelten die anderen so lange darauf herum, bis sie nicht mehr neu waren. Auch Jérôme, Kevin und George lernten im Käfig, dass man immer wachsam sein muss, schneller als die anderen, und dass man einstecken können muss.

Die Jungs packen im Käfig ihre Wut mit ins Spiel, sie suchen für ihre Angriffslust und ihre Aggressivität immer neue Wege – Wege, die es auf einem normalen Fußballplatz nicht gibt, und anderswo meist auch nicht, und wenn doch, dann kommt oft die Polizei.

Damals wie heute nehmen die Jungs ihre Unverfrorenheit mit in waghalsige Dribblings, sie schlagen Haken, um sich aus der Enge zu befreien, ihre Unverschämtheit legen sie in wahnwitzig verschlungene Alleingänge, und so kommt es, dass jedes Spiel im Käfig immer auch so aussieht, als sei es die Fortsetzung eines Zweikampfs mit der Welt da draußen. »Im Käfig ist alles anders. Da ist der beste Freund dein Gegner. Da heißt es: Ellbogen raus – und durch«, sagt George. »Wenn du da einmal geweint hast, weil es weh getan hat, oder du ›Foul‹ gerufen hast, dann war es vorbei.«

Das Leben hinter Fußballgittern ist unendlich weit weg von dem geregelten und sozialverträglichen Fußball-Leben in den Internaten und Leistungszentren der großen Klubs, wo die neue Elite des Fußballs in Europa akribisch auf eine Karriere mit differenzierten Anforderungsprofilen vorbereitet wird, wo nach ausgeklügelten Konzepten auch soziale Kompetenzen gelehrt werden und die schulische Ausbildung nicht mehr zu kurz kommen soll. Dort ist das Ziel, einen Spielertypus heranzuzüchten, der in der Hochleistungsbranche perfekt funktioniert, der sich einpasst in ein vorgegebenes Spiel- und Mannschaftsgefüge, der sich ständig weiterbildet und die Mechanismen des Medien- und Unterhaltungsbetriebs ohne Ecken und Kanten bewältigt. Am Ende kommen dabei oft Spieler heraus, die eben auch gelernt haben, sich der Norm anzupassen.

»Der Käfig hat uns geprägt. Das war unser wichtigster Ort. Es ist ein harter Platz. Stein. Asphalt. Nur das Nötigste. Zwei Metallpfosten. Die Latte 'ne Metallplatte mit billigem Holz dran. Kein Netz. Nichts«, sagt George.

»Die Panke war mein Zuhause. Ihr habe ich alles zu verdanken«, hat Kevin in einer Reportage der Wochenzeitung *Die Zeit* gesagt, als er noch mit seinen Brüdern sprach.

»Und ich habe geheult, wenn Kevin mit mir gemeckert hat«, sagt Jérôme.

Ein Fußballkäfig ist anders als andere Käfige. Normalerweise lässt ein Käfig die Entfaltung seiner Bewohner nicht zu, und wenn man nicht aus diesen Zwängen ausbricht, dann wird der Käfig zur Falle, zum Gefängnis, weil die eigenen Fähigkeiten eingesperrt bleiben. Ein Fußballkäfig bringt jedoch genau die verborgenen Kräfte zum Vorschein, die in einem Fußballer ansonsten oft unentdeckt bleiben.

Im Fußball bedeutet der Käfig Freiheit.

»Der Käfig ist der Anfang von allem«, sagt George. Bald merkte er, dass seine Brüder dort gegeneinander kämpften und damit nicht mehr aufhörten. Sie kämpften härter gegeneinander als gegen alle anderen im Käfig, und George merkte auch, dass sie sich dabei gegenseitig anstachelten und immer besser wurden. Aber er wusste damals noch nicht, woher ihr brennender Ehrgeiz kam, warum sie im Käfig heulten – erst Jérôme und dann Kevin – und was das alles mit ihrem Vater zu tun hatte. Er erkannte nur, dass Jérôme unbedingt so gut werden wollte wie Kevin und dass Kevin den jüngeren Bruder auf Distanz hielt.

Es war ein Bruderzweikampf, der im Käfig begann und der nicht aufhörte, als sie den Käfig durch den kleinen Spalt, der an der einen Seite ins Metall geschnitten ist, verließen. George hatte mit diesem Duell nichts zu tun, mit ihm wollten sich Jérôme und Kevin nie in der gleichen Weise messen, wie sie sich untereinander maßen. George war im Käfig immer unantastbar. »Wenn man der Älteste ist, schauen die Kleinen immer zu einem auf. Aber so gut wie die beiden heute sind, verstehe ich nicht, dass sie damals zu mir aufgeschaut haben. Aber so war es«, sagt George.

Jérôme und Kevin bewunderten ihren großen Bruder. Er hatte es schließlich hinbekommen, dass sie endlich drei Brüder waren, die zusammen sein durften, und das lag ganz allein daran, dass George das unbedingt gewollt hatte. Er hatte die zerstrittenen Eltern so lange gedrängt, bis sie einwilligten, und als sie dann endlich zusammen waren, fühlte er sich auch verantwortlich, dass es gut lief zwischen ihnen. Einer musste das einfach in die Hand nehmen. Er nahm ja auch sonst schon viel in die Hand mit seinen zwölf, dreizehn Jahren. »Wenn man einen seiner Brüder am Anfang so viele Jahre nicht sieht, ist das eine komische Sache«, sagt George. »Aber wenn Jérôme dann bei mir war, habe ich nie Unterschiede zwischen ihm und Kevin gemacht, obwohl ich doch mit Kevin in einem Zimmer aufgewachsen bin. Ich habe mir auch extra Mühe gegeben, dass sich Jérôme nicht benachteiligt fühlt.« George hatte früh ein Gespür dafür, wie es ist, wenn man benachteiligt wird, und er hätte auch gerne jemanden gehabt, der sich um ihn gekümmert hätte. Aber einen großen Bruder hielt die Familie für George nicht bereit, und der Vater, den es gab, der war nicht da. Dass er ihn in dieser Zeit viel stärker gebraucht hätte, wurde George erst später klar. Damals fand er das normal. Kevin hatte ja ebenfalls keinen Vater, und auch bei Jérôme war der Vater nach ein paar Jahren ausgezogen. Im Weddinger Käfig waren sie bei weitem nicht die einzigen Kinder, bei denen die Ehe der Eltern in die Brüche gegangen war.

Nur im Käfig war fast immer alles ganz einfach für die Brüder Boateng.

George war der Beste unter ihnen, daran gab es keinen Zweifel. Er war auch der Älteste. Wenn George und Kevin nach der Schule auf den Platz stürmten, vorbei an der Bibliothek, war der Platz an der Panke fast immer voll.

Am Wochenende war am meisten los, da durfte auch Jérôme häufig dabei sein. Dagegen erlaubte ihm seine Mutter unter der Woche nur einen Nachmittag im Wedding, der Schule wegen, wie sie sagte. Jérôme sah das ein. Am Wochenende drängelten sich oft über zwanzig Kinder und Jugendliche aus dem Viertel auf dem winzigen Platz, manchmal sogar noch mehr. Weil der Käfig für zwei große Mannschaften zu klein war, bildeten die Jungs mehrere Teams, so dass jeder mal drankam und weil man in kleinen Teams besser kicken kann. Sie regelten das ganz gerecht, und niemand beklagte sich. Sie spielten Turniere, fünf gegen fünf oder vier gegen vier, je nachdem, wie es gerade aufging. Und wenn der Platz am Abend leerer wurde, spielten die, die am längsten durchhielten, zwei gegen zwei. Meistens waren es die Boatengs, die am längsten durchhielten. Dann durfte man den Ball nur noch einmal berühren, das war schwerer und machte das Spiel noch schneller. Die drei Brüder hatten für sich aber noch eine ganz eigene Regel im Käfig aufgestellt. »Wir haben immer nur mit dem schwachen Fuß gespielt, nie mit dem starken. Denn der starke war sowieso schon gut genug«, sagt George. Sie gewannen die Spiele mit links, so stark waren sie.

Irgendwann nervte es die Jungs, dass der Ball immer über die vier, fünf Meter hohen Gitterstäbe flog und dann auf der Wiese oder in der Werkstatt landete. Sie beschlossen, den Käfig vollständig gegen die Außenwelt zu verschließen. Sie hatten nicht viel, aber jeder gab, was er konnte, und als sie 130 Mark beisammenhatten, kauften sie ein Netz und spannten es über den Käfig. Nun mussten sie nicht mehr raus in die andere Welt, der Ball blieb immer bei ihnen im Käfig, und ihr Spiel wurde noch schneller. »Das Netz war ein Luxus«, sagt George, »das hatte sonst keiner in Berlin.«

Wenn George früher sagte, wie es zu laufen hat, dann machten seine Brüder, was er sagte. Das war ganz normal. Er war auch der Erste unter den Brüdern, der bei Hertha BSC Berlin spielte, dem größten Klub der Stadt. George ist einfach mit einem Freund dorthin gegangen, weil er merkte, dass er ziemlich gut war. Da war er allerdings schon elf oder zwölf. Das ist eigentlich viel zu spät für eine Fußballkarriere, und eigentlich ist es auch fast unmöglich, in diesem Alter in der Jugendmannschaft eines Profiklubs unterzukommen, wenn man von der Straße kommt und vorher noch nie in einem Verein gespielt hat. Aber George ging einfach hin und sagte den Leuten, er wolle mitspielen, weil er das gut könne. Die

Hertha nahm ihn tatsächlich, doch zunächst steckten sie ihn in die dritte Mannschaft seines Jahrgangs in der D-Jugend. Das war George nicht genug. Er wusste, dass er besser war.

Zufällig sah ihn der Trainer von Herthas erster D-Jugendmannschaft spielen – das war bei einem Schulturnier –, und darauf holte er George in sein Team. Der Trainer sah in George ein Juwel, einen Stürmer von wilder Entschlossenheit, der es zu etwas bringen konnte.

George spielte im Käfig nun zwei Rollen. Er war der beste Fußballer unter den drei Brüdern, und dass er bei der Hertha war, verschaffte ihm zusätzlichen Respekt. Doch vor allem war er der große Bruder, der alles zusammenhielt. Er glaubte, das sei seine Aufgabe, weil doch schon so viel auseinandergeflogen war in der Familie. War er am Anfang jeden Tag im Käfig gewesen, kam er nach ein paar Jahren seltener als seine Brüder. Er tat in der Zeit ein paar Sachen, die nicht jeder mitkriegen sollte, vor allem nicht Jérôme und Kevin. Das war ihm wichtig, wenn er sein Ding in Berlin durchzog. Irgendwann kam George gar nicht mehr, da saß er über ein halbes Jahr in Untersuchungshaft, weil er zum wiederholten Mal zugeschlagen hatte.

»Ich komme aus dem Wedding. Da wird man Drogendealer, Gangster oder Fußballer«, hat Kevin gesagt, als er anfing, sich im Fußball einen Namen zu machen. Es war ein Spruch, der so oder ähnlich in allen Zeitungen stand und der ihn immer verfolgte. Manche meinten damals, er suche nach einer eigenen Geschichte, dabei hatte Kevin nur zu gut mitbekommen, was jenseits des Käfigs passierte. »Viele Kumpels sind auf die schiefe Bahn geraten, mit Drogen und Waffen und so«, sagte er, und vermutlich dachte er dabei vor allem an die Geschichte seines Bruders.

Die Jungs, die heute im Käfig spielen und die Geschichte der beiden Nationalspieler Kevin und Jérôme als großen Traum mit sich tragen, jonglieren den Ball lässig von einem Fuß auf den anderen, bugsieren ihn virtuos zwischen die Schultern und jagen ihn dann, wenn er wieder herunterfällt, direkt aufs Tor. Als die Boatengs kurz vor der Weltmeisterschaft 2010 in die Schlagzeilen gerieten, interessierten sich plötzlich auch die Reporter der großen deutschen Zeitungen für den Wedding und die Nachfolger der Brüder an der Panke.

Hussein gehört zu den Älteren, er ist schon über zwanzig und hat eine Ausbildung zum Einzelhandelskaufmann gemacht. Er sagte dem Reporter der *Süddeutschen Zeitung*, dass er die Kurve gekriegt hat, und seine Kumpels auch. Einen Job aber haben sie nicht gefunden, und so hat hinter der Kurve nichts auf die Jungs gewartet außer Aushilfsjobs, Schwarzarbeit oder Hartz IV. »Das prägt einen schon, wenn man überhaupt keine Chance bekommt«, sagt Hussein. Manche von den Jüngeren, die noch zur Schule gehen, erzählen in der *Zeit*, dass sie niemanden kennen, der für sein Geld arbeitet, aber viele, die kiffen und saufen, und einige, die für Geld alles machen. »Es ist noch härter geworden als zu unserer Zeit«, sagt George. Wenn seine Kinder größer sind, sollen sie nicht mehr in Berlin leben.

Im Käfig an der Panke gibt es hinter dem Tor einen Spalt im Metall, um den Weg nach draußen zu finden. Aber wie kommt man durch die unsichtbaren Gitterstäbe, die den Wedding umgeben? Am Käfig im Wedding hängt damit auch die Frage, ob man in einem bürgerlichen Viertel aufgewachsen sein muss, um den immer rigider* normierten Weg in die deutsche Fußballnationalmannschaft zu finden, oder ob man es wenigstens im Fußball schaffen kann, wenn man aus dem Wedding kommt und nichts anderes kennt als den Wedding.

Wenn Jérôme und Kevin im Käfig waren – immer öfter auch ohne George –, dann vergaßen sie die Welt, die sie trennte. Sie spielten ohne Pause drei, vier Stunden, übten ihre Tricks und kämpften an den Gittern um jeden Zentimeter, bis sie nicht mehr konnten. Dann gingen sie rüber in Kevins Wohnung, aßen dort schnell etwas, rasten wieder die Treppe runter und kickten und kämpften

---

* Sehr streng.

weiter, bis es dämmerte oder noch viel länger. »Die waren fast gar nicht zuhause, die waren dann immer im Käfig«, sagt George.

Jérôme nickt. »Die Zeit von früher will ich immer zurückdrehen«, sagt er. »Wo wir nur Spaß hatten und an nichts denken mussten und es keine Verpflichtungen gab.«

Dass George besser war, störte Jérôme nicht so sehr, aber das mit Kevin war immer eine andere Sache. Da konnte Jérôme Niederlagen kaum ertragen, und Kevin ging es genauso. Zwischen ihnen lagen nur anderthalb Jahre. Ihm wollte Jérôme unbedingt beweisen, dass er auch so gut sein konnte wie er. Wenn Jérôme im Käfig sah, dass er Tricks nicht konnte, die Kevin konnte, und Kevin ihn mit einer Härte an die Wand spielte, die Jérôme fremd war, dann fing er an zu heulen. »Ich kannte das alles so nicht, ich bin ja ein bisschen anders aufgewachsen«, sagt Jérôme, »Kevin konnte mehr Tricks, aber ich war schneller.«

George hatte zwar schnell registriert, was da im Käfig zwischen Kevin und Jérôme los war, doch dass das nicht nur mit Fußball zu tun hatte, ahnte er damals noch nicht.

»Die Konkurrenz zwischen den beiden war von Anfang an sehr stark. Es gab da die eine oder andere Situation, wo der eine übertrieben hat, aber das gehört dazu. Das braucht man auch, um ein dickes Fell zu bekommen. Dadurch sind die beiden stark geworden. Sie haben sich durch niemanden mehr einschüchtern lassen«, sagt George.

Er merkte, dass der Konkurrenzkampf eine Triebkraft seiner beiden Brüder war. So viel Energie steckte darin, dass sie über Jahre hin nicht erlahmte, nicht einmal als sie schon Profis waren und sich ihren Platz in den Nationalmannschaften von Ghana und Deutschland erkämpft hatten. Es ist, als hätte der Wettkampf zwischen Jérôme und Kevin im Käfig bis heute nicht aufgehört: »Wenn der eine etwas erreicht hatte, wollte der andere es auch unbedingt. Jeder will erreichen, was der andere geschafft hat«, sagt George. »Sie haben beide das Glück, einen Bruder als Vorbild zu haben.«

Jérôme sitzt auf der Holzbank, schaut zurück in den Käfig und nickt. Er war seit etwa fünf Jahren nicht mehr hier. Die Erinnerungen waren nie ganz weg, aber jetzt strömen sie auf ihn ein. »Ich war sehr schüchtern, als ich damals hierher kam«, sagt er. »Aber dann habe ich mich im Käfig verändert. Ich wollte meinen Brüdern zeigen, dass ich mithalten kann.« Jérôme erzählt, dass er immer nur im Käfig heulte, nie wenn er im Verein spielte oder auf dem Bolzplatz in Wilmersdorf ganz in der Nähe seiner Wohnung. Die stärksten Gefühle übermannten Jérôme und Kevin immer in diesem Käfig. »Der Käfig hat uns zusammengeschweißt«, sagt Jérôme, »da kann passieren, was will.«

Wenn Jérôme damals merkte, dass er etwas nicht konnte, was er unbedingt können wollte, um gegen Kevin und George zu bestehen, ging er nach Hause und kam manchmal einen Monat lang nicht wieder, obwohl er nichts lieber wollte als mit seinen Brüdern Fußball spielen. Er zwang sich, so lange zu trainieren, bis er glaubte, sich wieder im Käfig blicken lassen zu können. Jérôme trainierte in dieser Zeit ganz alleine wie besessen, und er kam erst wieder, als er konnte, was die anderen konnten. Als er es besser konnte. Jérôme war stolz, wenn seine Brüder über die Fortschritte staunten, nichts war ihm damals wichtiger als die Anerkennung seiner Brüder.

»Wenn ich wiederkam«, sagt Jérôme, »war ich wirklich besser.« George nickt: »So war das immer, Jérôme ging, und zurück kam ein besserer Jérôme. Das war der Knackpunkt in seinem Leben: dass er gelernt hat, wenn man etwas tut, wird es auch belohnt. So spielt und entwickelt er sich bis heute. Ich kenne in Berlin einen Haufen Talente, aber keiner ist annähernd so wie Jérôme. Ich habe mich nur auf mein Talent verlassen und Kevin auch.«

Die Talente, von denen George spricht, sind nicht Talente wie er selbst, die der Fußball irgendwann vergessen hat und die nun im Amateurfußball ihrem Traum nachhängen. George spricht von Spielern, die es in den Profifußball geschafft haben, in Bundesligaklubs spielen und schon Titel gewonnen haben. Aber diesen unbändigen Ehrgeiz, ständig an sich zu arbeiten, um besser zu werden als alle anderen, aber vor allem als der eigene Bruder, den hat George im Käfig und auf den Fußballplätzen in Berlin so nur bei Jérôme erlebt, der war auch stärker als bei Kevin. Die Brüder Boateng haben in Berlin mit Ashkan Dejagah gespielt, der mit dem VFL Wolfsburg 2009 die deutsche Meisterschaft gewann, mit Sejad Salihovic, der bei 1899 Hoffenheim Karriere gemacht hat, mit Patrick Ebert, der mit Hertha BSC 2011 in die Bundesliga zurückgekehrt ist, und mit Zafer Yelen, der in der Bundesliga und in der ersten türkischen Liga gespielt hat.»Da gibt es schon ein paar Leute, die auch nicht schlecht sind. Aber so wie Jérôme ist keiner«, sagt sein großer Bruder.»Jérôme und Kevin hatten den größten Ehrgeiz und den größten Willen sich zu erweitern. Die meisten anderen sind schnell zufrieden. Dazu zähle ich mich auch. Wenn ich einmal dort oben wäre, würde ich denken: ›Ich habe es geschafft.‹ Aber auch seit Jérôme und Kevin da oben sind, habe ich von ihnen noch nie den Satz gehört: ›Ich habe es geschafft.‹ Noch nie, wirklich, nie. Das muss man erst mal haben. Das hatte hier sonst keiner.«

Was würde Kevin dazu sagen? Dass der Käfig ein Ort geblieben ist, an dem es keine Unterschiede zwischen ihnen gibt, ein Sehnsuchtsort für ein harmonisches Leben unter Brüdern, das sich Jérôme und George wünschen, aber von dem Kevin im Moment mal wieder nichts wissen will? Er ist in jenen Tagen abgetaucht in Mailand, aber das wird sich ändern, und damit wird auch die gemeinsame Vergangenheit des Käfigs, aber auch des Wedding wieder in das Leben der Brüder zurückkehren. »Der Fußball ist eine Gemeinsamkeit gewesen, wo man sich nicht streiten kann, wo man die gleiche Leidenschaft teilt. Es gibt Geschwister, die leben jahrelang zusammen und kommen nie auf einen Nenner. Wenigstens in dieser Sache haben wir einen Punkt, den wir alle drei genauso sehen«, sagt George.»Und das ist gut, sehr gut. Irgendwann kommt Kevin zu uns zurück.«

I. Ein Foul und die Folgen

Der Tritt

Kevin Boateng sieht aus, wie er beschrieben wird. Der Kopf ist geschoren bis auf einen breiten Streifen, der von der Stirn nach hinten verläuft, und das, was das Trikot von Hals und Armen freigibt, ist mit Tätowierungen überzogen. Aber er schaut mit einem verständigen Blick aus seinem Gesicht, seine Stimme klingt erwachsen, und wenn er mitten im Gespräch ans Telefon muss, weil seine Frau anruft, dann entschuldigt er sich. Er wirkt erst einmal nicht wie ein Arschloch.

»Arschloch«, sagt er, »das muss man sich mal vorstellen.«

Das ist der Anfang eines Artikels über die Brüder Boateng zu Beginn der Fußballweltmeisterschaft in Südafrika, geschrieben von Marcus Jauer und dem Autor dieses Buches für die *Frankfurter Allgemeine Zeitung*. Schon damals kommt man an Kevin nur schwer heran.

Sein Manager gibt sich hilfsbereit, aber ein Treffen mit Kevin vermittelt er nicht. Tagelang geht das so, bis er schließlich sagt, ein Interview sei nicht möglich. Die Leute in Ghana lehnten das ab, sie wollten Ruhe vor dem Turnier. Aber man hat eher das Gefühl, dass der Manager seine Ruhe will.

Am Abend, bevor Ghana in Holland spielt, sitzt Kevin in der Lobby des Mannschaftshotels in Rotterdam. Es ist ganz einfach, mit ihm zu reden.

»Kein Problem«, sagt er.

Kevin redet eine Stunde. Kein Manager ist da, und auch niemand aus Ghanas Team stört sich daran, dass Kevin ein paar Tage vor der Weltmeisterschaft sagt, was er sagen möchte. Kevin ist freundlich an diesem Abend, er hat noch Kontakt zu seinem Bruder Jérôme. Auch sein Vater war vor ein paar Monaten bei ihm zuhause, da haben sie lange miteinander geredet.

An diesem Abend in Rotterdam besteht Kevin nicht einmal darauf, dass man ihm seine Aussagen für den Zeitungsartikel noch einmal vorlegt. Er vertraut darauf, dass man schreibt, was er sagt. Das ist überraschend, denn er hat schon einige schlechte Erfahrungen mit den Medien gemacht, und es gibt in jenen Tagen in Deutschland nicht viele Menschen, die unbeliebter sind als Kevin Boateng, der Brutalo-Treter, der Kicker aus dem Ghetto.

Im Finale um den englischen Pokal hatte er dem deutschen Kapitän so heftig gegen den Knöchel getreten, dass Michael Ballack humpelnd vom Platz musste. Nach der endgültigen Diagnose zwei Tage später steht die deutsche Mannschaft ohne Kapitän da. In Fußballdeutschland herrscht Ausnahmezustand.

In den Nachrichtensendern läuft der Ausfall des deutschen Kapitäns als »Breaking News« den ganzen Tag. Die ARD sendet einen »Brennpunkt« und schaltet live zu Joachim Löw ins Trainingslager nach Sizilien, auch das ZDF bringt ein »Spezial«. Die Zeitungen drucken Sonderseiten.

»Ich wusste schon, was auf mich zukommt«, sagt Kevin.

Die Fans in Deutschland fürchten, dass mit Ballacks Ausfall gleich die gesamte Weltmeisterschaft für Deutschland gelaufen ist. Die Wut über das Foul, das den Kapitän niedergestreckt hat, und die Befürchtung, damit um den Spaß eines herrlichen WM-Sommers gebracht zu werden, finden\ schnell ein Ziel: Kevin Boateng.

Der Kolumnist der *Bild*-Zeitung schreibt: »Immer sind es die Arschlöcher, die alles kaputt machen.«

Dann bricht der Sturm der Bürger los. Im Internet gründen sich Gruppen, die Kevin zum Teufel wünschen. Die Gruppen heißen »82 000 000 gegen Boateng!«, »Frau Merkel, entziehen Sie Kevin Boateng die deutsche Staatsbürgerschaft«, »Ich bremse für Tiere, aber nicht für Boateng« oder einfach: »Boateng umhauen«.

In die Wut über den Verlust von Ballack und das üble Foul mischt sich ein rassistischer Ton. In den Leserkommentaren im Internet stehen schlimme Beleidigungen und rechtsradikale Ausfälle, die zuständigen Redakteure sehen sich gezwungen, das Übelste zu löschen. Die für User-Meinungen zuständigen Redakteure sind aber trotz der Verunglimpfungen vorsichtig mit Streichungen und Glättungen, weil sonst der Vorwurf kommt, dass man in diesem Land nicht mehr sagen kann, was man denkt. Und was man denkt, das werde man doch wohl noch sagen dürfen.

»Zurück in den Busch.« »Schwarze Sau.« »Tötet den Nigger.« Das ist der Sound im Internet nach Kevins Foul. Es ist der Sound einer Minderheit, die nun einen Anlass für ihre Wut gefunden hat und auch für ihr ungutes Gefühl, dass in diesem Land grundsätzlich etwas schiefläuft mit den Ausländern, Migranten, Schwarzen, eben mit Leuten wie Boateng. Oder besser: wie den Boatengs.

Es ist ein Gefühl, das in jenen Tagen seine Ausdrucksform noch sucht, aber etwas ist klar: dass man sich als Deutscher nicht mehr alles gefallen lassen will, dass man sich wehrt gegen gewalttätige Übergriffe, gegen Beleidigungen, gegen Zumutungen, dass man es nicht mehr ertragen will, dass es in Deutschland immer mehr Leute gibt, die glauben, nach eigenen Regeln leben zu können, und damit durchkommen. Wie die aggressiven jungen Männer aus der Unterschicht, die von Ehre faseln und dann einfach zuschlagen, wenn ihnen jemand blöd kommt. Und man hört immer wieder, dass darüber in den Medien und der Politik nicht gesprochen wird, oder zumindest nicht so, wie man das angesichts der Probleme für richtig hält, und dass die Politik und die Medien die Welt immer schöner malen, als sie tatsächlich ist.

Man hat ganz einfach genug von diesen Arschlöchern, die einfach zutreten.

Es ist der 15. Mai 2010, der das Leben von Kevin Boateng und Michael Ballack verändert. Im Wembley-Stadion läuft die 35. Minute des Cup-Final zwischen Chelsea und dem FC Portsmouth, als die zwei so unterschiedlichen deutschen Biographien aufeinanderprallen und für immer miteinander verbunden bleiben. Auf der einen Seite, der strahlende deutsche Weltstar auf dem internationalen Parkett, mit Anerkennung und Werbeverträgen überhäuft, und auf der anderen ein wilder, ungezähmter Kicker aus dem Berliner Ghetto, der in seiner Karriere immer den

Spruch mit sich herumschleppt, dass man in seiner Gegend entweder Fußballer wird oder Gangster, und nun bei einem englischen Absteiger gelandet ist.

Ballack bekommt im Mittelfeld den Ball, weit und breit ist kein Gegenspieler zu sehen. Kevin steht fünfzehn Meter entfernt in seinem Rücken. Ballack macht ein paar Schritte und spielt den Ball weiter zu einem Mitspieler. Gerade als der Ball seinen Fuß verlässt und das ganze Gewicht auf dem rechten Bein lastet, kommt Boateng von hinten angerauscht. Ballack kann ihn nicht sehen, er ist wehrlos. Vielleicht ahnt er den Gegenspieler, aber es ist zu spät. Beschleunigt vom Tempo seines Spurts und der Masse seines athletischen Körpers fliegt Kevin mit gestrecktem rechten Bein in Ballacks Knöchel. Der Tritt seines anderen Beins hebelt Ballack aus, der deutsche Kapitän fliegt durch die Luft. Als Ballack auf den Boden knallt, greift er sich an den Knöchel und schreit. Er bleibt lange liegen, das Gesicht in den Rasen gedrückt vor Schmerz. Das sind die Bilder, die tagelang über den Bildschirm laufen.

Kevins Foul ist das, was man ein übles Foul nennt. Es ist übel, weil es eine Verletzung des Gegners bewusst in Kauf nimmt. Es ist ein Foul ohne Rücksicht auf Verluste. Die Regeln sehen dafür eine Rote Karte vor, Kevin sieht nur die Gelbe Karte. Aber auch wenn es ein übles Foul ist, es ist trotzdem ein Foul, wie es im Fußball immer wieder vorkommt. Nicht in jedem Spiel, nicht jede Woche, aber doch immer wieder während einer Saison. Normalerweise werden auch solche Fouls, die eine Verletzung des Gegners in Kauf nehmen, schnell abgehakt. Aber eben nur dann, wenn sie keine schwerwiegenden Folgen haben. Das Foul von Kevin Boateng aber hat Folgen wie kein Foul zuvor im deutschen Fußball. Es ist *das* Foul im deutschen Fußball.

Ein paar Wochen vor Boatengs Attacke gegen Ballack begeht Bayern-Star Franck Ribéry ein ähnliches Foul. Ribéry fliegt dafür im Halbfinale der Champions League vom Platz. Sein Gegner konnte weiterspielen, und weil das Foul keine bösen Folgen hatte, ging der FC Bayern danach bis vor das oberste Sportgericht, um Ribérys

Sperre für das Finale der Champions League aufheben zu lassen. Ribéry sah am Ende aus wie das Opfer, nicht wie der Täter.

Michael Becker, der Berater von Michael Ballack, ein in Luxemburg lebender Rechtsanwalt, der für die Europäische Kommission gearbeitet hat, bevor er sich entschied, mit der Beratung von Fußballprofis sein Geld zu verdienen, beschließt, das Foul von Kevin Boateng nicht einfach hinzunehmen, wie man ansonsten Fouls im Fußball hinnimmt: als unglücklichen, aber eben doch ganz normalen Vorgang. Er droht Kevin mit Klage.

Ballacks Berater will neben der juristischen auch ausdrücklich eine grundsätzliche Frage zur Sprache bringen, die in diesen Tagen in der Luft liegt: nach welchen Regeln man in Europa zusammen spielt und zusammen lebt. Und ob es der deutsche Kapitän wirklich so einfach hinnehmen soll, um seinen Traum gebracht zu werden, nur weil sich jemand wie Kevin Boateng allein den eigenen Regeln verpflichtet fühle und sonst nichts. »Der Fußball ist kein rechtsfreier Raum, auch wenn das Boateng offensichtlich annimmt. Boatengs Verhalten lassen wir unter allen juristischen Aspekten prüfen. Aber hier geht es auch um das Problem, wie man sich in einer Gesellschaft verhält und benimmt. Boateng hat die Regeln des Anstands und Benehmens offenbar nicht verstanden – aber dafür gibt es in Mitteleuropa juristische Möglichkeiten, um ihm zu den richtigen Einsichten zu verhelfen«, sagt der Jurist.

Das Foul von Ballack hat eine Vorgeschichte, eigentlich sind es sogar zwei. Es sind Vorgeschichten, die Kevin in ein noch ungünstigeres Licht rücken.

Drei Minuten vor dem Foul geraten Ballack und Boateng zum ersten Mal aneinander. Es ist eine Auseinandersetzung abseits des Spielgeschehens. Nach einem Foul Ballacks entwickelt sich ein Disput, bei dem der deutsche Kapitän Kevin die Hand ins Gesicht drückt und ihm einen Wischer verpasst. Kevin stößt Ballack von sich weg und hebt drohend den Zeigefinger. Beide gehen kampfeslustig aufeinander zu, bis sie sich Kopf an Kopf gegenüberstehen. Es sieht so aus, als ob sie am liebsten nach draußen gehen würden, um auszumachen, wer der Stärkere ist. Aber Boateng und Ballack stehen im Finale von Wembley, und bevor etwas passiert, gehen vier, fünf Spieler aus beiden Teams zwischen die Streithähne.

Drei Minuten später liegt Ballack am Boden, und sein Traum von der Weltmeisterschaft ist dahin.

Der Tritt wirkt angesichts der Vorgeschichte wie eine fiese Revanche, und ein paar Tage nach dem Foul kommt in den Zeitungen noch eine andere Geschichte hoch: Es ist im Februar 2006, als Kevin noch bei Hertha BSC Berlin spielt und Ballack beim FC Bayern. Kevin hat eine Woche vor dem Spiel gegen München sein erstes Tor in der Bundesliga gegen Eintracht Frankfurt geschossen.

Im Spiel gegen die Bayern steigt ihm Ballack auf den Fuß.

»Was soll das?«, fragt Kevin.

Ballack entgegnet: »Halt die Klappe! Nur weil du gegen Frankfurt ein Tor geschossen hast, musst du nicht denken, dass du der Größte bist.«

Kevin fasst das als Provokation auf, aber er hat schon die Gelbe Karte gesehen, und wenn er sich jetzt gehen lässt, fliegt er vom Platz. »Ich habe mich zusammengerissen und nur noch einen Spruch gelassen«, sagt Kevin nach dem Spiel. »Das habe ich jetzt unter Kontrolle.« Ein Reporter will damals noch wissen, ob er Deutschland zur WM 2010 führen werde. Kevin fragt zurück: »Warum erst 2010?«

So steht die Geschichte aus dem Jahr 2006 in den Zeitungen, aber dann wird Kevins Vater Prince Boateng fünf Jahre später in den Medien mit einem Satz zitiert, der eine große Wirkung hat: »Ich denke, die beiden hatten eine Rechnung offen.«

Es ist dieser Satz von der offenen Rechnung, der das Foul im Finale nun als Tat eines Gekränkten erscheinen lässt, der nach vielen Jahren endlich eine Gelegenheit zur Rache gefunden hat. Und dass Ballack in ein paar Wochen mit der deutschen Mannschaft in der Vorrunde der Weltmeisterschaft auf Ghana mit Kevin trifft, passt auch genau in das Bild einer kalkulierten Attacke. Kevins Vater aber sagt in den Zeitungen noch mehr zu dem Fall. Es ist eine eigenwillige Sicht, die da verbreitet wird, und so entsteht auch das

Bild einer Familie, die nur ihre eigene Realität wahrnimmt: »Ich habe auch schon viel schlimmere Fouls gesehen. Es ist immer das Gleiche: Alles, was Kevin macht, ist immer gleich Absicht. Warum stempelt man ihn so ab? Ich sage das nicht, weil er mein Sohn ist, sondern weil es unfair ist. Das kotzt mich langsam echt an. Immer ist Kevin der Buhmann.«

Prince Boateng hat das englische Cup-Final in Jérômes Wohnung in Hamburg geschaut, er wollte für seinen Sohn ein paar Dinge wegen des anstehenden Umzugs nach Manchester regeln. Direkt nach dem Spiel riefen Reporter von Boulevardblättern[*] an. »Ich habe den Leuten gesagt: Ich habe dazu nichts zu sagen, fragt meinen Sohn«, sagt Prince Boateng. Der letzte Anrufer befragt ihn auch zu dem früheren Vorfall zwischen Kevin und Ballack in der Bundesliga. »Ich habe nur gesagt: Das ist ganz normal. Ein Spiel ist emotional, da ist viel Adrenalin[**] drin. Aber nach dem Abpfiff ist das gegessen, dann geben sie sich die Hand, und es ist gut. Von einer offenen Rechnung habe ich nie gesprochen. So etwas sage ich nicht. Warum sollte ich das tun? Ich weiß doch, dass meine Jungs noch weiter Fußball spielen und dann damit leben müssten.«

Nachdem die Sätze, von denen der Vater sagt, dass er sie nie gesagt hat, in den Zeitungen stehen, rufen ihn Bekannte an und fragen ihn entgeistert, was er denn da erzählt hat mit dem Revanche-Foul. Prince Boateng ruft in den Redaktionen an, um die Sache zu klären, aber dort blitzt er ab. Dann kümmert er sich nicht mehr weiter drum.

Als Michael Becker liest, dass Kevin angeblich noch eine Rechnung mit Ballack offen hatte, veranlasst ihn dies, eine Klage zu prüfen und ein Gutachten in Auftrag zu geben, dass die Chancen auf Schadenersatz auslotet. Erst die offene Rechnung macht das Foul auch für Ballack zu einem absichtlichen Angriff. Der deutsche Kapitän sagt das nicht direkt, er deutet es nur an, als er sagt: »Revanchegelüste gehören nicht in den Fußball.«

---

[*] Boulevard: frz. »Straße«; gemeint sind Druckerzeugnisse, die als nicht ganz seriös gelten.
[**] Körpereigenes Hormon, das bei Stress ausgeschüttet wird.

Kevin ist in dieser Zeit nie im Fernsehen aufgetreten, um sich öffentlich für sein Foul zu entschuldigen. Er hat keiner seriösen Zeitung ein Interview gegeben, in dem er versucht hätte, auf die Situation zu reagieren. Er hat auch keine der Fragen beantwortet, die in jenen Tagen in vielen Zeitungen gestellt werden.

Ob er zugetreten hat, weil er selbst an der Tür zur deutschen Nationalmannschaft abserviert wurde?

Ob er zugetreten hat, weil er seiner neuen Heimat Ghana einen Gefallen vor dem WM-Gruppenspiel gegen Deutschland tun wollte?

Ob er zugetreten hat, weil sich sein jüngerer Bruder den Traum erfüllt hat, für Deutschland zu spielen, und er nicht?

Kevin teilt sich der empörten deutschen Öffentlichkeit in diesen aufgeheizten Tagen nur über das Boulevardblatt *Sport-Bild* mit. Man konnte sich allerdings leicht ausrechnen, was dabei herauskommt, wenn ein Blatt, das auf Krawall gebürstet ist, und ein Spieler, der immer wieder für Krawall gesorgt hat, eine Verbindung eingehen. Die Boulevardgeschichten machen alles nur noch schlimmer.

An jenem Abend, als Deutschland sich über den Ausfall Ballacks die Köpfe heiß redet, melden die Nachrichtenagenturen plötzlich, dass sich Kevin für sein Foul entschuldigt hat. Viele Worte macht er nicht, und es gibt Entschuldigungen, die überzeugender klingen.

Als Kevin ans Telefon geht und der Reporter der *Sport-Bild* dran ist, hat Kevin noch keine Ahnung davon, dass Ballack für die Weltmeisterschaft ausfallen wird. Die Nachricht war gerade erst verbreitet worden. Kevin hatte keine Zeit, sich darüber Gedanken zu machen, was der Ausfall des deutschen Kapitäns nun auch für ihn und seine weitere Karriere bedeuten würde, und so sagt er am Telefon einfach, was ihm gerade einfällt. Er sagt, dass er sich nur entschuldigen könne, dass er bei der Aktion »zu spät« gekommen sei und Ballack »voll getroffen« habe, das Ganze habe dann »dumm« ausgesehen. Er sagt, dass es ihm »leid tut«. Und er sagt, dass dies nun seine dritte Entschuldigung sei, schon auf dem Platz habe er sich bei Ballack zweimal entschuldigt. Das war alles, was Kevin in dem Moment einfiel.

Ballack behauptet am nächsten Tag, Kevin habe sich auf dem Platz bei ihm nicht entschuldigt. Es steht Aussage gegen Aussage, und es gibt niemanden, der an Ballacks Glaubwürdigkeit zweifelt. Er spricht mit der Autorität des deutschen Kapitäns, sein Ruf ist tadellos in diesen Tagen, und als dann auch der Berater dieses für unverzichtbar gehaltenen deutschen Nationalspielers über eine Klage gegen Kevin spekuliert, ist das der letzte Schritt, um dem hässlichen Deutschen aus der Unterschicht ein Gesicht zu geben. Ein Gesicht, das eingerahmt wird von einem rasierten Schädel und einer Tätowierung, die am Hals emporwächst.

Es ist ein Gesicht, das man leicht erkennt auf der Straße.

In der Woche nach dem Foul fährt Kevin mit dem Auto an vier Jugendlichen vorbei. Als sie ihn erkennen, pöbeln sie und zeigen ihm den Mittelfinger. Kevin stoppt den Wagen. Er steigt aus und stellt die Jugendlichen zur Rede.

»Warum tut ihr das? Lasst euch doch von der Hetzjagd nicht anstecken«, sagt er.

Kevin versteht gut, dass Jugendliche schnell wütend werden können. Er ist ja selbst schnell wütend geworden in diesem Alter. Also redet er mit den Jungs, sie fühlen sich ernst genommen in ihrer Wut, und das reicht, damit sie Kevin schon nach ein paar Minuten ein bisschen besser verstehen. Bevor sie gehen, entschuldigen sie sich für die Pöbeleien.

Die Geschichte, die Kevin der *Sport-Bild* erzählt, klingt so, als wünsche er sich, mit allen Leuten, die ihn nach dem Foul an Ballack verachten und beschimpfen, einfach so reden zu können wie mit den Jungs auf der Straße. Dass er die Dinge aus seiner Sicht erklären kann, ganz direkt, und dass man ihn dann schon versteht. Aber so wie auf der Straße funktioniert die Sache in der Medienöffentlichkeit nicht.

Kevin merkt bald, dass er aus der Rolle des deutschen Feindbilds nicht herauskommt. Er lässt nun seinerseits Klagen gegen Kolumnisten und Fernsehkommentatoren prüfen, von denen er sich und seine Familie beleidigt sieht. Bedroht fühlt er sich auch. Vor seiner Haustür tauchen immer wieder fremde Leute auf, und im Internet stehen Drohungen, ihn zu lynchen*. Vor allem aber sorgt er sich um seine Frau und seinen kleinen Sohn. »In den ersten Tagen habe ich gar nichts mehr gelesen, um nicht wütend zu werden, nachdem ich hässliche Sachen über mich und meine Familie gelesen hatte«, sagt Kevin. »Es ging zu weit, was die Leute über meine Familie und meine Rasse gesagt haben. Sie sagten: ›Tötet diesen Nigger‹ und ›Ich freue mich, wenn ihm jemand in den Kopf schießt‹.«

Als Leute mit Steinen nach seinem Auto werfen, fühlt er sich auch selbst nicht mehr sicher: »Menschen werden umgebracht und vergewaltigt und niemand kümmert sich darum. Aber wenn jemand ein Foul im Fußball macht, werden die Leute verrückt. Und die gleichen Leute fragen sich später, wie es passieren kann, dass Menschen angegriffen und verletzt werden.«

Es sind Sätze, die das Foul in ein vernünftiges Verhältnis setzen, aber diese Einlassungen und Sorgen gehen in den Medien unter, weil Kevin den deutschen Kapitän in einem Interview noch einmal attackiert. Den Wischer, den er im Finale von Wembley abbekommen hat, nennt Kevin nun eine Tätlichkeit. Die sei für ihn schlimmer als sein Foul an Ballack aus dem Spiel heraus. Er erinnert daran, dass Ballack sich selbst wochenlang massiv über seinen Mitspieler Lukas Podolski beschwert hat, nachdem der ihm im Spiel eine Ohrfeige verpasst hatte, und nun mache er dasselbe. »Was ist das für ein Verhalten?«, fragt Kevin.

In Deutschland, so fährt er fort, werde mit zweierlei Maß gemessen. Der Kapitän der deutschen Nationalmannschaft dürfe ohrfeigen, aber wenn er das gemacht hätte, wäre er beim DFB** sofort rausgeflogen und auf Jahre verbannt worden. »Unfassbar, wie da beurteilt wird«, sagt er.

---

* Ungesetzliche Misshandlung eines Menschen durch eine aufgebrachte Volksmenge.
** DFB: Deutscher Fußball-Bund, Verband deutscher Fußball-Vereine.

Kevin regte sich darüber auf, dass nun in Deutschland wieder sein Rüpelbild gezeichnet wird. Die, die das nun täten, hätten bestimmt kein einziges Saisonspiel von ihm in England gesehen, und die deutschen Funktionäre würden das Ihrige dazutun, indem sie behaupteten, Jérôme sei der nette Bruder und er der böse. »Auch deswegen bin ich nach Ghana gewechselt«, sagte er.

Nach diesen Aussagen in *Sport-Bild,* die ihren Weg in alle anderen Zeitungen und Medien finden, steht Kevin immer noch als Treter da. Aber jetzt steht er auch noch da wie ein tretender Dummkopf. Die Zeitungen schreiben einhellig: »Kevin Boateng tritt nach.«

Doch auch was Kevin über das andere Maß sagt, das in seinem Fall angelegt wird: es stimmt, zumindest kann man es so sehen. Er sagt jedoch auch die zutreffenden Dinge in einem Ton, der nicht ankommt. Und er gibt seine Schnodderigkeiten zu einem Zeitpunkt zum Besten, der ebenfalls nicht ankommt. Deshalb sieht kurz vor der Weltmeisterschaft alles so aus, als wolle Kevin in Deutschland einfach nicht ankommen.

Ein kluger Berater hätte ihm empfohlen, sich bei Ballack persönlich zu entschuldigen. Und er hätte ihm geraten, sein Mitgefühl in einer ernsthaften Erklärung auszudrücken, in etwa so: »Ich weiß, wie schlimm es für Ballack sein muss, dass ich ihn um sein letztes großes Ziel gebracht habe. Ich kann seinen Ärger und seine Wut verstehen, aber eine solche Verletzung habe ich niemals gewollt, und das Foul tut mir wirklich leid. Ich würde es am liebsten ungeschehen machen. Mir tut es auch leid um die deutsche Mannschaft und die deutschen Fans, die nun bei der Weltmeisterschaft auf ihren Kapitän verzichten müssen. Ich kann gut verstehen, dass die Leute nun wütend auf mich sind, ich weiß ja selbst am besten, was ich früher für Fehler gemacht habe, was für Fouls ich begangen habe und was für einen Ruf mir das eingebracht hat. Aber es war wirklich kein absichtliches Foul, und eine Revanche schon gar nicht, denn dann müsste es auf dem Fußballplatz ständig solche Fouls geben. Ich kann nur sagen, wer meinen Weg im letzten Jahr verfolgt hat, der hat in England einen anderen Kevin Boateng gesehen, einen, der einen fairen Weg eingeschlagen hat und der sol-

che Fouls nicht gemacht hat. Ich kann mich nur nochmals entschuldigen und Michael Ballack alles Gute wünschen, und dass er
hoffentlich bald wieder Fußball spielen kann. Und zum Schluss
habe ich noch eine Bitte: Die deutschen Fans sollen meinem Bruder Jérôme bitte nicht krummnehmen, dass ausgerechnet ich den
deutschen Kapitän so schwer verletzt habe. Jérôme ist ein toller
Spieler und ein toller Bruder, und ich wünsche ihm viel Glück bei
der Weltmeisterschaft.«

Ein Profi, der mit sich im Reinen ist und gelernt hat, sich der Norm
anzupassen, hätte so geredet, womöglich sogar ohne Berater. Aber
Kevin führt einen Kampf, der ihn so reden lässt, wie er redet. Es ist
ein Kampf mit dem DFB, der ihn nicht wollte, aber vor allem ist es
wohl ein Kampf Kevins mit sich selbst. Sein älterer Bruder George
glaubt ziemlich genau zu wissen, was in Kevin nach dem Foul vor-
ging. »Er ist ja so ein bisschen das Spiegelbild, wie ich früher war.
Ich habe mir auch von niemandem etwas sagen lassen. Ist ja klar:
Wenn ich einen großen Bruder gehabt hätte, der mir das so vor-
gelebt hätte, wäre ich vielleicht genauso geworden«, sagt George.
»Aber ich kann Kevin nichts sagen, und Kevin kann mir nichts
sagen.«

Nach dem Foul an Ballack richten einige deutsche Fans ihre Atta-
cken auch gegen Jérôme. Als hätte er dabei geholfen, den Kapitän umzutreten. Sein Berater fängt all die Beleidigungen und
Beschimpfungen ab, auch die Drohungen, damit die Sache, die
ihm schon genug zusetzt, ihn nicht noch mehr belastet vor der
Weltmeisterschaft. Der Berater deutet ihm nur an, was die Leute
über ihn schreiben, aber Jérôme weiß das ohnehin. »Da war alles
dabei«, sagt er. »Da ging es gar nicht mehr um mich, da ging es um
die Hautfarbe, da ging es um die Boatengs.«
Wieder merkte er, dass in dem Moment, wo etwas schiefläuft mit
Leuten, die nicht aussehen, als seien sie Deutsche, auch das alte
Thema hochkommt, das er von früher nur zu gut kannte. Wenn
sie mit der Hertha-Jugend irgendwo im Osten spielten, dann bekamen sie regelmäßig zu spüren, dass sie für manche nicht richtig

dazugehören in Deutschland. Jérôme hatte gehofft, dass es damit irgendwann einmal vorbei sein würde, aber das war es nicht. Selbst die deutsche Nationalmannschaft, der Stolz des Landes, für die er nun seit einem Jahr spielte, und all die deutschen Jugendnationalmannschaften, die er durchlaufen hatte, boten ihm davor keinen Schutz.

»So ist das in Deutschland«, sagt Jérôme. »Wenn du für Deutschland spielst, wie Mesut, Sami oder ich, und alles läuft positiv, dann sagt man: ›Das sind Deutsche. Die haben viel Deutsches.‹ Aber wenn etwas Schlechtes passiert, sieht man plötzlich die andere Seite. Über Kevin wurde dann geschrieben: ›Wie konnte der schon mal für Deutschland spielen?‹ Das ist dann alles nicht mehr deutsch. Wenn es gut läuft, liegt es an den deutschen Eigenschaften, wenn es schlecht läuft, sind es die ausländischen.«

Nach dem Foul stehen die Reporter auch bei George Boateng vor der Haustür und bauen ihre Kameras auf. George ist vor ein paar Jahren nach Reinickendorf gezogen, man braucht eine gute halbe Stunde von dort bis in die Mitte Berlins. Er ist dorthin gezogen, weil er endlich Ruhe finden wollte. Den Reportern in seinem Vorgarten sagt er nichts. Er will, dass sie verschwinden, und ruft die Polizei. Aber die Polizei sagt ihm: »Wenn Sie Boateng heißen, müssen Sie damit leben.«

Jérômes Mutter arbeitet im Sommer 2010 beim Bodenpersonal einer Fluggesellschaft, und auf dem Namensschild, das sie am Check-in-Schalter trägt, steht ihr Name: Frau Boateng. Schon in den Jahren zuvor, als Kevin und Jérôme allmählich Karriere machten im Profifußball, wurde sie immer wieder von Fluggästen auf ihren Namen angesprochen. Nach dem Foul an Ballack aber erlebte sie all die Wut, die der Name Boateng in Deutschland hervorruft. Bald war sie es leid, ständig zu erklären, dass sie Jérômes Mutter ist, nicht Kevins. Sie hatte genug von dieser Geschichte, und so nahm sie sich ein Namensschild, das eine Kollegin zurückgelassen hatte, als sie die Abteilung verließ, und steckte es sich an die Bluse.

Als klar ist, dass Kevins Foul seinen Kapitän die Teilnahme an der Weltmeisterschaft kostet, schickt Jérôme seinem Bruder eine SMS. Er fragt, wie es ihm geht und was da auf dem Platz wirklich passiert ist. Kevin antwortet, er sei okay, und das Foul an Ballack tue ihm wirklich leid, er habe nicht gewollt, dass so etwas Schlimmes passiert. Jérôme rät seinem Bruder, sich bei Ballack persönlich zu entschuldigen. Aber Kevin kümmert sich nicht darum.

Kurz nachdem feststeht, dass der Kapitän bei der Weltmeisterschaft fehlen wird, fährt Ballack zur deutschen Mannschaft ins Trainingslager nach Sizilien. Da hat er schon gesagt, dass das Foul von Kevin für ihn wie Absicht aussah, sein Berater prüft schon rechtliche Schritte. Nun setzt sich der Kapitän mit eingegipstem Knöchel zu Jérôme an den Tisch, und es ist auf einmal, als stehe Jérômes Loyalität in Frage und als genüge es nicht, dass er dasselbe Trikot wie Ballack trägt.

Am nächsten Morgen sitzt er auf der Freitreppe des Hotels Verdura in Sizilien. Die Sonne scheint, und ein scharfer Wind weht über die Insel. Das Vormittagstraining der Nationalmannschaft ist vorbei, der einzige große Medientermin während des Trainingslagers steht auf dem Programm. Die Spieler haben sich einzeln an große Tische gesetzt, und die Reporter haben eine Stunde, um sie zu befragen. Jérôme gehört gewöhnlich nicht zu den Spielern, die von Journalisten belagert werden, aber an diesem Tag bildet sich eine Reportertraube an seinem Tisch.

Beim DFB haben ihm viele gesagt, was er sagen soll an diesem Tag, als die Medien auf ihn schauen wie nie zuvor. Sie sagen ihm, dass er natürlich zu seinem Bruder halten darf, aber dass es ein grobes Foul war, das solle er auch zum Ausdruck bringen.

Als Jérôme vor den Journalisten spricht, trägt er das Trikot der deutschen Nationalmannschaft, und er will an diesem Tag so sprechen wie alle deutschen Nationalspieler nach dem Foul von Kevin am deutschen Kapitän sprechen. Nur die anderen haben eben keinen Bruder, der ein ganzes Land gegen sich hat und auf Unterstützung hofft.

»Gut geht es mir, und selber?«, sagt Jérôme zur Begrüßung. Aber es geht ihm nicht gut. Er erzählt den Reportern, wie beklemmend es für ihn war, als sich Ballack zu ihm an den Tisch setzte, weil es doch sein Bruder war, der den Kapitän um die Weltmeisterschaft gebracht hat. Es erleichtere ihn, dass Ballack gesagt hat, er habe mit dem Foul nichts zu tun und dass er wichtig sei für die Mannschaft. Trotzdem fühlt sich Jérôme auf Sizilien irgendwie in Sippenhaft, mal wieder. Aber so sagt er das nicht.

Er erzählt den Reportern lieber von der SMS an seinen Bruder, und dass er ihm geraten hat, sich persönlich bei Ballack zu entschuldigen. Jérôme findet, dass damit alles gesagt ist. Die Reporter aber fragen so, als ob ihnen das nicht reicht. Sie wollen mehr hören. Sie fragen, wie es kommt, dass sie als Brüder so unterschiedlich sind. Jérôme sagt, dass Brüder nun mal nicht gleich sind und dass sie auch nicht zusammen aufgewachsen sind. Aber Kevin bleibe immer sein Bruder, egal, was er mache. Er habe nicht mit Absicht gefoult, aber er habe seinen Ruf weg, und wenn dann etwas passiere, heiße es immer gleich: Kevin Boateng, der Treter.

»Kevin ist ein guter Mensch. Aber das sehen die anderen nicht«, sagt Jérôme. »Sie sehen nur die schlechten Seiten.«

Jérôme sagt aber auch, was er sagen soll als deutscher Nationalspieler in dieser aufgeheizten Situation: »Das Foul war eine Rote Karte.« Es ist dieser eine Satz, der wieder Distanz zwischen ihre Geschichten legt und ihre gemeinsame Geschichte doch nur weitererzählt.

»Ich war hin- und hergerissen. Das war alles sehr schwierig für mich.« Das sagte Jérôme viele Monate später, als er Abstand zu der ganzen Sache gefunden hatte. Aber selbst so ein klein wenig Offenheit, ein Eingeständnis von Schwäche erschien ihm damals nicht möglich. Es sollte für die Öffentlichkeit so aussehen, als ob ihm das als Profi gar nichts ausmacht und er die Dinge perfekt voneinander trennen kann.

Jérôme hat immer auch die andere Seite des Fouls gesehen. Aber darüber spricht er an diesem Tag der zwiespältigen Gefühle nicht, als beim DFB erwartet wird, dass er das grobe Foul ein grobes Foul nennt und dass er sich damit von seinem Bruder distanziert. Der Verband hatte natürlich nicht geahnt, dass dieser Satz eine lange Trennung der Brüder bedeuten würde. Woher sollte man das dort auch wissen? Jérôme wusste es ja selber nicht, er ahnte es nur.

»Ich hatte doch gesagt, dass er mein Bruder bleibt und dass es keine Absicht war«, sagte Jérôme später. »Aber dann kam es doch so. Kevin hat sich nicht mehr gemeldet.«

Es wäre leicht für ihn gewesen, viel deutlicher für Kevin Partei zu ergreifen, und Jérôme hätte auch genauer erklären können, weshalb er das Foul nicht für ein absichtliches Foulspiel hielt. Er weiß ja nur zu gut, wie es ist, wenn man zutritt, um einen Gegner bewusst zu verletzen. »Wenn die Verletzung gewollt gewesen wäre, dann wäre das anders gelaufen. Dann macht man das klarer, um ganz sicher zu gehen, dass der andere stark verletzt wird. Das Foul sieht dann anders aus«, sagt Jérôme. Aber er sagt das nicht an jenem Tag, als es Kevin hören will.

In Sizilien, vor den Mikrofonen und Kameras, die jedes Wort nach Deutschland übertragen, erzählte Jérôme auch nichts von dem zweierlei Maß, mit dem Ballack und sein Bruder gemessen werden. Er wusste ja, dass auch die Reporter von ihm erwarteten, wie ein deutscher Nationalspieler zu sprechen. »Es gehört sich nicht, dass Ballack meinem Bruder ins Gesicht greift. Hätte es das Foul von Kevin nicht gegeben, und nur den Wischer von Ballack, hätte dazu keiner was gesagt. Denn Michael Ballack steht in Deutschland für etwas Gutes und Erfolgreiches. Er repräsentiert das Bild von Deutschland, Kevin nicht. Man hat nur sein Foul gesehen«, sagt Jérôme.

Doch er sagt das alles erst ein paar Monate später. Da scheint ihm klar geworden zu sein, dass er damals in Sizilien, als er über Deutschland und seinen Bruder sprach, nur verlieren konnte: entweder die Bindung an seinen Bruder oder die Bindung an die Nationalelf. Wenn er am Tag nach dem Ausfall des Kapitäns so über Ballack, den Bruder und das Foul gesprochen hätte, wie er es Monate später tun konnte, wäre er in Deutschland vielleicht nicht mehr der Jérôme Boateng gewesen, der er sein wollte und als den ihn die Leute in Deutschland allmählich sahen: als den vernünftigeren Bruder, der sich für den deutschen Weg entschieden hatte. Er wäre wieder nur einer dieser Boatengs gewesen.

Als Kevin liest, dass sein eigener Bruder ihn für das Foul härter bestraft hätte als der Schiedsrichter, kappt er die Verbindung. Es interessiert ihn nicht das Gute, was Jérôme über ihn sagt, und ihn interessiert auch nicht, in welch zwiespältiger Lage sich sein Bruder befindet. Dabei ist Jérôme die letzte Verbindung zur Familie. Den Kontakt zum Vater und zu George hat Kevin schon vorher abgebrochen. Er schreibt Jérôme eine SMS, die sein Bruder nie vergessen wird: »Jeder hat seine eigene Familie – du deine, ich meine.«
Der Familienstreit der Boatengs, die Zwistigkeiten und Sprachlosigkeiten zwischen den Brüdern, werden tagelang in der Öffentlichkeit diskutiert. Dass die Unstimmigkeiten nicht einfach familienintern ausgetragen werden, kann Jérôme nicht verstehen, und er ärgert sich über die Folgen, die diese Schlagzeilen mal wieder haben. »Er ist mein Bruder und bleibt mein Bruder. Ich wünsche ihm wirklich das Beste. Aber im Moment ist es halt so, dass wir uns nichts zu sagen haben. Das kommt auch in anderen Familien vor«, sagt Jérôme immer wieder. »Aber alles spielt sich in der Öffentlichkeit ab, und der Name Boateng hat jetzt einen negativen Touch.« Jérôme hatte gehofft, dass es damit endlich einmal vorbei sei.

In keinem seiner Interviews über all die Jahre hatte Jérôme irgendetwas Negatives über seinen Bruder gesagt, nie, obwohl seine Karriere unter Kevin zeitweilig durchaus gelitten hatte. Kevin kannte seinen Bruder bis zur Weltmeisterschaft immer nur als Bruder, der zu ihm aufschaute und ihn bedingungslos verteidigte. Das erwartete er auch diesmal. So wie damals in den ersten gemeinsamen Profitagen bei Hertha BSC Berlin, als er mit Falko Götz aneinandergeraten war, weil er meinte, der Trainer habe seine Mutter beleidigt.

Kevin verstand nicht, dass Jérôme diesmal auch an sich denken musste. »Er schrieb mir, dass es jetzt keinen Kontakt mehr gibt. Dass er seinen Weg geht und ich meinen.« Jérôme machte das traurig, und er antwortete, dass doch ohnehin jeder seinen eigenen Weg gehe. Aber wenn Kevin die Verbindung abbrechen wolle, werde er das akzeptieren.

Früher, sagt er, hätte er das nicht getan. »Da wäre ich ihm hinterhergelaufen.« Aber Jérôme wollte nicht mehr der kleine Bruder sein, der sagt, was von ihm erwartet wird. Er wollte seinen eigenen Weg gehen. »Ich hänge an meinem Bruder, vielleicht hänge ich mehr an ihm als er an mir«, sagt Jérôme. Er macht eine Pause nach diesem Satz, denn es stimmt nicht ganz, was er über seinen Bruder sagt. »Kevin kann nur seine Gefühle nicht so richtig ausdrücken, er ist dann immer so kalt. Aber Kevin war immer für mich da.«

Duell in Soccer City

Jérôme sitzt in der Kabine von Soccer City und zieht sich das Trikot mit der Nummer 20 über.[*] Er wird zum ersten Mal bei der Weltmeisterschaft in Südafrika in der Startelf stehen und mit der deutschen Mannschaft ins Stadion einlaufen. 80 000 Zuschauer warten auf das Entscheidungsspiel in der Gruppe D gegen Ghana, dreißig Millionen fiebern vor dem Fernseher in Deutschland mit und vor den Riesenleinwänden beim Public Viewing. Auf der Tribüne in Johannesburg sitzt seine Mutter, daneben der Vater. Jérôme wird nun gegen das Land seines Vaters antreten, auf der anderen Seite wird sein Bruder stehen, mit dem er viele Jahre davon träumte, einmal bei einer Weltmeisterschaft gemeinsam für Deutschland zu spielen. Doch nun ist Kevin sein Gegner und spricht nicht mehr mit ihm.

Jérômes Magen krallt sich zusammen. »Ich war noch nie in meinem Leben so nervös wie vor diesem Spiel«, sagt er.

---

[*] Das Weltmeisterschaftsspiel Deutschland gegen Ghana wurde am 23.6.2010 im Fußballstadion *Soccer City* in Johannesburg (Südafrika) ausgetragen.

In der Kabine nebenan leert Kevin seinen Kopf von schlechten und bedrückenden Gedanken, für neunzig Minuten lässt er nur den Fußball in sich hinein. In der Kabine singen seine neuen Mitspieler, schon auf dem Weg ins Stadion haben sie die Musik im Bus aufgedreht, einer hat immer einen Recorder dabei. Es ist das wichtigste Spiel im Leben von Kevin, und sein Bruder weiß, dass er sich davor nicht fürchtet.

»Wenn ich etwas habe in der Familie, dann belastet mich das auch beim Fußball«, sagt Jérôme. »Aber wenn Kevin ein Problem hat, dann spielt er noch besser.« Gleich muss er da raus, in den größten Käfig, in dem sie je gegeneinander gespielt haben, und er fragt sich, wie es nur dazu kommen konnte.

Bevor die Weltmeisterschaft begann, hatten sich die drei Brüder Tattoos stechen lassen. Früher hatten sie so etwas gemeinsam gemacht in Berlin, aber diesmal ging Kevin allein. Für ihn war es die zwölfte Tätowierung, für George und Jérôme die fünfte. George ließ sich die Namen seiner zwei Kinder auf die Arme stechen, Jérôme den Stammbaum seiner Familie mit 21 Namen auf den Rücken. Kevin entschied sich für zwei Würfel am Hals: zwei Würfel, die fallen, so, als ob noch nichts entschieden sei.

Ein paar Tage vor dem Abflug zur Weltmeisterschaft macht die ghanaische Mannschaft in Frankfurt einen letzten Zwischenstopp. Kevin hat kurz zuvor erst seine Spielgenehmigung vom Internationalen Fußball-Verband erhalten, nun gehört er also wirklich zum WM-Aufgebot der »Black Stars«, der bewunderten Nationalmannschaft Ghanas, und spielt für ein Land, für das er nie hatte spielen wollen.

In Rotterdam hat Kevin zum ersten Mal zum Kader gehört, aber bei der Partie gegen die Niederlande musste er neunzig Minuten von der Bank aus mit ansehen, wie seine Kollegen von den Holländern auseinandergenommen wurden. Ghana ging unter mit 1:4. Wenige Tage zuvor hatte die Mannschaft die letzte Hoffnung auf die WM-Teilnahme ihres größten Stars aufgeben müssen. Michael

Essien vom FC Chelsea fiel wegen einer langwierigen Knieverletzung definitiv aus. Viele Wochen hatte Ghana um seinen Mittelfeldregisseur gebangt, den teuersten Spieler Afrikas. Essien war die Seele des ghanaischen Spiels und er war auch ihr Kopf. »In Deutschland glauben viele Leute, die Verletzung von Ballack sei der Weltuntergang. Ich glaube, dass Essien noch ein Stück besser ist als Ballack. Daran kann man ermessen, was sein Ausfall für uns bedeutet«, sagte der ghanaische Nationalspieler Hans Sarpei, der damals noch für Bayer Leverkusen spielte. Der ghanaische Nationaltrainer Milovan Rajevac befürchtete in Südafrika ein Desaster. Unter dem Eindruck der Niederlage und dem Verlust des Superstars, der ein führungsloses Mittelfeld zurücklässt, entschließt sich der Trainer, es nun mit Kevin zu versuchen. Es ist ein Hoffnungsschimmer für Ghana und eine Riesenchance für Kevin.

Drei Tage nach dem 1:4 in den Niederlanden gibt er sein Debüt. Es ist der letzte Test vor der Weltmeisterschaft, nur eine Woche später steht das erste WM-Spiel gegen Serbien auf dem Programm. Die Erwartungen der Fans in Ghana sind riesig, trotz des Ausfalls von Essien. Aber nicht nur Ghana drückt den »Black Stars« die Daumen, ganz Afrika hofft, dass Ghana bei der ersten Weltmeisterschaft auf afrikanischem Boden den Kontinent mit Stolz erfüllen wird. Kevin fällt also nicht nur die Aufgabe zu, den ghanaischen Fußballhelden zu ersetzen und übersteigerte Erwartungen in Südafrika zu befriedigen. Als Teil der »Black Stars« gehört er zu einer Mannschaft, auf die ein ganzer Kontinent schaut. Die Aufgabe ist so groß, dass auch große Spieler von einer solchen Last erdrückt werden können. Doch Kevin sieht allein die Chance, die sich ihm bietet.

Kevin entscheidet sich, in Ghana nur noch Prince zu sein. Er lässt sich im letzten Testspiel gegen Lettland das Trikot mit der Nummer 23 geben, darüber steht nur sein zweiter Vorname – der Name seines Vaters. Doch Kevin-Prince, wie es in seinem deutschen Pass steht, ist in seiner Familie nie Prince genannt worden, nicht von seiner Mutter, nicht von seinem Vater, und auch nicht von seinen Brüdern. Auch Kevins Freunde in Berlin nennen ihn nur Kevin.

Aber den Kevin aus Deutschland, der in seiner Heimat nicht angekommen ist, soll es in Ghana nicht mehr geben.

Viele seiner neuen Mitspieler wissen nicht so recht, mit wem sie es zu tun haben. Sie wussten zwar, dass Kevin einmal für Deutschland spielen wollte, dass es da ein paar Probleme gab, und das Foul an Michael Ballack und die Folgen hatten sie natürlich auch mitbekommen. Aber wer dieser Kevin wirklich war, der bei ihnen nur noch Prince genannt werden wollte, das merkten sie erst später.

Es kam ein freundlicher, zurückhaltender junger Spieler, der artig seinen Platz im Team suchte. »Als er das erste Mal bei uns am Tisch saß, war er sehr schüchtern«, sagt Verteidiger John Mensah. Die einheimischen Spieler registrierten, wie Kevin um seinen Platz in der Mannschaft kämpfte und wie er versuchte, sich in die neue Gemeinschaft einzubringen. Die Spieler sprachen untereinander meistens Tiwi. Kevin verstand kein Wort und versuchte es mit Englisch. Das klappte gut, seine neuen Mitspieler mochten ihn bald. »Der Junge ist in Ordnung«, sagt Mensah kurz vor dem Abflug nach Südafrika, »er gehört zu uns.«

Kevins erster Einsatz ist verheißungsvoll. Er spielt im Test gegen Lettland auf der Position im zentralen, defensiven Mittelfeld, eine für ihn eher ungewohnte Rolle. Er spielt eine gute Stunde, dann hat sein Trainer genug gesehen. »Kevin hat seine Sache toll gemacht«, sagt er. »Diese Rolle wird er auch bei der Weltmeisterschaft spielen.« Bei seinem ersten Länderspieleinsatz für Ghana waren seine Instinkte, die er im Wedding geschult hatte und mit denen er den Wedding hinter sich ließ, sofort wieder da: Je größer das Problem, desto besser spielt Kevin. So war es immer bei Kevin, auch in Afrika.

Kevin und Jérôme fliegen am selben Tag nach Südafrika zur Weltmeisterschaft, vom selben Flughafen, fast zur selben Zeit. Sie sehen auch fast gleich aus, dunkler Anzug, weißes Hemd, Krawatte. Nur die Krawatte von Kevin, der jetzt Prince sein möchte, ist anders, sie ist in den Nationalfarben Ghanas gehalten. Gutgelaunt macht Kevin das Victoryzeichen, Jérôme reiht sich unauffällig im deutschen Team ein. Dann steigt jeder der Brüder in seine Maschine, und sie fliegen einem Bruderduell entgegen, wie es die Fußballwelt noch nicht gesehen hat.

Im Flugzeug sitzt Kevin neben Hans Sarpei. Der Verteidiger wurde in Ghana geboren, aber aufgewachsen ist er in Köln-Chorweiler. Er hat eine Fußballkarriere durchlaufen, wie sie deutscher kaum sein kann. In der Jugend spielt er bei SV Fühlingen-Chorweiler, dann beim CFB Ford Niehl, später bei Viktoria Köln, Winfriedia Mülheim, dem SV Siegburg 04 und dem VFL Rheinbach. Auch eine Ausbildung zum Anlagenmechaniker hat er im Rheinland gemacht. Über Fortuna Köln und den MSV Duisburg schaffte er den Sprung in die Bundesliga, zum VFL Wolfsburg, zu Bayer Leverkusen und später zu Schalke 04. Er spielt sein ganzes Leben in Deutschland, er macht auch bei Integrationsprojekten mit, aber irgendwann hat er entschieden, für Ghana zu spielen, denn in Deutschland hätte er vermutlich keine Chance gehabt, ins Nationalteam zu kommen. Bei den »Black Stars« nennen sie Hans Sarpei »den Deutschen«.

Auf dem Flug nach Johannesburg ist nicht nur der ghanaische Tross an Bord, auch viele Leute aus der deutschen Fußballszene sitzen in diesem Flieger. Einige bleiben kurz bei Hans Sarpei stehen und plaudern ein bisschen mit »dem Deutschen«. Kevin ist verblüfft. Er spürt in den kurzen Gesprächen die ganz selbstverständliche Anerkennung, die Sarpei in Deutschland genießt und die er selbst nie erfahren hat.

»Dich kennt ja wirklich jeder«, sagt Kevin.

»Dich aber jetzt auch«, erwidert Sarpei. Und beide lachen.

Für die Öffentlichkeit ist Kevin nach der Landung in Südafrika nicht zu sprechen. Nicht einmal für die afrikanischen Reporter macht er eine Ausnahme. Obwohl er nun ein »Black Star« ist, hält Kevin die Verbindung zur Außenwelt meist nur über einen Reporter von *Sport-Bild* aus den alten Berliner Zeiten. Ansonsten will Kevin sich nur noch auf dem Fußballplatz mitteilen. Das konnte er immer am besten.

Seine beiden ersten Auftritte bei der Weltmeisterschaft gegen Serbien und Australien sind wie eine Offenbarung. Mit einem Minimum an gemeinsamer Vorbereitungszeit gelingt es ihm, die riesige Lücke zu schließen, die der verletzte Superstar Essien hinterlassen hat und von der niemand glaubte, dass sie auch nur annähernd geschlossen werden könne.

Kevin soll ein »Sechser« sein, wie man das im Fußball nennt, ein Abräumer im Mittelfeld und Spielgestalter in einer Person. Es ist die vielleicht wichtigste Aufgabe, die der moderne Fußball in einer Mannschaft zu vergeben hat, und es ist eine noch größere Aufgabe für einen, der erst ein einziges Länderspiel für sein Team gemacht hat und der in einer Mannschaft spielt, deren Sprache er nicht spricht. Es gibt wohl niemanden, der glaubt, dass Kevin dieser Rolle gewachsen sein könnte. Außer ihm selbst und seinen Brüdern.

Es war, als hätte Kevin mit Ghana nicht nur seinen Namen geändert, sondern als hätte er all die Dinge, für die er berüchtigt war, zusammen mit seinem Namen einfach in Deutschland zurückgelassen. Der Prince aus Ghana bewahrt auf dem Platz die Ruhe. Er ordnet und organisiert das Spiel in einer Mannschaft, die taktisch ansonsten eher haltlos wirkt. Prince behält die Übersicht und schlägt kluge Pässe, fast jeder gelungene Angriff läuft über ihn. Prince spielt leidenschaftlich, aber er bleibt besonnen. Prince kämpft mit Herz, aber auch mit Verstand. Prince spielt hart, aber fair.

Er zeigt schon in den beiden ersten Spielen der Weltmeisterschaft für Ghana genau das, was sich die Experten in Deutschland von ihm versprochen hatten, als er alle Jugendnationalmannschaften des DFB durchlief. Und er zeigt, dass viel mehr als ein Kevin Ramboateng* in ihm steckt.

Zum Auftakt spielt Ghana gegen Serbien und gewinnt mit 1:0. Es ist der erste Sieg einer afrikanischen Mannschaft bei der Weltmeisterschaft in Südafrika. In deutschen Zeitungen fehlt nicht der Hin-

---

* Anspielung auf die Hauptfigur des Actionfilmes *Rambo* (1982, mit Sylvester Stallone).

weis, dass Kevin nur ein einziges Foul begangen hat, darauf wird besonders geachtet. Die Reaktion in Deutschland auf seinen Auftritt ist nach seiner WM-Premiere noch zurückhaltend, und Kevin ist es auch. In Ghana wird er jedoch von den Fans schon gefeiert, und auch die dortige Presse jubelt über den neuen Spieler, der neue Hoffnung vermittelt. Nach dem Spiel tanzen die »Black Stars« auf dem Platz und schwenken die Nationalflagge. Kevin aber hält sich ein bisschen fern. »Ich hoffe, dass ich das Bild des *Bad Boys* in Zukunft wieder loswerde«, sagt er nur.

In der zweiten Begegnung reicht es für Ghana nur zu einem 1:1 gegen Australien. Die »Black Stars« hatten schon etwas mehr erwartet in diesem Spiel, sie waren der Favorit. Aber das Unentschieden macht die Afrikaner trotzdem zum Tabellenführer in der Gruppe D vor dem entscheidenden Duell gegen Deutschland. Kevin ist auch gegen Australien wieder einer der stärksten Spieler, er hält das Team auf eine Weise auf seiner Position zusammen, wie man es bei dem Turnier eigentlich von einem anderen Spieler erwartet hatte: Kevin spielt bei der Weltmeisterschaft genau jene Rolle, die in der deutschen Mannschaft Michael Ballack zugedacht war. »Er ist herausragend im Mittelfeld«, sagt Trainer Rajevac nach dem Auftritt gegen Australien. »Er ist ein exzellenter Spieler. Wir können noch viel von ihm erwarten.«

Nun schwärmen auch die deutschen Zeitungen. Sie stellen erstaunt fest, dass Kevin zum ersten Mal in seiner Karriere sein technisches Können mit der Fähigkeit vereint, ein Team zu führen. Er zählt zu den überragenden Persönlichkeiten auf dem Platz, und nur eine sensationelle Parade von Torhüter Schwarzer verhindert Kevins erstes WM-Tor. Die *F.A.Z.* nennt Kevin den »Kopf der Mannschaft«. Im Internet titelte der *Spiegel:* »Der Ballack Ghanas.«

So etwas hatte zuvor noch nie in deutschen Zeitungen über Kevin gestanden.

Nach dem Spiel bestürmen ihn die Reporter in den Katakomben[*] von Rustenburg. Die ghanaischen Journalisten wollen den Spie-

---

[*] Unterirdische Einrichtungen (früher zur Beisetzung von Toten).

ler, der Ghana begeistert, unbedingt interviewen. Denn nur fünf Tage später steht das Duell gegen Deutschland an, das Endspiel in der Gruppe D um den Einzug ins Achtelfinale, Kevins Duell mit Deutschland und mit seiner Vergangenheit. Und natürlich mit seinem Bruder. »Come on, Kevin, just one question«, rufen die afrikanischen Reporter ihm hinterher. Auch sie nennen Kevin weiterhin nur Kevin. Aber Prince lässt sie stehen und die deutschen Reporter erst recht.

Jérôme schaut die Spiele seines Bruders bei der WM, wenn ihm das irgend möglich ist. Er freut sich über jede gelungene Aktion des Bruders, er drückt ihm die Daumen, er fiebert mit und ist fast so aufgeregt, wie wenn er selber spielt. Jérôme weiß vielleicht am besten, wozu Kevin auf dem Fußballplatz fähig ist, welche unbändige Kraft in ihm heranwächst, wenn er sich herausgefordert fühlt. Das war schon im Wedding so, und das hatte sich nicht geändert. Doch wie beherrschend und zugleich beherrscht Kevin bei der Weltmeisterschaft vom ersten Spiel an auftritt, das überraschte selbst seinen Bruder.

»Ich wusste, was er kann. Aber das, was er bei der WM gezeigt hat, war extrem bemerkenswert«, sagt Jérôme. »Er war neu in der Mannschaft und hatte gleich eine Führungsposition. Er hat sie mitgerissen, er hat ihnen auf dem Platz gesagt: Du spielst da, und du dort – und das mit 23 Jahren, als neuer Spieler, der die Sprache nicht kann. Er war der Leader. Das ist unglaublich.«

Kevin teilt sich im Mannschaftshotel Sun City mit Hans Sarpei ein Zimmer, und er findet bei den »Black Stars« schnell, was er beim DFB zuletzt nicht mehr gefunden hat: Anerkennung, Nähe, Zusammenhalt und jede Menge Spaß. Die Spieler kommen jeden Abend nach dem Essen zum Gebet zusammen, die meisten sind katholisch, einer betet vor. Wenn sie nicht trainieren oder beten, dann läuft im Quartier Musik, oder die Spieler machen die Musik gleich selbst. Sie haben einen Betreuer dabei, der die Spieler, wenn sie singen, mit der Trommel begleitet. Auch das ist etwas, was Kevin schon als Kind gut konnte, besser als alle anderen in den deutschen Nachwuchsnationalmannschaften und bei seinem Heimatklub Hertha BSC Berlin: singen und tanzen.

Wenn man von Kevin in diesen Tagen in Südafrika wissen will, ob es die richtige Entscheidung war, den Weg im deutschen Fußball abzubrechen und einen neuen Anfang mit Ghana zu suchen, dann schaut er so zufrieden, dass man seine Antwort schon kennt. Kevin ist überzeugt, dass er alles richtig gemacht hat.

Jérôme glaubt das nicht. Ein paar Hundert Kilometer entfernt von Sun City im Velmore Grand Hotel am Rande Pretorias, wo schon die Steppe beginnt, hat die deutsche Mannschaft Quartier bezogen mit einer ganzen Reihe von Spielern, die einmal auch die Mitspieler von Kevin waren: Manuel Neuer, Mesut Özil, Sami Khedira, Serdar Tasci und natürlich sein Bruder. Sie alle hatten sich ein Jahr zuvor mit Kevin auf die Europameisterschaft der U21[*] vorbereitet, aber den Titel holten sie dann ohne ihn. »Kevin fühlt sich wohl in der Mannschaft von Ghana«, sagt Jérôme später. »Aber ich denke, dass er lieber für Deutschland gespielt hätte.«

Zuhause in seinem Schrank hat Kevin noch ein paar Trikots hängen aus seiner Zeit in den deutschen Jugendnationalmannschaften. Er ist stolz auf seine Zeit beim DFB, sagt er in Südafrika. Aber dass er noch eine Rechnung mit dem DFB offen hat, glaubt in der deutschen Mannschaft jeder, vor allem seine ehemaligen Mitspieler aus der U21, die einiges dafür getan haben, dass Kevin damals aus der Mannschaft flog. »Ich verspüre weder Hass noch irgendetwas dergleichen. Aber eines ist auch klar: Die deutschen Funktionäre, die mich permanent kritisiert haben, können mir jetzt gerne bei der WM zuschauen und mich beurteilen. Vielleicht kommen sie irgendwann zur Ansicht, dass auch sie etwas falsch gemacht haben im Umgang mit mir«, sagt Kevin.

Nachdem die deutsche Mannschaft zum Auftakt glanzvoll mit 4:0 gegen Australien gewinnt und sich das Land verwundert die Augen reibt über das junge Deutschland, das so schön spielt wie seit vielen Jahren nicht mehr, tönt Kevin, dass sich bei ihm ganz

---

[*] Die U21-Nationalmannschaft, eine Nachwuchsmannschaft aus Fußballspielern unter 21 Jahren. Analog zur U21 spricht man auch von U17, U18 und U19.

viele Fans bedankt hätten, dass der Kapitän nicht mehr dabei sei, dass er den DFB von Ballack »befreit« habe. Er wundert sich, dass Philipp Lahm nun bei der Weltmeisterschaft ohne Ballack von der besten Mannschaft spreche, in der er je gespielt habe, und wenn er nun hinter den Kulissen von einem reinigenden Prozess höre, fährt Kevin fort, dann könne vorher im deutschen Team einiges wohl doch nicht zum Besten gestanden haben. Es klingt so, als habe er Deutschland mit seinem Foul am Kapitän einen Gefallen getan, und als sei er es gewesen, der dem deutschen Fußball einen neuen Weg gewiesen hat.

In den Tagen vor dem Duell mit Deutschland lehnt Kevin es kategorisch ab, sich mit Jérôme zu versöhnen. Dass er freundliche Töne gegenüber dem DFB anschlagen könnte, auf diesen Gedanken kommt er nicht. Vor dem wichtigsten Spiel seiner Karriere, auf das Deutschland und Ghana an diesem Abend in Johannesburg blicken, und so viele andere Länder auch, weil sich nicht nur der dreimalige Weltmeister und die große afrikanische Hoffnung, sondern auch erstmals zwei Brüder gegenüberstehen, spürt Kevin, dass sich seine Unversöhnlichkeit auch gegen ihn selbst richtet. Es ist auch nicht leicht für Kevin, aber er bleibt hart.
Vor dem Duell gegen Deutschland behauptet Kevin, es sei ihm egal, ob Deutschland rausfliegt, und er kündigt an, »dass er mit Ghana nach einem Tor ein Tänzchen für die deutschen Kollegen machen wird«. Die *Bild*-Zeitung macht daraus die Schlagzeile: »Der Ghana-Treter verhöhnt uns schon.« Die *B.Z.* titelt: »Rambo Boateng«.
Kevin ist schon vor Beginn der Weltmeisterschaft davon überzeugt, dass alles, was er sagt und tut, in Deutschland gegen ihn verwendet wird. Und tatsächlich wurde zunächst auch alles, was Kevin nach dem Foul an Ballack sagte, in Deutschland als Provokation empfunden und gegen ihn verwendet. Doch es war auch schwer, das alles nicht als Provokation aufzufassen. Aber man musste kein Psychologe sein, um zu erahnen, dass Kevin in Südafrika vor allem die deutsche Fußballgesellschaft mit ihren hohen Repräsentanten,

die ihm, wie er meinte, nur die kalte Schulter gezeigt hatten, verantwortlich machte für seinen Weg, der ihn aus dem Land geführt hatte, für das er doch eigentlich Ruhm und Ehre hatte erlangen wollen.

Jérôme spielt in der deutschen Mannschaft bis zum entscheidenden Gruppenspiel gegen Ghana keine Rolle. Er sitzt gegen Australien und Serbien nur auf der Bank. Doch Jérôme beklagt sich nicht. Er wartet auf seine Chance, auch wenn viele Experten glauben, dass Jérôme bestenfalls ein paar Minuten auf dem Spielfeld stehen wird, und auch nur dann, wenn sich der Bundestrainer dazu entschließen sollte, ihn mit einer Einwechslung bei passender Gelegenheit für sein Engagement im Training zu belohnen, also bei einem Spiel, bei dem es um nichts mehr geht. Jérôme hatte die Aussicht, unkten manche, nach der Weltmeisterschaft zu den unglücklichen Spielern zu gehören, für die ein WM-Turnier deshalb zur Qual wurde, weil sie zwar gut genug waren, sich für den Kader zu qualifizieren, aber nicht gut genug, um eingewechselt zu werden und auch nur eine einzige Minute zu spielen.

In den Medien ist Jérôme trotzdem vom ersten Tag an gefragt, mehr als alle anderen Ersatzspieler. Er sitzt immer wieder auf der Terrasse des Mannschaftsquartiers, weil die Reporter ihn sprechen wollen. Meistens wollen sie nicht viel von seinen Stärken wissen, sie reden auch kaum über seine Chancen und von seinen Zielen. Das fragen sie, wenn überhaupt, meist nur aus Höflichkeit. Für die Medien ist Jérôme in Südafrika bis zu dem Duell nur seines Bruders wegen interessant.

Zwei Tage vor dem Spiel gegen Ghana sitzt Jérôme wieder auf der Terrasse. Diesmal sind vier Reporter zu ihm an den Tisch gekommen, drei Deutsche und ein Chinese. Selbst in China interessiert man sich für die Geschichte der beiden Brüder, die in Berlin aufgewachsen sind und nun gegeneinander um den Einzug ins Achtelfinale kämpfen. Es ist das erste Bruderduell bei einer Weltmeisterschaft, und es gibt kaum ein Land, in dem diese Geschichte nicht erzählt wird. Diesen epischen Stoff will sich niemand entgehen lassen. Die französische Zeitung *Le Monde* titelt: »Die Boatengs: Kain und Abel der Weltmeisterschaft.«

Dass Jérôme auch gegen Ghana nicht von Beginn an spielen wird, ist eigentlich klar. Jérôme glaubt das auch. Er hat bis zu diesem Tag nicht das kleinste Zeichen vom Bundestrainer erhalten, das auf eine Wende hindeuten würde. Einer der Reporter stellt eine Frage, die zu diesem Zeitpunkt abwegig erscheint, und von der niemand ahnt, dass sie Jérômes Zustand in der Kabine von Soccer City zwei Tage später exakt beschreiben wird. »Man könnte argumentieren: Eigentlich kann man dich gegen Ghana nicht bringen – alles ist so emotional, so aufgeladen. Was sagst du diesen Leuten, die diese Zweifel haben?«

Es ist eine Frage, die sich mit Verständnis tarnt, aber Jérôme muss sie wie eine Zumutung vorkommen. Sie zielt darauf, ob sich Kevin mit dem Foul an Michael Ballack nun nicht noch ein weiteres Opfer geholt hat: den eigenen Bruder, der nicht mehr in der Lage ist, den Konflikt auszuhalten und das zu tun, wofür er ein ganzes Leben hart trainiert hat: bei der Weltmeisterschaft für Deutschland zu spielen.

Jérôme antwortet ruhig: »Ich denke, dass ich das beiseiteschieben kann.«

Doch die Auseinandersetzung mit Kevin hat Jérôme in Südafrika von Beginn an zu schaffen gemacht. Im deutschen Team gibt es mit Hans-Dieter Hermann einen Psychologen, der für die Spieler zur Verfügung steht, wenn ihnen danach ist. Jérôme denkt ein paar Tage darüber nach, sein Problem mit Hermann zu besprechen, der die Nationalmannschaft seit vielen Jahren betreut. Aber er geht dann doch nicht hin, sondern entschließt sich, die Familienangelegenheit als Familienangelegenheit zu behandeln. Er holt sich Rat bei George und bei seinem Vater. Sie sagen ihm, dass er nicht verantwortlich ist für das, was Kevin tut, und dass er sich einfach auf den Fußball konzentrieren soll. Aber so einfach ist das nicht für Jérôme.

Zwei Tage vor dem Spiel kommt Joachim Löw beim Abendessen zu ihm an den Tisch, um ihm zu sagen, dass er gegen Ghana von Anfang an spielen wird.

Jérômes Mutter weiß, wie sehr dieses Duell mit Kevin ihrem Sohn zu schaffen macht, sie weiß das besser als Jérôme. Und weil sie es so genau weiß, hält sie es auf der Tribüne kaum aus. »Es war furchtbar«, sagt Nina Boateng. Sie fürchtet während des ganzen Spiels, dass die beiden Brüder aneinandergeraten, und sie entspannt sich nur dann ein wenig, wenn Jérôme und Kevin auf dem Platz weit voneinander entfernt sind. Prince Boateng, der so stolz auf seine beiden Söhne ist, versucht sie zu beruhigen. »Es passiert nichts«, sagt er immer wieder zu seiner ehemaligen Frau. Aber Nina lässt sich nicht beruhigen.

In Berlin hat Kevins Mutter Tine die *Super-Illu* in ihre Wohnung eingeladen, um das Duell gemeinsam mit dem Reporter des Boulevardblatts anzusehen. Tine hat ein Ghana-Trikot mit dem Namen ihres Sohnes an, vom Balkon hängen ghanaische Flaggen. Es ist ziemlich voll in der Wohnung, Familienangehörige sind gekommen, zahlreiche Freunde, darunter viele Afrikaner. Im Esszimmer ist ein großes afrikanisches Büffet aufgebaut. »Heute ist ein ganz großer Tag für mich«, sagt Tine. »Ich weiß, dass ganz Deutschland meinen Sohn für einen Rüpel und einen Bösewicht hält. Er liebt den Sport über alles. Ich weiß, dass sein Herz auf dem richtigen Fleck sitzt und dass es nur für den Fußball schlägt.«

Auf dem Weg von der Kabine aufs Spielfeld versucht Jérôme die Gedanken an seine vertrackte Familiengeschichte, die ihn nun zum Duell gegen seinen Bruder führt, so weit von sich fernzuhalten, wie das von einem Profi erwartet wird. Dabei ist es für einen 21 Jahre alten Spieler schon Druck genug, im entscheidenden Gruppenspiel einer Fußballweltmeisterschaft von der Ersatzbank in die Stammformation aufzurücken. Solche Spiele können über Karrieren in der Nationalelf entscheiden.

Dass es vor dem Anpfiff zu einer großen Versöhnungsgeste vor den Fernsehkameras und den vielen Millionen Zuschauern nicht reichen würde, war Jérôme nach den Auseinandersetzungen klar. Aber ein Zeichen hatte er trotzdem erwartet, eine kleine Erinnerung an den langen Weg, den sie gemeinsam gegangen waren und der sie nun bis nach Südafrika geführt hatte, auf zwei verschiedene Seiten des Feldes. Vielleicht eine kurze Umarmung, ein kleiner Klaps oder auch nur ein nettes Wort. Das hätte Jérôme gereicht. Aber Kevin gibt nichts.

Als die Spieler der beiden Mannschaften kurz vor dem Anpfiff aneinander vorbeilaufen und sich alle Spieler obligatorisch abklatschen oder die Hand schütteln, ist die Begegnung mit seinem Bruder wie ein kleiner Schock für Jérôme. Kevin hat in dem Moment den Kopf tief zwischen die Schultern versenkt, und als sie an der Reihe sind, sich abzuklatschen, schaut Kevin zu Boden. Er sieht seinen Bruder nicht einmal an. »Für mich war der Streit irgendwie schon gegessen. Ich hatte mich so auf das Spiel gefreut, und ich wollte ihm viel Glück wünschen«, sagt Jérôme. »Aber er war wieder so unnahbar.«

Jérôme nimmt die Dinge, wie sie sind, und versucht sich nur auf den Fußball zu konzentrieren, wie es ihm George und sein Vater geraten hatten. Nach einem Fehlpass in der zweiten Minute findet er zunehmend gut ins Spiel. Es ist erst sein sechstes Länderspiel, aber er wirkt bald souverän auf seiner linken Abwehrseite. Und nach und nach gelingt es ihm, seinen ersten WM-Einsatz zu genießen.

Kevin hält die Härte auch nicht gut aus, die er seinem Bruder und sich selbst zugemutet hat. Als die deutsche Mannschaft in der ersten Halbzeit einen Eckball bekommt, treffen die Brüder im Strafraum aufeinander. Kevin raunt Jérôme zu, dass er doch nicht wirklich glaube, dass er jetzt gegen ihn ein Tor machen könne. Sie lachen. Jérôme fühlt sich befreit. Und Kevin auch. Es ist für einen Moment wieder wie früher im Käfig.

Jérôme spielt gegen Ghana besser als Holger Badstuber, für den er in die Mannschaft gekommen ist, aber Kevin ist stärker als sein

Bruder. In der ersten Halbzeit ist Kevin einer der besten Spieler auf dem Platz. Es ist eindrucksvoll, wie er den Ball behandelt, wie er das Spiel immer wieder entschlossen nach vorne treibt und seine defensive Aufgabe trotzdem nicht vernachlässigt. Er spielt so stark, dass er ein Foul nicht nötig hat. Aber die deutsche Mannschaft wird allmählich stärker, und nach gut einer Stunde erzielt Mesut Özil das 1:0.

Der Bundestrainer wechselt Jérôme nach 72 Minuten aus und beendet das Familienduell. Kevin war der bessere Boateng, aber sein Kampf gegen Deutschland ist noch nicht entschieden. Er will auf keinen Fall verlieren, obwohl schon während der Partie klar wird, dass Ghana auch mit einer Niederlage in die nächste Runde kommt, weil der Konkurrent Serbien zeitgleich gegen Australien strauchelt. Kevin schafft es nicht mit seinen neuen Kollegen, die Deutschen in die Knie zu zwingen. Die ehemaligen Mitspieler aus der U21, die gerade dabei sind, ohne ihn zu den neuen Lieblingen in Deutschland zu werden, triumphieren wieder.

Mit dem Abpfiff jubelt das ganze Stadion in Johannesburg, denn in diesem Augenblick gibt es nur Gewinner. Es ist eine Atmosphäre, wie man sie nur ganz selten erlebt. Die Deutschen sind mit dem 1:0-Sieg natürlich in der nächsten Runde, aber Ghana auch, trotz der Niederlage. Es ist die erste und bleibt die einzige afrikanische Mannschaft, die es bei dieser Weltmeisterschaft in Afrika ins Achtelfinale schafft. Die deutschen Fans feiern ihr junges Team, das seine erste große Prüfung bestanden hat, und die afrikanischen Zuschauer bejubeln Ghanas Einzug in die K.o.-Runde*. Sie singen und tanzen auf den Rängen, und auch Ghanas Spieler jubeln auf dem Rasen, nachdem die Enttäuschung über die Niederlage der Freude über das Erreichen des Achtelfinales gewichen ist.

Jérôme hatte sich mit einer guten Vorstellung in die Stammformation gespielt, Kevin hatte im Duell mit seiner Vergangenheit mit einer reifen Leistung imponiert und die großen Klubs in Europa auf sich aufmerksam gemacht. Die Brüder hätten sich nun in den

---

*Wettkampfverfahren, bei dem der Verlierer ausscheidet und der Gewinner in die nächste Spielrunde weiterkommt.

Arm nehmen können, um ein neues Kapitel aufzuschlagen. Aber Kevin spürt nach dem Abpfiff nur die Niederlage, an Verbrüderung denkt er nicht, sondern verschwindet ganz schnell in der Kabine. »Er war nur sauer und enttäuscht«, sagt Jérôme.

Nach der Partie gibt sich Kevin auch in den Katakomben unnahbar. Er geht wortlos an den Journalisten vorbei, und wenn es doch einer schafft, ihn über seine Gefühle bei diesem Spiel zu befragen, verzieht er keine Miene. Eilig zieht er seinen weißen Rollkoffer in Richtung Stadionausgang hinter sich her und verschwindet schnell in Ghanas Mannschaftsbus. Jérôme bleibt bei den Reportern stehen und sagt: »Ich bin froh, dass es vorbei ist. Aber ich weiß nicht, ob wir uns noch mal über den Weg laufen.«

Man weiß in dem Moment nicht genau, ob Jérôme das nur auf die Weltmeisterschaft bezieht. Er selbst weiß es auch nicht. Denn Kevin hat entschieden, sich in seiner Welt zu verschanzen. Und wenn er das tut, dann weiß keiner, wann er sie wieder verlassen wird. Nicht einmal Kevin selbst.

Ein afrikanisches Sommermärchen

Bei der Weltmeisterschaft in Südafrika wird aus Kevin kein deutscher Fußballheld. Er wird der Prince von Ghana.

Als einzige Mannschaft Afrikas ist Ghana nach der Vorrunde noch dabei, alle anderen sind ausgeschieden, Südafrika als Gastgeber, aber auch die Elfenbeinküste, Kamerun und Algerien. Im Achtelfinale trifft Ghana auf die Vereinigten Staaten, und Kevin, der noch keine zwei Monate die ghanaische Staatsbürgerschaft besitzt, sagt vor dem Spiel: »Ab sofort spielen wir für ganz Afrika.«

Kevin spielt hinreißend. Nach wenigen Minuten schnappt er sich an der Mittellinie den Ball und setzt zu einem Solo an, das eine Dynamik und Klasse offenbart, die man selbst bei einer Weltmeisterschaft nicht oft zu sehen bekommt. In höchstem Tempo steuert er auf das amerikanische Tor zu, seine Gegner bekommen ihn auf diesen dreißig, vierzig Metern nicht zu fassen, so schnell und wendig ist Kevin mit dem Ball am Fuß unterwegs. An der Strafraumgrenze setzt er zu einem wuchtigen Schuss an, technisch perfekt und mit viel Übersicht macht er das. Der Ball findet von der Strafraumgrenze seinen Weg mit traumwandlerischer Sicherheit ins Tor. Es ist ein herrlicher Treffer, der Ghana in Führung bringt und ganz Afrika jubeln lässt.

Kevin spielt auch nach diesem Tor erstklassig. Er führt das Team, bereitet Chancen vor und taucht selbst immer wieder gefährlich im amerikanischen Strafraum auf. In der zweiten Halbzeit wird er übel gefoult und muss behandelt werden. Er beißt auf die Zähne und versucht weiterzuspielen, aber zwanzig Minuten vor dem Ende muss Kevin vom Platz.

Es steht 1:1, als er ausgewechselt wird, und es geht in die Verlängerung. Die »Black Stars« kämpfen unermüdlich und erzielen schließlich den Siegtreffer zum 2:1. Ghana steht im Viertelfinale, und ein ganzer Kontinent ist stolz darauf.

Der Gegner im Viertelfinale heißt Uruguay. Ghana träumt davon, als erste afrikanische Mannschaft in der achtzigjährigen Geschichte der Fußballweltmeisterschaften ein Halbfinale zu erreichen. Schon an den Tagen vor dem Spiel ist in Südafrika zu spüren, dass es in diesem Match nicht nur um Ghana geht. Die Zeitungen im Land der WM-Gastgeber überschütten das Land an der Westküste mit guten Wünschen, sie drucken Aufrufe an die einheimischen Fans, die afrikanische Mission der »Black Stars« mit aller Kraft zu unterstützen.

»Wir wollen für ganz Afrika siegen«, sagt Kevin Boateng vor dem Anpfiff.

Das sagt sich so leicht: Für Afrika spielen, für einen ganzen Kontinent spielen. Dabei ist es schon schwer genug, für ein Land zu spielen. Und weit größere Mannschaften als Ghana sind schon ganz klein geworden unter der Last der Verantwortung, die ein WM-Viertelfinale mit sich bringt.

Jérôme sitzt an diesem Abend im deutschen Mannschaftsquartier in Kapstadt vor dem Fernseher, um seinen Bruder und Ghana zu sehen. Am nächsten Tag hat er sein Viertelfinalspiel gegen Argentinien. Sollten beide Brüder gewinnen, dann sehen sie sich ein paar Tage später in Durban auf dem Fußballplatz wieder: Dann spielen sie um den Einzug ins WM-Endspiel.

Soccer City vibriert vor Vorfreude, schon Stunden vor dem Anpfiff ist das Stadion voll besetzt. Doch an diesem Abend, der ein afrikanisches Team erstmals in die Weltspitze führen soll, werden die Anhänger Ghanas die ganze Grausamkeit zu spüren bekommen, die ein Fußballspiel bieten kann. Man spürt von Anfang an den ungeheuren Druck, der auf den Spielern lastet. Die Mannschaft ist nervös, sie findet nicht ins Spiel.

Der Mann mit der Nummer 23 hat es trotz der Verletzung im letzten Spiel geschafft, fit zu werden für das Viertelfinale. Er nimmt die Sache nach zwanzig Minuten in die Hand. Nach einer halben Stunde leitet sein Pass die erste Chance für Ghana ein, das Spiel wendet sich allmählich. Nach dieser gelungenen Aktion putscht Kevin das Publikum in Johannesburg mit seinen Gesten auf. Ghana wird immer stärker. Kurz vor der Pause setzt Kevin zu einem spektakulären Fallrückzieher an. Ein Tor wird nicht daraus, aber es ist ein Signal. Wenige Minuten später fällt das 1:0 für Ghana, ein Aufschrei geht von Johannesburg über den Kontinent. Das Halbfinale ist zum Greifen nahe, doch in der zweiten Halbzeit kostet ein Torwartfehler die »Black Stars« den Vorsprung. Nach neunzig Minuten steht es 1:1. Es geht wieder in die Verlängerung. Ghana drängt, angeführt von Kevin, auf den Sieg, unterstützt von 80 000 Zuschauern im Stadion und Millionen Menschen nicht nur in Afrika: Ghana gehören an diesem Tag die Herzen der ganzen Fußballwelt. Drei Minuten vor dem Abpfiff hat Kevin die große Chance zum Siegtreffer. Aber sein Kopfball verfehlt knapp das Ziel. Ghana will sein Glück erzwingen. Die letzte Minute der Verlängerung ist schon vorbei, es läuft die Nachspielzeit, als es noch einmal Eckball für Ghana gibt. Es ist die letzte Chance des Spiels, alle im Stadion spüren das. Und es ist in diesem Moment, als ob der Wille ganz Afrikas den Ball ins Tor von Uruguay befiehlt. Gleich mehrmals sieht es nach der Ecke so aus, als würde der Ball aus dem Getümmel heraus den ersehnten Weg ins Netz finden. Auf der Torlinie aber steht ein uruguayischer Spieler und wehrt den Kopfball gerade noch ab. Dann köpft der Ghanaer Adiyiah den Ball nochmals aus kurzer Distanz aufs Tor. Der Torwart ist schon geschlagen, und der Ball fliegt so, dass ihn kein Gegner mehr auf der Torlinie mit dem Kopf abwehren kann. Das muss der Treffer sein, der Ghana ins Halbfinale bringt. Das denken Millionen Zuschauer vor dem Fernseher, Zehntausende in Soccer City, und das denkt auf dem Platz auch Kevin. Der Ball fliegt über den ersten Uruguayer kurz vor der Linie hinweg, aber dahinter steht noch ein Spieler. Es ist der Stürmer Suárez, er reißt auf der Linie den Arm nach oben und wehrt den Ball wie ein Torwart ab. Er verhindert den entscheidenden Treffer. Der Schiedsrichter hat das Handspiel erkannt und gibt Elfmeter. Nun trennt nur noch ein einziger Schuss aus elf Metern Ghana und Afrika von ihrem großen Traum bei der Weltmeisterschaft. Und alle, die es auf der Welt an diesem Tag mit Ghana halten, hoffen in diesem Augenblick, dass der erste Einzug eines afrikanischen Teams ins Halbfinale bei einer Fußballweltmeisterschaft Wirklichkeit wird. Es ist ein Moment für die Fußball-Geschichtsbücher.

Gyan ist ein cooler Elfmeterschütze, der beste in Ghanas Team. Er hat bei der WM schon einen Elfmeter sicher verwandelt. Gyan wirkt angespannt, aber konzentriert. Er läuft an, es ist mucksmäuschenstill im Stadion. Der Torwart fliegt in die falsche Ecke, er kann den Ball nicht mehr erreichen. Doch der Ball steigt immer höher und knallt gegen die Latte.

Gyan bricht zusammen. Kevin nimmt ihn in den Arm, aber sein Trost geht ins Leere. Er selbst hatte ein paar Wochen zuvor im Pokalfinale gegen Chelsea einen Elfmeter verschossen, als er nach dem Foul an Ballack seine Mannschaft hätte in Führung bringen können. Aber das war nichts im Vergleich zu diesem Augenblick. Gyan vergräbt sein Gesicht in den Händen und im Trikot. Von einem Betreuer gestützt taumelt er über den Rasen.

Im Elfmeterschießen, das wenige Minuten später folgt, macht Gyan das Tor, ganz locker, als sei es ein Kinderspiel. Doch das hilft nichts. Ghana verliert das Elfmeterschießen. Und so bleibt dieser Elfmeter nichts weiter als die letzte bittere Pointe. Aus dem afrikanischen Freudenfest wird ein Abend voller Tränen in Soccer City. Kevin erträgt die Schmerzen mit versteinerter Miene, manche Mitspieler weinen hemmungslos. Die Niederlage Ghanas, die doch eigentlich schon ein Sieg war, ist das große Drama dieser Weltmeisterschaft.

Auch Nelson Mandela* spürt das.
Am Tag nach der Niederlage gegen Uruguay hat sich Kevin im Mannschaftsbus ein Sweatshirt der »Black Stars« übergezogen. Er ist mit seiner Mannschaft bei Mandela eingeladen. Fast alle seine Mitspieler tragen die gelben T-Shirts der ghanaischen National-mannschaft, aber Kevin hat sich für etwas Langärmeliges entschie-den, der Bund reicht ihm bis über das Handgelenk. Einige der Tat-toos auf seiner Haut erzählen Geschichten aus seinem Leben, aber an diesem Tag, an dem er einem Mann gegenübersteht, dessen Geschichte schon jetzt ein Mythos ist, soll man das nicht sehen.
Bekleidet mit einem blau gemusterten Hemd sitzt Mandela in einem breiten, gepolsterten Sessel, als er die »Black Stars« emp-fängt. Mandela gibt jedem Spieler die Hand, und als Kevin an der Reihe ist, schenkt ihm Mandela ein langes, warmes Lächeln. Ein Mitarbeiter sagt dem Friedensnobelpreisträger den Namen jedes Spielers ins Ohr, er sagt die Namen ziemlich laut, weil der alte Mann nicht mehr so gut hört.
Als die ghanaischen Spieler das Haus Mandelas wieder verlassen und von den Reportern interviewt werden, ringen sie nach Wor-ten, um die Ehre und die Freude zu beschreiben, dieser Legende begegnet zu sein. Die coolen »Black Stars«, die der Fußball zu Mil-lionären und Idolen ihrer Heimat gemacht hat, wirken auf einmal ehrfurchtsvoll und demütig, und das sind sie auch.

Zwei Tage später kommt Kevin zum ersten Mal in das Land sei-nes Vaters. Es ist halb zwei in der Nacht, als die Mannschaft auf dem Flughafen der Hauptstadt Accra landet. Tausende Anhän-

---

* Nelson Mandela (geb. 1918) war nach langer Inhaftierung von 1994 bis 1999 der erste schwarze Präsident Südafrikas.

ger sind schon seit Stunden da, singend und tanzend erwarten sie die »Black Stars«. Auf einem Plakat steht »We love our boys«, auf einem anderen »Kevin-Prince Boateng Fanclub Ghana«. Es ist das größte Transparent, das die Fans zum Flughafen mitgebracht haben.

Staatschef John Atta Mills empfängt die Mannschaft und verspricht den Spielern eine zusätzliche Prämie, weil sie so viel getan haben für Ghana. »Obwohl ihr leider nicht den Pokal nach Hause gebracht habt, habt ihr die Herzen der Menschen in Afrika und auf der ganzen Welt erobert«, sagt der Staatschef bei der Ankunft.

Der international bekannteste Politiker Ghanas ist Kofi Annan, der frühere Generalsekretär der Vereinten Nationen. Sein Neffe zweiten Grades, Anthony Annan, spielte bei der WM auf der Position neben Kevin im Mittelfeld, später wechselte er zum FC Schalke. Auch Kofi Annan würdigt nach dem bitteren Ausscheiden im Viertelfinale gegen Uruguay die großen Verdienste des Teams: »Ihr seid großartige Botschafter für Ghana und Afrika. Einen Moment habe ich gedacht: wie unfair. Aber dann habe ich gemerkt, dass ihr Gewinner seid, obwohl ihr das Spiel verloren habt. Ihr habt donnernde Unterstützung aus ganz Afrika erhalten und damit viel zur Einheit des Schwarzen Kontinents beigetragen.«

Kevin ist in diesen Tagen überzeugt, dass sein Wechsel von Deutschland nach Ghana die richtige Entscheidung war. Ein paar Wochen später wird er nominiert für die Wahl zum afrikanischen Fußballer des Jahres, in die Afrika-Elf 2010 wird er auch gewählt. Und Kevin Boateng sagt, was er über Deutschland nie sagen konnte: »Die Menschen in Ghana lieben mich.«

Die deutsche Internationalmannschaft

Deutschland ist bis zum ersten Spiel in Südafrika ein Fußball-Land, das zwar nicht in der Wirklichkeit, aber in der Vorstellung immer noch bevölkert wird von Fritz und Franz, Jürgen und Lothar, Schweini und Poldi. Aber nicht von Mesut, Jérôme, Sami

und Serdar.* Obwohl das Land seit fünfzig Jahren von Zuwande-
rung geprägt ist, kennt es noch immer nur den deutschen Blick auf
den Fußball.

Vor der WM werden Jérôme Boateng, Mesut Özil, Sami Khedira
und die anderen Nationalspieler mit ausländischen Wurzeln vor
allem danach beurteilt, ob sie es schaffen, Michael Ballack zu ersetzen. Das war ja auch ihre Aufgabe. Aber dass sie zudem gemeinsam
etwas ganz Neues schaffen werden, dass sie dem Land und seinen
Millionen Migranten in diesem Sommer ein ganz unbekanntes
Gefühl von Gemeinsamkeit schenken, ahnt kurz vor der Weltmeisterschaft kaum jemand. Als Mesut, Sami, Jérôme und Co. nach
sechs Wochen aus Südafrika zurückkehren, ist aus der deutschen
Nationalmannschaft eine Internationalmannschaft geworden, die
vielleicht nicht das Land, aber doch den Fußball in Deutschland
verändert hat.

In den Tagen der WM-Vorbereitung konnte man noch nicht wissen, ob die Spieler mit türkischer, tunesischer und afrikanischer
Herkunft tatsächlich ihren Platz in der Mannschaft finden und
damit zu einem unverzichtbaren Teil des Teams werden würden. Es galt ja als fraglich, ob die Nationalmannschaft in Südafrika ohne Ballack überhaupt Erfolg haben könnte. Nur Erfolg aber
konnte Mesut, Sami, Jérôme und Co. Anerkennung als Nationalspieler verschaffen. Das galt für diese Spieler viel mehr als für ihre
etablierten Kollegen. Aber diese Situation war ihnen nicht neu, die
kannten sie schon ihr ganzes Leben.

Was es für einen Nationalspieler heißt, seine Wurzeln nicht nur in
Deutschland zu haben, ist eine Frage, die sich vor der WM hierzulande kaum jemand stellte. Heimat, wo ist sie für diese Profis
überhaupt? Dass Lukas Podolski, Miroslav Klose und Piotr Trochowski aus Polen kamen, hatte man nach so vielen Jahren in der
Nationalmannschaft fast schon vergessen, die spanischen Vorfah-
ren von Mario Gomez sowieso. Und dass der Brasilianer Cacau

---

* Gemeint sind ehemalige und aktuelle Fußballspieler: Fritz Walter (Kapitän 1954), Franz
Beckenbauer (Kapitän 1974), Jürgen Klinsmann, Lothar Matthäus, Bastian Schweinsteiger,
Lukas Podolski, Mesut Özil, Jérôme Boateng, Sami Khedira und Serdar Tasci.

die deutsche Staatsbürgerschaft angenommen hatte, das war eine
Sache für sich.

Ihre Herkunft war vor dieser WM erstaunlicherweise kaum ein
Thema in der Öffentlichkeit, das änderte sich schlagartig mit dem
ersten Sieg.

Endlich, aber eben doch mit einiger Verspätung spiegelte die
Nationalmannschaft bei dieser WM eine gesellschaftliche Realität und zeigte Deutschland als Einwanderungsland. Diese Verspätung ist umso erstaunlicher, als der Fußball wie geschaffen scheint
für Aufsteigerkarrieren von Migrantenkindern. Besonders auffällig war dieses Manko mit Blick auf die türkischstämmigen Kinder. In Kunst und Kultur hatten es in den letzten Jahren einige
»Deutschtürken« an die Spitze geschafft, ob nun Regisseur Fatih
Akin, Schauspielerin Sibel Kekilli, Schriftsteller Feridun Zaimoglu
oder der Comedian Kaya Yanar. In der Politik war Cem Özdemir
zum Vorsitzenden der Grünen aufgestiegen, aber ausgerechnet der
Fußball, geliebt und gespielt in der Türkei und all den anderen
Ländern, wo diese Kinder ihre Wurzeln haben, war noch immer
eine Leerstelle. Dabei war und ist die Anzahl an türkischstäm-
migen Talenten in den deutschen Nachwuchsmannschaften auf
Klub- wie auf DFB-Ebene seit Jahren so hoch, dass man gerade im
Fußball viel früher den Sprung von den Talenten nach ganz oben
hätte erwarten können.

Die Fußballstars der Generation Beckenbauer*, zahlreiche deutsche Fans und auch die Medien tun sich zunächst schwer, einen
emotionalen Zugang zur Generation der Einwandererkinder zu
finden, deren Namen bald überall im Land auf den Trikots von
Kindern und Jugendlichen stehen. Und die Boulevardblätter kümmern sich zunächst vor allem um das, was die Nationalspieler
mit Migrationshintergrund in Deutschland nicht tun: mitsingen,
wenn die Nationalhymne gespielt wird.

---

* Franz Beckenbauer (geb. 1945), aktiver Spieler von 1965 bis 1983, gilt als einer der besten
Fußballspieler und erhielt deswegen den Spitznamen »Kaiser Franz«.

Franz Beckenbauer fordert vor dem letzten WM-Testspiel in *Bild* alle Nationalspieler auf, die Hymne mitzusingen. Der »Kaiser« hatte als Teamchef in den Achtzigerjahren dafür gesorgt, dass seine Spieler nicht mehr gelangweilt ihre Kaugummis im Mund herumschoben, sondern die Lippen bewegten. Oft taten sie es lustlos, aber Hauptsache, sie taten es. Das sah einfach besser aus.

Damals hatte allerdings auch im Stadion kaum jemand Lust verspürt, die Hymne mitzusingen. Als die Nationalspieler noch Toni, Karl-Heinz, Paul, Rudi und Bodo* hießen, war das eher eine Sache für Sportfunktionäre und die stramm Konservativen des Landes. Von einem entspannten Patriotismus war man bis zum WM-Jahr 2006 noch ein ganzes Stück entfernt.

Weil man fürchtete, die Leute würden den Text vielleicht gar nicht kennen, wurde er nun auf der Stadiontafel eingeblendet. Doch es dauerte noch ein paar Jahre, bis nicht nur die Glatzköpfe in der Kurve die Nationalhymne mitsangen, sondern auch die Zuschauer auf der Tribüne.

»Alle sollten die Hymne mitsingen, dann hat man eine ganz andere Einstellung«, sagt Beckenbauer nun kurz vor der Weltmeisterschaft 2010. Das klingt in jenen Tagen ein bisschen so, als fehle es den Spielern mit Migrationshintergrund womöglich an dem Willen, alles für die Nationalmannschaft zu geben. Auch die *Bild*-Zeitung findet, dass die Nationalhymne das Gemeinschaftsgefühl im Team stärkt, und macht unter ihren Lesern eine Umfrage. 79 Prozent sagen: Ein deutscher Nationalspieler muss die Nationalhymne singen. Aber Jérôme Boateng, Sami Khedira, Lukas Podolski, Mesut Özil, Dennis Aogo und Piotr Trochowski kümmert das nicht. Sie wollen für Deutschland spielen, nicht singen.

Es ist gar nicht schwer, Menschen zu finden, die fordern, Spieler, die nicht die Hymne mitsingen, aus der Nationalmannschaft zu werfen. Manche fordern sogar, ihnen die Pässe abzunehmen, sie zum Flughafen zu bringen und dahin zurückzuschicken, wo sie herkommen. Diese Leute findet man im Internet in den einschlä-

---

* Gemeint sind die ehemaligen Spieler Toni Schumacher, Karl-Heinz Rummenigge, Paul Breitner, Rudi Völler und Bodo Illgner.

gigen Foren, dort heißt es: »Ein Schwein, das im Kuhstall geboren wird, bleibt auch sein ganzes Leben lang ein Schwein und wird keine Kuh, oder? Denkt mal drüber nach! Blut ist dicker als Wasser und ein Zettel Papier macht noch lange keinen Deutschen.«

Zustimmung ist solchen Schmiereien im Netz gewiss.

Verachtung gegenüber Migranten findet man auch in den Foren der Hooligan-Szene und auf den Webseiten, wo die extreme Rechte festlegen möchte, wer deutsch ist in diesem Land und wer nicht.

»Die einzigen Spieler mit Migrationshintergrund, die die Hymne inbrünstig mitsingen, sind Miro Klose und Cacau. Brasilianer und Polen sind fähig sich zu integrieren. Der Kram aus dem Mohammedanergürtel wieder mal nicht«, heißt es da.

Die NPD will sich diese Stimmung am rechten Rand zunutze machen und greift die Nationalspieler mit Migrationshintergrund ganz offen an, vor allem die Brüder Boateng: »Die Diskreditierung multikultureller Integrationshalluzinationen durch die Weigerung, die deutsche Nationalhymne zu singen, ist ein Faustschlag der migrantischen Fußballsöldner in die Gesichter der Multikultilobbyisten. Auf diese Weise zeigen die Migranten ihr wahres Gesicht und führen den Deutschen vor, was sie von uns halten. (…) Eines Tages werden die enttäuschten Deutschen diese Fehlentwicklung mit dem Ruf quittieren: ›Wir sind Deutsche! Und ihr nicht!‹«

Der Bundestrainer hat mit seinen Spielern schon früh über das Thema Nationalhymne gesprochen. Vermutlich hat er geahnt, das da mal was auf sein multikulturelles Team zukommen könnte. Jetzt versucht er der Diskussion die Spitze zu nehmen. »Ich freue mich, wenn die Spieler mitsingen«, sagt er auf dem Höhepunkt der Debatte, »aber ich werde keinen dazu zwingen.« In der Woche vor der Weltmeisterschaft merkt der Bundestrainer, dass es in dieser Debatte im Kern um das Verhältnis der betroffenen Spieler zu Deutschland geht, auch wenn das nicht offen angesprochen wird. Und so sieht sich Joachim Löw veranlasst, auf eine Selbstverständlichkeit hinzuweisen, die sich aus dem Leben und der Karriere der in Deutschland geborenen und aufgewachsenen Boatengs, Khediras und Özils eigentlich wie von selbst ergibt, die aber auf einmal in Frage zu stehen scheint: ihre Loyalität zu Deutschland. »Unsere Jungs identifizieren sich total mit der Nationalmannschaft und Deutschland. Aber man muss auch an ihre Herkunft denken. Viele sind in Deutschland geboren, aber eben ihre Familien nicht. Das kann dann schwierig sein mit der Hymne.«

Die Spieler mit multinationalen Wurzeln, die genauso in Deutschland groß geworden sind wie die Lahms, Schweinsteigers und Müllers, äußern sich öffentlich zurückhaltend. Es ist, als wollten sie die Sache vor dem letzten Testländerspiel nicht noch weiter aufblasen. Sami Khedira sagt, jeder Spieler müsse das mit der Hymne selbst entscheiden. Dennis Aogo erklärt, dass er stolz auf sein Land ist, auch wenn er die Nationalhymne nicht mitsingt. Özil erläutert, dass er sich in diesem Augenblick schon auf das Spiel konzentriert und um Glück und Gesundheit für sich und seine Mitspieler betet. »Wenn einer sagt, ich will die Nationalhymne nicht singen, weil ich angeblich das Gefühl habe, kein Deutscher zu sein, dann ärgert mich das«, sagt Jérôme. »Ich bin Deutscher. Ich habe einen deutschen Pass. Ich bin hier aufgewachsen und ich fühle mich als Deutscher. Ich muss nicht singen, um als Deutscher anerkannt zu werden.« Er hat auch früher in den Nachwuchsnationalmannschaften des Deutschen Fußball-Bunds nicht die Nationalhymne gesungen: »Ich konzentriere mich und bete. Ich denke darüber nach, dass das Spiel gut läuft und alle verletzungsfrei vom Platz kommen. Von Anfang an – und das ist so geblieben. Es ein Teil meines Rituals, mich auf das Spiel vorzubereiten.«

Dass es bei dieser Diskussion nicht nur ums Singen ging, hatten die »Scheiß-Kanaken« und die »Nigger« sofort verstanden, denn mit solchen Beschimpfungen waren Mesut, Jérôme und Co. auf den deutschen Fußballplätzen groß geworden. Es war immer schlimmer geworden, je älter sie wurden, aber im Profifußball, wo Verunglimpfungen von farbigen Spielern vor zwanzig Jahren in den Stadien immer wieder zu hören waren, waren die Beleidigungen allmählich verschwunden. Die Vereine und die Zuschauer hören inzwischen nicht mehr weg, jedenfalls nicht in der Bundes-

liga. Doch auf ihrem Weg nach oben haben die Migrantenkinder
Zumutungen und Demütigungen erlebt, von denen ihre Mitspieler Philipp, Bastian, Thomas und Manuel keine Vorstellung haben.
In Berlin selbst war Jérôme das eher nicht passiert. Da hatten er
und sein Multikulti-Team die Gegner nach allen Regeln der Kunst
umdribbelt und erfuhren dafür Respekt. Bei Kevin und George
war es genauso: Schnell fanden sie bei Hertha BSC mit dem Erfolg
auch Anerkennung. Aber sobald sie im Osten spielten, merkten
sie, dass man dort auf dem Fußballplatz nicht bereit war, sie so
zu akzeptieren, wie sie waren. »Wir sind von Eltern unserer Gegner beschimpft, beleidigt und angespuckt worden. Im Osten gab
es immer wieder Probleme«, erinnert sich Jérôme. »Das hat mich
manchmal richtig fertiggemacht.« George reagierte darauf besonders heftig. »Wir hatten meist keinen Vater dabei«, sagt er, »das war
für Jérôme schon besser.«
Die Debatte um die Nationalhymne signalisiert Jérôme
und den anderen Nationalspielern mit nicht (nur) deutschen
Wurzeln, dass ihnen ihre nationale Identität noch immer nicht
selbstverständlich zugestanden wird. Selbst dass sie es mit höchstem Ehrgeiz und Zielstrebigkeit bis in die Nationalmannschaft
gebracht haben und nun in Südafrika Botschafter ihres Landes
sind, hat ihnen da nichts genutzt.

Die Diskussion wäre eine gute Gelegenheit gewesen, etwas über
die Geschichte, die Kämpfe und die Leistungen der Einwanderer-
familien in Deutschland zu lernen. Doch es geht in der National-
hymnen-Debatte nicht um gegenseitiges Verständnis, und wenn
man die Emotionen und Verunglimpfungen beiseiteschiebt, dann
kann man hinter der Forderung, alle Nationalspieler hätten die
Hymne zu singen, das Konzept der homogenen Nation erkennen, dem eine statische Vorstellung von Nation und Gesellschaft
zugrunde liegt. Dass neue Gruppen in einer Gesellschaft viel leichter akzeptiert werden, wenn man die Idee der homogenen Nation
(oder Nationalmannschaft) aufgibt und einer dynamischen Vorstellung von nationaler Identität Raum gibt, hatte die National-

mannschaft längst verstanden. Miroslav Klose und Cacau bekreuzigen sich vor dem Spiel, Mesut Özil spricht ein Gebet zu Allah. Der Bundestrainer hatte diese Haltung vom ersten Tag der Vorbereitung an in seinem jungen, multiethnischen Team etabliert.

Es ist sicher kein Zufall, dass der gebürtige Brasilianer Cacau für die Deutschen bei dieser Weltmeisterschaft zum Vorbild in Sachen Integration geworden ist. Er ist bereit sich anzupassen, und er kommt aus einem Land, das die Deutschen in Sachen Fußball bewundern. Mit seiner Haltung, seinen Überzeugungen und seinem gelebten christlichen Glauben schafft es Cacau schon gleich im ersten Spiel, zu einem Liebling der Deutschen zu werden. Zudem hat Cacau die deutsche Staatsbürgerschaft aktiv angestrebt. Er hat sich einer staatlichen Prüfung unterzogen, ein Diplom erhalten und bekennt sich mit jedem Wort zu seiner neuen Heimat. Bei der Nationalhymne singt er immer mit, während man von Özil, Boateng und Khedira nur geschlossene Lippen sieht.

Claudemir Jeronimo Barretto, genannt Cacau, hatte einen besonders beschwerlichen Weg hinter sich, ehe er die Bundesliga und die Nationalelf erreichte. Nach einer Kindheit in ärmlichen Verhältnissen verließ er Brasilien mit achtzehn Jahren. Die ersten Vermittlungsversuche zu europäischen Vereinen schlugen fehl, deshalb tingelte Cacau als Roadie mit einer Samba-Gruppe durch Deutschland, bis er irgendwann doch sein Talent auf dem Fußballplatz beweisen durfte. Zunächst war das allerdings nur in der fünften Liga beim Münchner Klub Türk Gücü gefragt, dann beim Zweitligaklub 1. FC Nürnberg. Mit dem VfB Stuttgart wurde er 2007 deutscher Meister und nahm 2009 die deutsche Staatsbürgerschaft an. Wenige Monate später bestritt er sein erstes Länderspiel. Cacau engagiert sich unter anderem für die Deutsche Kindersuchthilfe, in der Kinder von alkoholkranken Eltern unterstützt werden. Sein Vater war Alkoholiker.

»Ich bin dankbar«, sagt Cacau nach dem WM-Spiel gegen Australien, in dem er beim Stand von 3:0 eingewechselt wird und gleich das vierte Tor erzielt. »Das ist eine Eigenschaft, die mir sehr wichtig ist. Ich bin auch dankbar, als gebürtiger Brasilianer Deutschland repräsentieren zu dürfen. Deutschland ist eine Chance für uns Ausländer. Wir kommen ins Land, um eine bessere Zukunft zu erleben. Natürlich müssen wir kämpfen, aber hier gibt es eine Struktur, die wir nutzen sollten. Das heißt: die Sprache lernen, sich mit dem Land identifizieren, sich nicht abschotten.«

Cacau möchte Vorbild sein, und das sagt er auch. »Ich denke, dass in unserer Gesellschaft oft gute Vorbilder fehlen. Leute, denen es mit viel Arbeit und Leidenschaft gelungen ist, nach oben zu kommen. Es ist nicht einfach, für niemand, aber es ist möglich. Ich mag keine Jammerei. Dieses Vorbild möchte ich sein, auch mit Blick auf Integration. Man muss wissen, wer man ist.« Nach dem Turnier ernennt ihn der DFB zu seinem Integrationsbotschafter.

Mit dem ersten Sieg gegen Australien beginnen die Deutschen sich allmählich auch für die Herkunft der Spieler zu interessieren, die drauf und dran sind, zu neuen Lieblingen der Nation aufzusteigen. Plötzlich reicht nicht mehr, was man vor der Weltmeisterschaft über ihre Vergangenheit erfahren hat. Auch Jérôme hat vor der Weltmeisterschaft auf seiner Webseite in einem Kapitel über seine Herkunft nur ein paar spärliche Angaben gemacht. »Von Charlottenburg in die Welt« heißt das Kapitel. Er teilt darin lediglich mit, dass er in Berlin geboren wurde und seine Wurzeln in Ghana hat, aber was es damit auf sich hat, als farbiges Kind in Berlin aufzuwachsen, auf dem Fußballplatz beschimpft zu werden und immer wieder erfahren zu müssen, dass man für manche Deutsche nicht dazugehört, das schreibt Jérôme nicht. Und er schreibt auch nicht, was es für ihn bedeutet, dass er nie so einfach Deutscher sein konnte wie Bastian, Philipp oder Thomas. Niemand in der Internationalmannschaft, der Jérôme, Sami, Mesut oder Serdar heißt, spricht darüber.

»Ich bin hier groß geworden. Ich wollte immer für Deutschland spielen. Das war für mich gar keine Frage«, sagt Jérôme in Südafrika. Und auch Sami Khedira sagt nach dem ersten WM-Spiel, als er den Platz des für unersetzlich gehaltenen Ballack erfolgreich ausfüllt, dass er es »extrem wichtig« findet, dass man sich mit seinem Land identifiziert. »Aber dass man auch seine eigene Art und Weise zur Geltung bringt. Die deutschen Tugenden sind bei uns auch vorhanden: Disziplin, Ehrgeiz, Konzentration auf das Wesentliche. Wenn man den einen oder anderen Südländer oder Afrikaner in der Mannschaft hat, da kommt ein anderes Leben in die Mannschaft. Wie Mesut Özil Fußball spielt, kann man auf keiner Uwe-Seeler-Fußballschule* lernen. Es ist extrem gut, dass wir Spieler haben, die Leichtigkeit in die deutsche Mannschaft bringen.«

Dem deutschen Fußball tue es gut, betont Khedira, dass hungrige Spieler nach oben streben, die Fußball als Aufstiegschance begreifen, die sich ihren Platz in der Gesellschaft erkämpfen wollen. Auf die Frage, was sein Aufstieg aus ärmlichen Verhältnissen bedeutet, erwidert er: »Was heißt ärmliche Verhältnisse? Bescheidene Verhältnisse würde ich sagen. Wir konnten uns keine Markenklamotten leisten, kein teures Auto. Auf einem Turnier einen Burger essen, das war nicht drin. Aber das war auch nicht wichtig. Wir hatten die Liebe unserer Eltern, einen Ball und eine Straße, auf der wir Fußball spielen konnten. Mehr brauchten wir nicht. Es ist wichtig, dass man seine Vergangenheit nicht vergisst.«

Spätestens als die deutsche Mannschaft dank Mesut Özils Treffer gegen Ghana das Achtelfinale erreicht und dann England in einer mitreißenden Begegnung 4:1 besiegt hat, hat sich das Land in seine Internationalmannschaft verliebt. Dieses bunte Team spielt so, wie die Deutschen immer spielen wollten, aber fast nie gespielt haben: leicht, schön, schnell, aufregend und zum Glück auch erfolgreich. Sogar das Ausland findet auf einmal die Deutschen gut. Das hatten Engländer, Holländer oder Italiener früher nie getan, und auch sonst kaum jemand. Der deutsche Fußball war in den vergangenen Jahrzehnten nicht geliebt, sondern nur geachtet worden – und meistens auch gefürchtet. So wie lange auch die Deutschen selbst.

---

* Fußballsportstätte in Bad Malente, benannt nach dem ehemaligen Weltklassestürmer des Hamburger Sportvereins.

Wenn man früher bei einer Weltmeisterschaft im Ausland in der Kneipe ein deutsches Spiel schaute und die Leute jubelten, dann konnte man fast sicher sein, dass gerade die andere Mannschaft ein Tor geschossen hatte. In Südafrika aber jubelten die Leute mit der deutschen Mannschaft. Vielleicht hatte das auch ein klein bisschen mit der besonderen Kenntnis der Südafrikaner für die Schwierigkeiten zu tun, die mit der Integration zusammenhängen.

Der deutsche Fußball, das war jahrzehntelang ein Synonym für den scheinbar unveränderlichen Nationalcharakter der Deutschen, und damit auch für den Schrecken, den die Deutschen über die Welt gebracht hatten. Natürlich war das immer ein spielerisches Synonym, aber eben doch ein Synonym. Und ein besonders hartnäckiges dazu. Im deutschen Sommermärchen bekam dieses Bild schon Risse, und in Südafrika war es beinahe ganz verschwunden, weil nun auch die Art und Weise des deutschen Spiels eine Leichtigkeit atmete, die man bis dahin so nicht kannte aus dem Land des Effizienzfußballs.

Nun begeisterte sich die Fußballwelt an einer jungen deutschen Mannschaft, die nicht mehr so aussah, wie eine deutsche Mannschaft früher ausgesehen hatte, und die eben auch nicht mehr so spielte, wie eine deutsche Mannschaft früher gespielt hatte. Wenn man Engländer in Südafrika nach der 1:4-Niederlage traf, klagten sie nicht etwa über das Tor, das ihnen nicht gegeben worden war, sondern sie lobten die tollen Jungs im deutschen Team, die ihre Mannschaft so hochverdient geschlagen hätten. Genau solche Jungs brauche England. So hatte man dort noch nie über den deutschen Fußball gesprochen.

In den Fußgängerzonen im Gastgeberland sieht man nach den großartigen deutschen Erfolgen erstmals Menschen aus Südafrika, Mexiko, Indien oder von sonst woher in deutschen Trikots, auf deren Rücken Özil oder Müller steht. Früher hatten fast ausschließlich deutsche Fans deutsche Trikots getragen.

Auch die Politik entdeckt das neue Fußballdeutschland. Der damalige Innenminister Thomas de Maizière reist nach Südafrika

und erlebt den 4:1-Sieg gegen England im Stadion von Bloem-
fontain. Er gibt die Perspektive vor, aus der das politische Berlin
bei der WM auf den Fußball schaut. »Die Integrationskraft dieser Mannschaft wird auf die Gesellschaft einwirken, ganz sicher.
Diese Nationalmannschaft zeigt: Wenn man als Migrant hier lebt,
kommt man durch eigenen Ehrgeiz, eigene Kraft und eigene Leistung voran. Mit Förderung allein geht es nicht, Eigenanstrengung
gehört dazu«, sagt de Maizière. »Umgekehrt gehört aber auch
dazu, dass die Aufnahmegesellschaft, wenn man sie so nennen will,
auch bereit ist, das vollständig zu honorieren. Diese Mannschaft
kann dabei ein gutes Beispiel für die gesamte Gesellschaft sein.«
Bei allem Jubel über die deutsche Nationalelf sollte die Bundesregierung nicht vergessen, alle Migranten ihren Talenten entsprechend zu fördern, mahnt Grünen-Chef Cem Özdemir. In
Deutschland lebten viele junge Özils, Khediras und Boatengs auch
der Chemie oder Mathematik, die ihre Chancen aber nicht nutzen könnten. Ihre Aussicht auf eine Karriere ende oft schon mit
der Anmeldung in einer Hauptschule, sagt der Grünen-Politiker.
Doch was Özdemir sagt, dringt nicht so durch in diesen Tagen, in
denen Deutschland über Özil, Khedira, Boateng und Co. jubelt –
aber eben nur über einen Boateng, die beiden anderen sind auf
ihrem deutschen Fußballweg verloren gegangen.
Beim Viertelfinale in Kapstadt gegen Argentinien ist auch die
Kanzlerin dabei. Nach jedem Tor jubelt Angela Merkel, sie geht so
aus sich heraus, dass die Kameras immer auf sie gerichtet bleiben,
sie scheint gar nicht zu wissen, wohin mit ihrer Freude. Am liebsten würde sie auf der Tribüne irgendeinen der anderen Staatschefs
und Ehrengäste umarmen, aber dann findet sie niemanden, mit
dem sie ihre Freude über diese junge, multikulturelle Mannschaft
teilen könnte, und so läuft sie auf der Tribüne alleine jubelnd auf
und ab. Nach dem Schlusspfiff des 4:0-Triumphs gegen Argentinien geht die Kanzlerin sofort runter in die Kabine, nimmt zwei
Bierflaschen in die Hand und öffnet sie, wie das Arbeiter auf dem
Bau machen. Dann kippt sie mit den Jungs ein Bier.

»Das war einfach überwältigend. So etwas, das ist ein Traum, einfach ein Traum«, sagt sie im Fernsehen. Und auf die Frage, ob sie glaube, dass sich die Meinung im Ausland über Deutschland nach diesen Auftritten bei der Weltmeisterschaft ändere, sagt sie: »Na, ich war ja beim Spiel gegen England in Kanada und habe in Toronto zugesehen. Und ich kann Ihnen sagen, das war schon beeindruckend zu erleben, wenn die Leute auf englisch Deutschland loben.«

Am Tag nach der Halbfinalniederlage erklärt die Integrationsbeauftragte der Bundesregierung, die deutsche Elf zum Vorbild für gelungene Integration. »Es gibt in Deutschland viele ermutigende Aufsteigergeschichten«, sagt sie bei der Vorstellung des Integrationsberichts der Bundesregierung. Die elf Spieler mit Migrationshintergrund im deutschen Kader signalisierten, dass es Migranten in Deutschland schaffen können. »Die spielen, weil sie gut sind. Das ist die entscheidende Botschaft. Jeder soll nach seinem Können und nicht nach seiner Herkunft beurteilt werden. Das zeigen uns die Spieler. Wir brauchen diese Vorbilder, die sagen: Du kannst es schaffen, streng dich an.«
Doch laut Statistik ist die Lage von Einwandererkindern in Deutschland nach wie vor düster. Die Zahl der Jugendlichen, die ohne Abschluss die Schule verlassen, ist in Migrantenfamilien sogar weiter gestiegen. »Integration ist eine Schicksalsfrage für unser Land. In diesem Jahrzehnt entscheidet sich, ob die jungen Migranten zu einer Generation der Gewinner werden. Aber von Chancengleichheit kann noch keine Rede sein«, sagt die Integrationsbeauftragte.
Am Tag nach dem 3:2-Sieg gegen Uruguay im Spiel um den dritten Platz kommt der Bundespräsident in das Quartier der Nationalmannschaft.
»Die Mannschaft war bester Botschafter im Sinne unseres Landes in der Welt. Sie hat viele Sympathien erworben und ein Bild von einem bunten, weltoffenen Deutschland gezeichnet – von Boateng bis Özil, von Schweinsteiger bis Lahm«, sagt Bundespräsident

Wulff. Er kündigt an, die Nationalspieler in Berlin mit dem Silbernen Lorbeerblatt auszuzeichnen. »Diese Mannschaft ist in jeder Hinsicht stilbildend. Das hat beeindruckt«, sagt der Bundespräsident. »Unser Land kann dankbar und stolz auf diese Mannschaft sein. Sie hat sich in die Herzen der Fans gespielt.«
Deutschland ist an diesem Tag stolz auf seine Fußballmigranten, so stolz wie vielleicht noch nie, und es ist auch stolz auf sich, weil es im Fußball mit der Integration so gut klappt. Warum sollte es dann mit der Integration nicht auch im richtigen Leben gelingen, wenn es solche Vorbilder gibt? Auch das ist die Botschaft des Präsidenten. »Wenn wir jetzt in die Heimat zurückkehren, werden wir sehen, dass dort eine gute Stimmung ist, und dann überlegen wir uns, wie diese gute Stimmung weitergetragen werden kann.«

Ende August erscheint Thilo Sarrazins[*] Buch *Deutschland schafft sich ab*. Das Buch löst eine heftige öffentliche Debatte darüber aus, ob die Integrationspolitik in Deutschland erfolgreich ist. Die Thesen Sarrazins werden von vielen als rassistisch wahrgenommen, aber das Buch ist der Bestseller des Spätsommers.
Als Jérôme und Mesut Özil in Manchester und Madrid mitbekommen, was das Buch in Deutschland für eine Zustimmung erfährt – Zustimmung auch für Textpassagen, die von vielen Menschen mit gutem Grund als rassistisch empfunden werden –, da fühlen sich zwei Helden des Sommermärchens wieder fremder im eigenen Land. »Ich will wirklich von Herzen, dass endlich mal die Zeit kommt, dass wir uns in Deutschland wie eine große Familie fühlen«, sagt Özil. »Wir leben alle zusammen, und viele Türken haben ja auch einen deutschen Pass, wollen die Integration. Deshalb finde ich es schade, dass es immer noch diese Diskussion gibt.«
Jérôme wird zudem das Gefühl nicht los, dass es in dieser Debatte oft gar nicht um die Menschen geht, die integriert werden sollen,

---

[*] Der frühere Berliner Finanzsenator (geb. 1945), Mitglied der SPD und später Vorstand der Deutschen Bundesbank, stellte in seinem 2010 erschienenen Buch provokante Ansichten zur Lage der deutschen Bevölkerungs- und Sozialpolitik vor, die besonders wegen seiner muslimkritischen Äußerungen heftig angegriffen wurden.

sondern um den schnellen politischen Punktgewinn. Aber er verwahrt sich auch gegen schönfärberische Pauschalisierungen, die suggerieren, dass der Fußball sozusagen automatisch die Jugendlichen integriert. Er weiß aus der eigenen Familie, dass es nicht so ist. »Ich halte es für richtig, wenn man mit dem Fußball Beispiele zeigt, dass Integration funktioniert. Aber das Thema Integration wird auch instrumentalisiert«, sagt er. »Man sollte nicht behaupten, dass Menschen gut integriert sind, obwohl sie es eigentlich nicht sind, nur weil sie gut Fußball spielen.«

Am 5. Oktober 2010 erhält Jérôme das Silberne Lorbeerblatt der Bundesrepublik Deutschland, er freut sich enorm auf diesen Tag. Die Mannschaft soll vom Bundespräsidenten für ihre Verdienste bei der Weltmeisterschaft geehrt werden. Auch die Bundeskanzlerin ist gekommen, die beiden höchsten Repräsentanten des Landes überreichen den Spielern also die Auszeichnung.

Der Bundespräsident spricht vor der Ehrung mit jedem Spieler persönlich, und jedem sagt er, wie großartig die Leistung der Mannschaft in Südafrika war. Ebenso erkundigt sich die Bundeskanzlerin bei Jérôme, wie er sich in England zurechtfindet. »Das war ein tolles Gefühl«, sagt er.

Als ein paar Minuten später die offizielle Ehrung stattfindet, kann Jérôme seine Enttäuschung und Wut nur schwer verbergen. Das Bundespräsidialamt hat den Fernsehmoderator Gerhard Delling beauftragt, die Ehrung zu moderieren, die live im Fernsehen übertragen wird. Delling stellt jeden Spieler mit ein paar Sätzen vor, aber darüber, was jeder einzelne bei der Weltmeisterschaft für die Mannschaft geleistet hat, spricht Delling nicht. Jérôme und seine Mitspieler regen sich furchtbar über den flapsigen, vollkommen deplatzierten Ton des Moderators auf. Piotr Trochowski muss sich sagen lassen, dass er beim Hamburger SV nur auf der Bank sitzt, den Bayern-Spielern wird unter die Nase gerieben, dass es in ihrem Klub nicht gut läuft, und als Jérôme Boateng an der Reihe ist, muss er sich blöde Sprüche über Kevin anhören.

»Wir wissen ja alle, woher wir den Bruder kennen«, sagt der Moderator in Anspielung auf das Ballack-Foul. Delling will witzig sein, aber niemand lacht. Und dann sagt der Moderator noch, dass sich Jérôme gleich bei seinem ersten Länderspiel gegen Russland die Rote Karte eingehandelt hat. An dem Tag, als Jérôme seine höchste Auszeichnung in Deutschland erhält, wird die Geschichte der Brüder Boateng wieder miteinander verknüpft und weitererzählt. Da sind sie wieder: Die beiden wilden Brüder Boateng, der eine, der seinen Gegner kaputt tritt, und der andere, der Rot sieht.

»Es war doch meine Ehrung, mein Bruder hatte damit gar nichts zu tun. Ich habe mich so aufgeregt«, sagt Jérôme. »Es ging doch um die Weltmeisterschaft. Das war richtig traurig.«

Das Länderspiel in Berlin gegen die Türkei, das wenige Tage nach der Ehrung im Schloss Bellevue ausgetragen wird, steht ganz im Zeichen der Integration und der öffentlichen Diskussion um muslimische Einwanderer. Jérôme und Nuri Sahin treffen sich vier Tage vor der Partie in der Nähe des Berliner Kurfürstendamms bei ihrem Sponsor Nike. Der deutsche und der türkische Nationalspieler sitzen auf der Bühne in den Klamotten ihres Ausrüsters, aber es geht diesmal nicht um einen üblichen Pflichttermin für einen Sponsor, es geht auch nicht so sehr um das wichtigste Länderspiel in der Qualifikation zur Europameisterschaft. Das ist nur der Anlass. Es geht um das Leben, das die beiden jungen Fußballspieler in Deutschland gelebt haben, um ihre Erfahrungen und Karrieren, die in Dortmund und Berlin begonnen und den einen in die türkische und den anderen in die deutsche Nationalelf geführt haben.

Es dauert nicht lange, da sind Sahin und Boateng mitten in der Diskussion um Integrationspolitik. Sahin sagt, dass er das Buch nicht gelesen hat, über das alle diskutieren. Aber er kennt die Thesen. »Ich finde nicht in Ordnung, was da gesagt wird. Wir Muslime passen uns an, wir Türken passen uns an. Ich denke, die dritte Generation der Türken ist sehr gut integriert, viel besser als die früheren Generationen. In unserer Generation wird es keine Probleme mehr geben«, sagt Sahin. »Und in der vierten Generation Bundeskanzler, das kriegen wir schon hin.« Jérôme sagt, dass es seiner Erfahrung nach mit der Integration in Deutschland eigentlich ganz gut läuft, dass er von Integrationsverweigerung bei den Jugendlichen selbst nicht viel gespürt hat. »Ich bin in Berlin mit vielen aufgewachsen, die halb-halb sind«, sagt Jérôme, »da hat es mit dem Wunsch nach Integration keine Probleme geben, und bei mir auch nicht. Ich bin froh darüber, dass ich deutscher Nationalspieler bin. Aber ich habe auch zur Hälfte meinen afrikanischen Teil, darauf bin ich auch stolz, auch auf meine Farbe.« Jérôme fragt sich nur, warum er das immer wieder erklären muss.

Sahin ist in Gelsenkirchen aufs Gymnasium gegangen, er war dort einer der ganz wenigen Türken. Aber er hörte vor dem Abschluss auf, des Fußballs wegen. Die Generation seiner Großeltern sei nach Deutschland gekommen, um zu arbeiten, erzählt Sahin, und als sie sich entschieden zu bleiben, holten sie die Kinder nach, mit vierzehn oder fünfzehn. »Aber unsere Eltern konnten nicht die Sprache, und wenn man die Sprache nicht spricht, dann zieht man sich eher zurück, wendet sich ab und hängt mit Türken zusammen.« In seiner Generation sei das aber anders, auf dieser Erfahrung besteht er. Dass die polemische Anprangerung von Missständen in muslimischen Milieus solch großen Zuspruch erfährt, lässt Sahin ratlos zurück. Er hat das ganz anders erlebt, und er sagt, was auch Jérôme sagt, dem die Deutschen zwei Monate zuvor noch zugejubelt hatten: »Die Diskrepanz kann ich mir nicht erklären.«

Vier Tage später nutzen die Bundeskanzlerin und der Bundespräsident das Länderspiel zu einer politischen Demonstration in Sachen Integration. Die Deutschen haben gerade 3:0 gegen die Türkei gewonnen, Özil erzielte bei der Begegnung einen Treffer. Bei jedem Ballkontakt wurde er von den türkischen Fans im Olympiastadion ausgepfiffen.

Eine Viertelstunde nach dem Abpfiff, als sich die Spieler gerade umziehen, taucht plötzlich die Kanzlerin mit ihrem Regierungssprecher und dem Bundespräsidenten in der deutschen Kabine auf. Özil und die meisten anderen Spieler haben nur eine Sport-

hose an oder ein Handtuch um die Hüften geschlungen. Als die
Kanzlerin im grünen Blazer den halbnackten Özil beglückwünscht
und ihm die Hand schüttelt, drückt ein Fotograf des Bundeskanz-
leramts auf den Auslöser. Das Foto von Özil und der Kanzlerin
erscheint in allen Zeitungen. Es ist das Symbolbild der deutschen
Internationalmannschaft. Ein paar Tage später heißt es in man-
chen Zeitungen, dass sich Özil geschämt habe, weil er mit freiem
Oberkörper vor der Kanzlerin stand, es werden auch religiöse
Gründe angedeutet, weshalb ihm dieses Foto nicht recht gewesen
sein soll. Tatsächlich aber mag Özil das Bild sehr. Es macht ihn
stolz. Er bestellt drei Abzüge.
Jérôme wird zu einem der elf neuen Botschafter der Initiative
»Raus mit der Sprache. Rein ins Leben« von der »Deutschlandstif-
tung Integration«. Die Botschafter dienen als Beispiele für gelun-
gene Integration in Deutschland, auch die niedersächsische Fami-
lienministerin Aygül Özkan, Rapper Sido, Box-Weltmeister Arthur
Abraham, die ehemalige Sportgymnastin Magdalena Brzeska, die
Moderatorin Collien Fernandes und die Jungs der Band Culcha
Candela machen mit. In Anzeigenkampagnen fordern sie andere
Migranten auf, Deutsch zu lernen, um besser in der deutschen
Gesellschaft zurechtzukommen. Denn ohne richtig Deutsch zu
sprechen wären sie selbst auch keine Stars geworden. Das ist die
Botschaft: Deutsch lernen, um anzukommen. Die Kampagne
erhält zahlreiche Auszeichnungen. »Es war mir wichtig, bei dieser
Aktion dabei zu sein«, sagt Jérôme. Auf dem Plakat streckt er die
Zunge raus. Sie ist schwarz-rot-gold.

II. Wedding und Wilmersdorf

Der Prince aus Sunyani

George, Kevin und Jérôme Boateng sind in Berlin geboren. Ihr Vater Prince Boateng ist 1953 als fünftes von sieben Kindern in Sunyani zur Welt gekommen, der Hauptstadt der Region Brong-Ahafo im Landesinnern von Ghana, nicht sehr weit von der Grenze zur Elfenbeinküste. Sein Vater war Farmer, die Familie besaß ein paar Schafe und Ziegen, doch das meiste Geld verdiente sein Vater auf den Kakao- und Kaffeeplantagen.

Noch die Menschen der Generation seines Großvaters hatten in Sunyani von den Elefanten gelebt. Die Tiere waren in der Region Brong-Ahafo so zahlreich, dass Sunyani zu einem Zentrum von Elefantenjägern und Elfenbeinhändlern geworden war. Die Männer aus Sunyani und der Umgebung erlegten die Tiere, das Fleisch tauschten sie auf den Märkten gegen Lebensmittel ein, und das kostbare Elfenbein brachten sie zur Küste, wo es nach Europa verschifft und teuer verkauft wurde. Der Name der Stadt erinnert in der Sprache der Akan noch immer daran, was damals in der Stadt geschah. Sunyani bedeutet »Schlachtplatz der Elefanten«.

Als Prince Boateng geboren wurde, waren diese Zeiten schon vorbei. Es hatte nicht lange gedauert, bis die Elefantenherden so dezimiert waren, dass sich das Geschäft nur noch für wenige Leute lohnte. Um über die Runden zu kommen, legten die Menschen in der Umgebung von Sunyani große Kakao- und Kaffeeplantagen an. Um die Plantagen entstanden Dörfer, und in einem dieser Dörfer lebten die Boatengs. Sie hatten das Glück, dass Kakao damals ein gutes Geschäft war. Die Weltmarktpreise waren hoch, das brachte einigen Wohlstand nach Sunyani, und auch die Arbeiter auf den Plantagen bekamen genug, um ihre Familien durchzubringen. Die Mutter kümmerte sich um die Kinder und packte mit an auf der kleinen Farm.

»Meine Eltern waren nicht superreich, aber auch nicht arm«, sagt Prince Boateng. »Wir sind liebevoll groß geworden. Aber man kann nicht sagen, dass in meiner Kindheit alles schön und gut war.«

Die Eltern trennen sich, als Prince Boateng ungefähr zwölf Jahre alt ist. Sein Vater heiratet eine andere Frau, ein Kind bringt auch sie mit in die neue Ehe, ein Mädchen im Alter von Prince. Er und seine Brüder werden von der neuen Frau des Vaters wie Stiefkinder behandelt. Es herrscht auf einmal Konkurrenz unter den Kindern, das kannten Prince und seine Geschwister vorher nicht. »Meine Mutter war die erste Frau meines Vaters«, sagt Prince Boateng. »Aber das Mädchen seiner jungen Liebe hat alles bekommen. Wir mussten immer warten, aber ich will mich nicht beschweren.«

Prince Boateng war ein Prinz des Stammes der Aduana. Deswegen trägt er den Namen Prince. »Die Dinge liegen in Afrika oft ganz einfach«, sagt er. Sechs Jahre ging er auf die Grundschule, dann wechselte er auf ein Gymnasium. Es war nur für Jungen und glich eher einem Internat. Prince war ein guter Schüler, er hatte das Zeug zu studieren. Auch der Vater wollte, dass Prince auf die Universität geht und mit einem Diplom zurückkehrt. Sein Vater war stolz auf Prince, aber er starb, bevor Prince alt genug war, um auf die Universität zu gehen.

Prince wollte den Wunsch des Vaters erfüllen, und er wollte raus aus Ghana, um die Welt kennenzulernen. Auch einer seiner Halbbrüder verließ Ghana, er ging vor knapp zwanzig Jahren nach Los Angeles, studierte an der dortigen Universität und arbeitet mittlerweile beim amerikanischen Fernsehsender ABC als Audio- und Videotechniker. Prince Boatengs übrige Geschwister sind in Ghana geblieben, manche führen heute kleine Lebensmittelgeschäfte, einer leitet eine Baufirma, und sein jüngerer Bruder spielte Fußball: Er brachte es bis in die ghanaische Nationalmannschaft. Prince lernte so gut, dass er sich das Recht auf ein Stipendium erwarb, und er war so clever, dieses Stipendium auch zu bekommen, das ihm ein Studium in Ungarn, Deutschland oder den Vereinigten Staaten ermöglichte. Er verließ Ghana mit 27 Jahren. Er war schon Vater geworden, als er ging. Das Mädchen, das von ihm schwanger wurde, hatte er in der Schulzeit kennengelernt, das

Kind, das sie bekamen, nannten sie Solomon. Solomon lebt heute in London. Dort hat er seinen Halbbrüdern Kevin und Jérôme in der englischen Premier League zugesehen.

Prince Boateng reiste zunächst nach Budapest, aber studieren wollte er in Deutschland. Nach ein paar Wochen in Ungarn nahm er den Zug nach Berlin, doch als er in Deutschland ankam, war bald alles anders, als er es geplant hatte. Prince ging auf eine Sprachschule, um sich die Deutschkenntnisse anzueignen, die er fürs Studium benötigte. Er wollte Betriebswirtschaft studieren. Währenddessen putschte in Ghana ein Mann namens Jerry Rawlings zum zweiten Mal gegen die Militärregierung, diesmal mit Erfolg. Rawlings führte Ghana zwanzig Jahre als Diktator, und weil das so war, nahm auch das Leben von Prince Boateng in Berlin eine neue Richtung: »Der Putsch hat die Regierung gestürzt, die mir das Stipendium gegeben hatte. Mein Stipendium hat dann keiner mehr bezahlt. Ich konnte nicht mehr studieren, ich konnte es nicht bezahlen. Ich konnte auch mit der Sprachschule nicht weitermachen, weil ich das Geld dafür nicht hatte.«
Das alles geschah im Jahr 1981, zu dieser Zeit lernte Prince in Berlin eine junge Frau kennen: Christine, die meisten nannten sie Tine. Sie wurden ein Paar, und schon bald wurde Tine schwanger. 1982 kam George zur Welt, damit nahm das Leben von Prince Boateng erneut eine Wendung. Der junge, ehrgeizige und attraktive Ghanaer mit den schwarzen Zöpfen hegt bis dahin noch die vage Hoffnung, sich den Traum vom Studium doch noch irgendwie erfüllen zu können, aber mit der Geburt seines Sohnes weiß er, dass daraus nichts mehr wird. Aus dem angehenden Studenten Prince Boateng, der aus einem Ort in Ghana kam, der einmal der Schlachtplatz der Elefanten war, und der die Welt erobern wollte, ist ein junger Vater geworden, der für seine Familie Verantwortung übernehmen muss: »Als George geboren wurde, war ich endgültig gezwungen, mir Arbeit zu suchen, um das Kind zu ernähren«, sagt Prince Boateng.

Aber was für einen Job konnte er machen in einem Land, dessen Sprache er noch nicht besonders gut beherrschte und in dem ihm vieles so fremd vorkam? Als Schwarzer in den frühen Achtzigerjahren ist es ohnehin nicht gerade einfach in Deutschland. Rassistische Sprüche hört Prince Boateng an jeder Ecke, aber das berührt ihn nicht mehr sonderlich:»Ich war schon vorher mit diesen Dingen konfrontiert gewesen. Für mich war es damals schon so: Du musst als Schwarzer nicht verreisen, um zu erkennen, wer du bist. Du musst dich akzeptieren. Mancher schafft es mit zehn Jahren, mit zwölf, mit zwanzig – und andere schaffen es gar nicht.«

Seine Mutter aber hatte ihm mit zwölf Jahren klar gesagt:»Junge, egal, wo du hingehst, der erste Schritt ist, dass du dich akzeptierst, wie du bist. Egal welche Hautfarbe du hast, wenn du dich akzeptiert hast, dann läuft dein Leben einfacher.«

Prince Boateng fand bald heraus, dass seine Mutter ihm einen guten Rat gegeben hatte. Es hat ihm immer geholfen zu wissen, woher er kommt und wer er ist.»Seit ich mich als Schwarzer akzeptiert habe, fühle ich mich wohl«, sagt Prince Boateng.

Er erkennt früh seine Gabe, auf Menschen zuzugehen und sie für sich einzunehmen. Das klappt auch in Berlin. Weil er so großartig tanzen kann und die Musik liebt, geht Prince Boateng ins Coconut, eine Diskothek in der Nähe des Bahnhofs Zoo, und fragt, ob er Platten auflegen darf. Er könne das sehr gut, sagt er. Das ist sein erster Job in Deutschland, und weil er das wirklich sehr gut macht, ist er schnell in vielen Diskotheken der Stadt gefragt. Er legt bald auch im Twenty-five am Ku'damm auf, in einem Laden im Europacenter, bei den Amerikanern am Flughafen Tempelhof, und irgendwann wollen ihn auch die afrikanischen Diskotheken haben.

»Als ich als Discjockey angefangen habe, bekam ich achtzig Mark für die Nacht«, sagt Prince Boateng, »als ich aufhörte, waren es über vierhundert.«

Am Anfang reicht das Geld nicht, das er nachts in der Disco verdient, um für seine Frau und seinen Sohn George zu sorgen, deshalb sucht er sich noch einen Job für den Tag. Ein Onkel von

George arbeitet für eine Baufirma, er nimmt Prince Boateng mit auf die Baustellen, da gibt es immer was zu tun. Der Prince, der nach Deutschland kam, um Betriebswirtschaft zu studieren, deckt nun tagsüber Dächer, und nachts legt er Platten auf. »Ich wollte studieren, aber diesen Wunsch musste ich wegschieben. Das habe ich sehr bedauert«, sagt Prince Boateng. »Aber ich habe es dann genommen, wie es gekommen ist. Im Großen und Ganzen war ich zufrieden. Dass nicht alles glattgeht, ist normal im Leben.«

Auch die Beziehung mit Tine ist nicht so, wie sich Prince Boateng das vorgestellt hat, das merkt er rasch. Beide hatten sich kaum gekannt, als Christine das erste Kind erwartete. Als George auf der Welt ist, versuchen sie irgendwie ein gemeinsames Leben zu leben. Sie heiraten, aber es hilft nichts. »Wir haben uns überhaupt nicht verstanden. Wir sind nicht lange zusammengeblieben, es ging ganz, ganz schnell«, sagt Prince Boateng. »Es war die falsche Frau für mich.« Doch sie haben geheiratet und der Sohn trägt seinen Nachnamen: George Boateng.

Vier Jahre nach Georges Geburt wird Tine mit Kevin schwanger. Aber da sind die Eltern längst kein Paar mehr, die Scheidung läuft bereits, und Prince Boateng lebt schon mit einer anderen Frau zusammen, die er heiraten will, Martina, genannt Nina.

Nina und Prince haben sich in der U-Bahn kennengelernt, Prince Boateng weiß heute noch, dass es die Linie 9 war, Amrumer Straße. Er stand mit seinen Kumpels in der Bahn und unterhielt sich mit Polizisten. Er und Nina stiegen an der gleichen Station aus, und sie fragte, was da los gewesen sei mit den Polizisten. Als die Beamten in der Bahn über Ausweise gesprochen hatten, hatten Prince und seine farbigen Kumpels sich sofort angesprochen gefühlt, weil Polizisten damals immer ihre Ausweise sehen wollten. »Was wollen Sie denn, wir haben doch Ausweise«, sagte ein Freund von Prince zu den Polizisten, aber die Beamten wollten ausnahmsweise gar nicht die Papiere sehen, sie sprachen über einen anderen Fall. Doch Prince und seinen Freunden waren die dauernden Kontrollen schon in Fleisch und Blut übergegangen.

Nina und Prince tauschten am Bahnsteig Telefonnummern aus, und später erzählte sie ihm, dass er ihr schon zuvor in der Disco aufgefallen war, dass sie sich aber nicht getraut hatte, ihn dort anzusprechen. Prince hatte sie da nicht bemerkt, denn wenn er tanzte, dann tanzte er.

Mit Nina verstand sich Prince Boateng viel besser als mit Tine, von der er damals zwar schon getrennt, mit der er aber noch verheiratet war. Und irgendwann lief damals auch noch mal was mit Tine. Die Dinge werden immer komplizierter. Prince Boateng hat nun in Deutschland zwei Kinder von einer Frau, von der er schon länger getrennt lebt, und er liebt eine andere Frau, mit der er unbedingt Kinder haben möchte.

»Viele Sachen sind damals nicht gut gelaufen«, sagt Prince Boateng.

Kevin wird im März 1987 in Berlin geboren. Die Scheidung seiner Eltern war einen Monat zuvor vollzogen worden. Kurz danach reist Nina nach Ghana, sie und Prince wollen dort heiraten.

Nina hat nicht viel Zeit für die Reise, sie arbeitet als Stewardess, mehr als ein paar freie Tage sind nicht drin.

Ihre Eltern sind bei der Hochzeit nicht dabei. »Sie sind in Ohnmacht gefallen«, sagt Nina. »Was sollen die Nachbarn denken«, habe die Mutter schon gesagt, als sie erstmals mit einem schwarzen Freund nach Hause kam.

Nina ist in einem bürgerlichen Bezirk in Berlin aufgewachsen und hat da Abitur gemacht. Als sie sechzehn, siebzehn Jahre alt war, ging sie in eine Tanzschule am Kurfürstendamm. Die meisten Tanzlehrer waren Schwarze, Nina war begeistert, wie sie tanzten, und nun ging sie häufig in Diskotheken, in denen sich Afrikaner trafen. Schon der Freund vor Prince Boateng war ein Schwarzer, und in einer Disco entdeckte sie auch ihren künftigen Mann.

Prince Boateng will für seine beiden Kinder da sein. Aber das gestaltet sich schwieriger, als er gedacht hat. Denn die Mutter von George und Kevin erschwert ihm den Zugang zu den Kindern, oft verwehrt sie ihn ihm sogar ganz. Prince Boateng kann George und Kevin nur selten sehen, viel seltener, als die Kinder das bräuchten.

»Sie hat sich verletzt gefühlt«, sagt Prince Boateng, »deswegen hat sie so reagiert.«

Es hat viele Jahre gedauert, bis Prince Boateng seine beiden Söhne regelmäßig sehen durfte. Zunächst war er nur finanziell für sie da. Er zahlte mehr, als er musste. Denn er wusste, dass die Verhältnisse schwierig waren, in denen George und Kevin aufwuchsen. Doch wie schwierig sie waren, das erfuhr Prince Boateng erst viele Jahre später, als George ihm davon erzählte.

Prince Boateng stand im Wedding oft vor verschlossener Tür. Und er fand keinen Weg, die verschlossene Tür zu umgehen, um George und Kevin das Gefühl zu geben, dass es einen Vater gibt, der sich um sie kümmert. Das Sorgerecht lag damals allein bei der Mutter. Er konnte nicht einklagen, seine Kinder regelmäßig nach einem festen Plan zu sehen. Aber auch wenn er es gekonnt hätte, wäre er damals nicht vor Gericht gegangen, denn als Ausländer hatte er das Gefühl, weniger Rechte zu besitzen als ein deutscher Vater. »Ich merke heute, dass am Anfang viele Sachen ganz schiefgegangen sind. Vielleicht habe ich das damals auch nicht so extrem gesehen und nicht so schlimm empfunden, wie es wirklich war. Jetzt merke ich, dass die Kinder sehr große Schwierigkeiten hatten. Sie hätten gerne gesehen, dass ich mich um sie gekümmert hätte, dass ich um sie gekämpft hätte. Aber sie konnten das nicht sehen, weil ich es nicht durfte«, sagt Prince Boateng. »Es war eine schwere Zeit, ganz schwer.«

Die rechtlichen Dinge waren nur die eine Seite des Problems. Denn Prince Boateng fühlte sich schuldig, das war viel schlimmer. Er hatte die Familie verlassen und seine Ex-Frau sehr gekränkt. All das hemmte ihn nun, Forderungen an Tine zu stellen. Er begriff nicht, dass er nicht für sich, sondern für seine Kinder hätte kämpfen müssen, und so gab er immer wieder klein bei, wenn sie ihm die Kinder verweigerte. Außerdem, sagt Prince Boateng, habe Christine wieder ein eigenes Leben geführt, da sei es ihm vorgekommen, als stünde es ihm nicht zu sich einzumischen, nach alldem, was schon passiert war. Deshalb verhielt er sich lieber ruhig. »Ich war doch derjenige, der gegangen ist«, sagt Prince Boateng, »und dann wäre ich es gewesen, der wieder etwas fordert. Ich dachte, irgendwann sind die Kinder sowieso groß, gehen aus dem Haus und sagen ihrer Mama: ›Ich will zu meinem Vater.‹ Ich glaube, es war ein Fehler, damit zu warten, vielleicht hätte ich mehr Druck machen sollen, aber ich wollte kein böses Blut. Heute würde ich es anders machen, heute würde ich die Kinder in der Schule oder auf dem Sportplatz besuchen gehen.«

Prince Boateng entscheidet einfach abzuwarten, was die Zeit bringt.

Kevin hat er von der Geburt bis zu seinem neunten Lebensjahr fast überhaupt nicht gesehen, obwohl sie nur wenige Kilometer entfernt voneinander wohnten. Aber Prince Boateng hatte schon bald eine neue Familie, für die er da sein konnte, und das hatte etwas Tröstliches. Anderthalb Jahre nach Kevin kam Jérôme auf die Welt, die Eltern gaben ihm den Zweitnamen Agyenim, was in der Sprache des Vaters so viel heißt wie »der Große«. Jérôme wird sich später seinen Zweitnamen auf den Unterarm tätowieren lassen.

Nach der Geburt bleibt Nina ein Jahr zuhause, dann will sie wieder arbeiten gehen. Sie verdient als Stewardess mehr als ihr Mann, deshalb entscheiden sie, dass Prince zuhause bleibt und sich um Jérôme und den Haushalt kümmert. Prince nimmt sich ein Jahr Erziehungszeit, was damals noch Erziehungsurlaub hieß, weil man glaubte, ein Kind zu erziehen und den Haushalt zu schmeißen habe irgendetwas mit Ferien zu tun. So leben Nina und Prince Boateng Ende der Achtzigerjahre ein Modell, von dem damals niemand in Talkshows sagt, es sei modern, hipp und emanzipiert. Nina und Prince Boateng leben damals einfach anders als die anderen und ernten schiefe Blicke.

Prince Boateng genießt die Zeit mit seinem jüngsten Kind, während er George und Kevin nicht zu sehen bekommt. Zwar hat Nina vorgeschlagen, die beiden großen Jungs gelegentlich zu ihnen zu holen, doch gegen den Willen von Tine geht das nicht. Jérôme ist noch keine zwei Jahre alt, als sein Vater mit ihm Fußball zu spielen beginnt. Jérôme kickt einen kleinen Gummiball durch die Wohnung, Prince Boateng dreht davon ein Video. Er wird nicht mehr aufhören, seine Kinder zu filmen, später, als auch diese Ehe in die Brüche geht und er alleine mit seinen Erinnerungen in einer kleinen Wohnung lebt, macht er das auch noch aus einem anderen Grund: Prince Boateng will festhalten, dass er ein Vater ist, der sich um seine Kinder kümmert.

Das Video, auf dem der kleine Jérôme gegen den Gummiball tritt, hat er aufgehoben wie alle anderen Aufnahmen seiner Kinder. Vor der Weltmeisterschaft 2010 hat er das Band zum DFB geschickt, denn die haben damals ein Video gemacht mit Kinderbildern der Nationalspieler.

Nach vier Jahren bekommt Jérôme ein Schwesterchen: Avelina, Prince Boatengs erste Tochter. Im Sommer 2011 hat sie Abitur gemacht, auch ihre Leidenschaft ist das Tanzen. Einen Tag vor einer Abiklausur hat sie an einem Casting teilgenommen, bei dem vier Mädchen gesucht wurden, die mit Lena[*] beim *Eurovision Song Contest* in Düsseldorf auf der Bühne tanzen. Avelina überzeugt die Jury, und sie schafft auch das Abitur. »Sie macht ihren Weg«, sagt der stolze Vater. »Früher habe ich nicht geglaubt, wenn man sagt: Der Apfel fällt nicht weit vom Stamm. Aber alles, was ich gemacht habe, machen auch meine Kinder. Ich liebe Fußball, das Tanzen und die Musik – meine Kinder auch. Und alles, was sie machen, machen sie mit großer Lust und Leidenschaft, genau wie ich.«

Berlin-Wedding, Abschnitt 36

Kevin und Jérôme leben ein paar Wochen nach der Weltmeisterschaft schon in Mailand und Manchester, aber nach dem Turnier in Südafrika laufen sie sich in ihrer Heimatstadt Berlin über den Weg – in einem Club, wo sie früher oft gewesen sind.

Jérôme war siebzehn, als er sich von Kevin den Ausweis borgte, um ins Matrix in der Nähe des Kurfürstendamms zu kommen. Aber der Türsteher erkannte in ihm den kleinen Bruder von Kevin und

---

[*] Die Sängerin Lena Meyer-Landrut (geb. 1991) gewann 2010 überraschend den *Eurovision Song Contest* in Oslo. 2011 belegte sie in Düsseldorf den 10. Platz.

wies ihn ab. »Du bist Kevins Bruder, du bist zu jung«, sagte er. Vor dem Club warteten viele Leute, sie alle bekamen mit, dass Jérôme sich für Kevin ausgab, der schon bei Hertha in der Profimannschaft spielte, und die Leute in der Schlange grinsten. »Ich habe mich voll geschämt«, sagt Jérôme. Dann ging er nach Hause.

In der Nacht, in der sich Kevin und Jérôme in diesem Club wiedersehen, sind aus den beiden Berliner Brüdern, von denen sich der Kleine einst für den Großen ausgab, zwei WM-Helden geworden, die sich in der Fußballwelt einen Namen gemacht haben. Aber sonst ist alles wie früher. Ein gemeinsamer Freund feiert im Club Geburtstag, Kevin und Jérôme sind die halbe Nacht da, und sie reden miteinander, als hätte nie etwas zwischen ihnen gestanden. Jérôme ist froh, dass er seinen großen Bruder wiederhat.

Es ist, als seien sie auf Klassenfahrt in Südafrika gewesen, der eine mit der deutschen Klasse, der andere mit der ghanaischen. Sie erzählen sich aus ihren verschiedenen Welten bei der Weltmeisterschaft, wie sie das früher auch gemacht haben, als sie noch in Berlin im Wedding und in Wilmersdorf lebten, sich zum Kicken trafen und abends dann wieder jeder dahin zurückging, woher er kam.

Kevin erzählt von Ghana und von seiner Ankunft in der Heimat ihres Vaters: »Weißt du, am Flughafen in Ghana haben die Leute in der Nacht gerufen: ›Hey, ich bin dein Cousin, ich bin dein Onkel.‹ Das haben viele gerufen, aber einer war wirklich der Bruder unseres Vaters.« Er erzählt, wie komisch es für ihn zunächst war, mit Leuten in einer Nationalmannschaft zu spielen, die alle in Ghana aufgewachsen sind – alle außer ihm –, wie sie auf der Fahrt zu den Spielen im Bus sangen und tanzten, wie er das alles gemocht hat, diese lockere und herzliche Art. Und wie großartig es war, dass er Nelson Mandela treffen durfte, wie ihn der Empfang am Flughafen in Accra überwältigt hat, so ein begeisterter Empfang, und das an seinem ersten Tag in Ghana, wo doch keiner von ihnen bis dahin gewesen war. Tausende waren in der Nacht zum Flughafen gekommen und feierten ihn und sein Team wie Volkshelden.

Jérôme erzählt ihm von der deutschen Mannschaft, in der doch eigentlich auch Kevin spielen wollte, wie gut er behandelt worden ist und wie wohl er sich gefühlt hat. »Wir haben verglichen, wie das alles für uns war«, sagt Jérôme. Er erzählt Kevin, wie sehr ihn die Freundlichkeit der Menschen in Südafrika berührt hat, von Leuten, die selbst so wenig haben, und Kevin empfand das genauso. Jérôme berichtet auch, wie die Spiele für ihn gelaufen sind, nachdem er endlich den Sprung in die Stammformation geschafft hatte, und was sie als Mannschaft unternommen haben, die Tour durch den Nationalpark zum Beispiel, und was für eine großartige Stimmung in diesen Wochen herrschte, wenn sie nach den Spielen zurück ins Mannschaftsquartier kamen, vor allem nach dem Sieg gegen Argentinien, dass die Putzfrauen bei ihrer Ankunft immer sangen und tanzten, und dass sie dann mit ihnen gemeinsam die Shosholoza gesungen haben und durchs Hotel getanzt sind zu dem südafrikanischen Volkslied, das auf Zulu* so etwas bedeutet wie »Wir greifen an« und »Mutig nach vorne schauen«.

Jérôme dachte, nun sei alles wieder in Ordnung mit Kevin. So wie früher, als sie beide in Berlin gelebt hatten.

Aber was heißt es schon in Berlin, wenn man sagt, dass man in derselben Stadt lebt? George und Kevin sind im Wedding aufgewachsen, und der Wedding ist das, was man einen Problemkiez** nennt. Die Polizei führt das Viertel, in dem George und Kevin groß geworden sind, unter einem verwaltungstechnischen Begriff: Abschnitt 36. Das Gebiet misst gut sechs Quadratkilometer, es reicht von der Kühnemannstraße im Norden bis zur Bernauer Straße im Süden, etwa 80 000 Menschen leben hier. Die Mehrheit hat ihre Wurzeln im Ausland, viele leben von Stütze und manche von Brüchen. Im Monat fährt die Polizei rund 1800 Einsätze und vollstreckt hundert Haftbefehle. Die Beamten sagen, ihr Abschnitt gehört zu den gefährlichsten der Stadt, laut Statistik werden hier jeden Monat 1,5 Polizisten verletzt. In manche Straßen fährt die Polizei bei einem

---

* Sprache eines großen südafrikanischen Volksstammes.
** Kiez: Stadtteil.

86

Einsatz lieber mit zwei Streifenwagen. Die Statistik sagt außerdem, dass rund 60 Prozent der Menschen im Abschnitt 36 einen Migrationshintergrund haben, 35 Prozent sind Ausländer. Kinder aus deutschen Herkunftsfamilien muss man mit der Lupe suchen.

Ziemlich genau in der Mitte von Abschnitt 36, in der Nähe der U-Bahn-Station Pankstraße treffen die Schwedenstraße und die Koloniestraße aufeinander. Dort haben George und Kevin mit drei Geschwistern und der Mutter in dem Eckhaus über einem Teppichladen gewohnt. Die Mutter verdiente ihr Geld in einer Keksfabrik, später war sie auf Sozialhilfe angewiesen und arbeitete dann als Altenpflegerin.

George will sich an der U-Bahn Pankstraße verabreden, um 14 Uhr. Es ist sein Vorschlag für das erste Treffen. Die Ecke passt ihm ganz gut, sagt er, vorher will er noch einem Kumpel beim Renovieren eines Ladens in der Nähe helfen. Es ist minus fünfzehn Grad an diesem Wintertag, ein scharfer Ostwind fegt durch die Straßen. Wer mit der U-Bahn weiter muss, verdrückt sich schnell in die wärmenden Schächte. Deutsch spricht fast niemand hier. Türkisch hört man, Arabisch, Französisch, Serbokroatisch und auch afrikanische Wortfetzen. Ein paar Kinder mit Schulranzen drücken sich in der Dönerbude an der Ecke rum, sie teilen sich zu viert zwei Döner. Einer sagt: »Hey, Opfer, gib mir ab.« Die anderen lachen.

George kommt nicht zum vereinbarten Treffpunkt. Er hat sich die Sache anders überlegt. Ans Telefon geht er auch nicht. Den ersten Anruf drückt er weg, danach geht er gar nicht mehr ran. Er ruft auch nicht zurück.

Nach zwei, drei Wochen geht George wieder ans Telefon. Er sagt, dass er jetzt doch nicht reden will, er habe sich anders entschieden, aber das liege nicht an ihm. »Kevin will nicht mitmachen«, sagt George, »entweder alle drei Brüder Boateng – oder keiner.«

Ein paar Wochen später sitzen George und Jérôme in einem hübschen Café am Kurfürstendamm, ganz in der Nähe der Wohnung, in der Jérôme mit seiner Mutter und seiner Schwester aufgewachsen ist. Sie haben beschlossen, auch ohne Kevin von ihren Leben zu erzählen, die so unterschiedlich verlaufen sind und sie doch so eng zusammengeführt haben.

Jérôme und George sprechen nur über ihr eigenes Leben, nicht über Kevins Erlebnisse und Erfahrungen. Sie hoffen, dass Kevin es sich vielleicht noch anders überlegt, sie hätten ihn gerne dabei, weil er doch zu ihnen gehört und weil so ein gemeinsames Projekt wieder etwas wäre, das sie miteinander verbindet.

»Aber im Moment geht das nicht, schade«, sagt Jérôme. »Wenn wir drei Brüder zusammen waren, war es für mich immer die schönste Zeit. Es ist so schade, dass Kevin nicht da ist.«

»Schade ist es nicht«, entgegnet George. »Es soll so sein. Ich bete vielleicht nicht fünfmal am Tag wie andere Moslems. Aber ich bin ein bisschen gläubig und denke: Irgendwann, wenn Gott es will, kommt Kevin von alleine.«

Es hatte viele Jahre gedauert, bis alle drei Brüder endlich zusammenkamen. Jérôme hat seine beiden Halbbrüder das erste Mal so richtig erlebt, als er acht Jahre alt war. Kevin war neun oder zehn und George vierzehn. So ganz genau wissen sie das nicht mehr. »Ist auch egal«, sagt George. »Das Wichtigste war, dass wir endlich zusammen waren.«

Irgendwann, als sie älter wurden, wollten George und Kevin genauer wissen, wer ihr anderer Bruder ist, von dem ihr Vater ihnen immer wieder mal erzählt hatte, den sie aber nur selten sehen durften, obwohl er doch in derselben Stadt wohnte, nur ein paar U-Bahn-Stationen entfernt. Obwohl sie ihren kleinen Bruder kaum kannten, fehlte Jérôme ihnen irgendwie. George und Kevin hatten das Gefühl, als Familie nicht vollständig ohne ihren Halbbruder zu sein. Das konnten sie damals aber noch nicht sagen, sie hatten noch keine Worte für dieses Gefühl, aber sie hatten dieses Gefühl. »Die Trennungen, das war das Problem in den ersten Jahren. Die Eltern verstehen sich nicht und die Kinder leiden«, sagt George. »Es hat lange gedauert, bis unsere Eltern so weit klargekommen sind, dass sie gesagt haben: Die Kinder können sich sehen, wann immer sie wollen.«

Wenn Prince Boateng dann seine Söhne im Wedding und in Wilmersdorf einsammelt, spielen sie oft zusammen Fußball, gehen danach zu McDonald's, und dann bringt sie ihr Vater wieder zu ihren Müttern. Prince Boateng hatte nicht nur einen Bruder in der ghanaischen Nationalmannschaft, sondern spielte früher selbst nicht schlecht, er war Verteidiger bei den Reinickendorfer Füchsen in der Regionalliga.

Irgendwann nach den ersten Treffen der Jungen reifen Pläne, mit allen Kindern gemeinsam in den Urlaub zu fahren. Sie sollen sich endlich besser kennenlernen. Vier Wochen Amerika, sie wollen den Bruder von Prince Boateng in Los Angeles besuchen. Aber die Reise steht unter keinem guten Stern. Kevin kann nicht mit, deshalb fahren Prince Boateng, George und Jérôme sowie dessen Mutter Nina ohne Kevin. Und kaum sind sie in den Vereinigten Staaten, erreicht sie die Nachricht von einem Krankheitsfall in der Familie, deshalb geht die große gemeinsame Reise schon nach zwei Wochen zu Ende. Aber diese zwei Wochen waren für George und Jérôme ein Anfang.

»Wir haben uns gleich super verstanden, obwohl wir aus verschiedenen Schichten kommen. Es war da nicht wie in Berlin, dass am Abend jeder wieder nach Hause geht und dann sein eigenes Leben lebt. Wir waren endlich mal rund um die Uhr zusammen. Jetzt, wenn man älter ist, merkt man, dass diese zwei Wochen ausschlaggebend für uns waren«, sagt George. »Ich hatte bei Jérôme gleich dieses Große-Bruder-Gefühl. Für mich ist er sofort mein kleiner Bruder gewesen, auch wenn ich ihn vorher nie gesehen hatte. Da gab es gar nichts.«

George und Jérôme verbringen in Amerika jede Minute miteinander, sie spüren schnell, dass sie einander guttun. Aber sie merken auch, dass sie in unterschiedlichen Verhältnissen leben und jeder die Welt mit den Augen seiner Familie betrachtet. George kannte nicht die Fürsorge einer kleinen, bürgerlichen Familie, in der die Mutter die ganz alltäglichen Dinge für die Kinder erledigt, das Zimmer aufräumt, die Wäsche macht, Essen kocht und nach den Hausaufgaben schaut. Vieles, was für Jérôme normal war, kam

George fremd vor. Er musste fast alles selbst erledigen, dann waren da noch seine vier Geschwister, und Geld fehlte eigentlich auch immer.

In Amerika spürt George diese Unterschiede, sie schmerzen ihn, aber sie trennen die Brüder nicht. George lässt Jérôme keinen Neid auf das bessere Leben spüren, das seinem kleinen Bruder in Wilmersdorf vergönnt ist, auch wenn er selbst gerne so ein Leben gehabt hätte. Aber das konnte er sich damals noch nicht eingestehen. »Man muss damit umgehen, wie einer ist, und nicht versuchen, ihn zu ändern. Ich habe nie versucht, Jérôme zu ändern«, sagt George. Vermutlich erleichtert es der Altersunterschied den beiden Brüdern, einander nicht als Konkurrenten zu betrachten. George ist sechs Jahre älter als Jérôme, damit sind die Rollen klar verteilt. George kann seinen kleinen Bruder so nehmen, wie er ist. Das tut Jérôme gut. Und er selbst muss seinem kleinen Bruder nichts beweisen. Das tut George gut. Sehr gut sogar, denn wenn George sich etwas beweisen will, geht das oft schief. George und Jérôme gestatten sich vom ersten Tag an, die Welt als Brüder zu sehen, wo der Große sich um den Kleinen kümmert. Später sollte das umgekehrt sein, aber das ahnten sie damals noch nicht.

»Ich bin ein schwieriger Mensch«, sagt George, »ein sehr schwieriger Mensch.«

George war ein Jahr alt, als sich seine Eltern trennten, und er litt lange darunter. Als sein Vater nach vielen Jahren wieder in sein Leben trat und Jérôme regelmäßig mitbrachte aus einer anderen Welt, zu der George und Kevin keinen Zugang hatten, da war George schon vierzehn, und vieles war da schon schiefgelaufen in seinem Leben.

George und Kevin gingen auf die Rübezahl-Grundschule im Wedding. Die Schule gibt es noch, aber sie hat ihren Namen geändert, sie heißt jetzt nach Erika Mann, und auch sonst ist nicht mehr viel, wie es damals war. An der Schule geht man fast vorbei, sie ist ein bisschen unscheinbar in der grauen Häuserzeile in der Utrechter Straße. Aber dann fallen zwei bunt bemalte Bänke neben einer

Tischtennisplatte in der Nähe des Eingangs auf. Die Bänke sehen aus, als gehörten sie nicht hierher, als wären sie für einen anderen Bezirk in Berlin vorgesehen, dort, wo es mehr Bioläden als Spielhallen gibt.

Die Idee, die Bänke in fröhliche Farben zu tauchen, war eine Notmaßnahme. Vor der Schule hatten sich irgendwann ein paar Leute getroffen, denen man ihr Alkoholproblem ansah, und bald hingen sie jeden Tag auf den Bänken und kippten Bier und Schnaps in sich hinein, schon vormittags, wenn die Kinder in der Schule waren. Da hat die Schule beschlossen, die Bänke anzustreichen, und als sie hübsch angemalt waren, machten die Alkoholiker einen Bogen drum.

Die neue Direktorin Karin Babbe kam Ende 1996 an die Schule, da war George schon nicht mehr da und Kevin auch nicht. Fünfzehn Jahre später ist an der Erika-Mann-Schule nichts mehr so, wie es damals war, eine ganz neue Schulwelt ist entstanden. Mittlerweile kommen regelmäßig Experten auch aus dem Ausland, um zu lernen, wie gut eine Schule in einem Problemviertel funktionieren kann. Im Oktober 2011 war auch Bundeskanzlerin Angela Merkel da, um die Schule zu würdigen. Als sie das unscheinbare Gebäude umjubelt von den Kindern und sichtlich beeindruckt wieder verlässt, sagt die Kanzlerin: »Man kann sehr viel schaffen.«

»Wir nehmen den Kiez und den Menschen an, so wie er ist«, sagt Karin Babbe, »und wir wollten etwas für die Sprache tun, da sind wir aufs Theaterspiel gekommen.« Als sie wussten, was sie wollten, folgten mehrere Bauphasen, um aus einer riesigen, unpersönlichen Schule mit 1200 Kindern eine theaterbetonte Grundschule zu machen, ein phantasievolles Schmuckstück im Wedding und eine Hoffnung für rund 600 Schüler und ihre Eltern. »1200 Kinder in der Schule, das war ein Moloch*, das ist nicht zu steuern gewesen«, sagt Karin Babbe. »George war genau in den sechs Jahren hier, bevor die Teilung der Schule stattfand. Wir haben den

---

* Moloch: grausame Macht (ursprünglich eine Bezeichnung für blutige Opferrituale).

Anspruch, die beste Schule für unsere Kinder zu gestalten, die sich ein Staat leisten kann.«

Das Symbol der Schule ist jetzt ein Drache. Das Bild des Drachen taucht überall in der Schule auf, er hinterlässt seine Spuren für die Kinder. Auf den Fluren wurden Nischen geschaffen, Drachenhöhlen und Drachentürme, in die sich die Kinder zurückziehen, um dort für sich oder mit einem Lehrer zu lernen, und tatsächlich sitzen überall Kinder in den Lernecken, um zu lesen, zu schreiben oder einfach nur in Ruhe nachzudenken.

Die Kinder malen, fertigen Skulpturen und schaffen Installationen, überall an den Wänden hängen Bilder, und mit all diesen Dingen, an deren Herstellung sie beteiligt waren, gehen die Kinder sorgsam um. Es gibt keine Graffiti an den Wänden, keine Schmierereien, keine mit Taschenmessern gebohrten Löcher, Gewalt ist hier kein Thema, Schwänzen auch nicht.

Karin Babbe hat mit ihren Kollegen nach ein paar Jahren auch die Noten für die ersten vier Klassenstufen abgeschafft, die Leistungen werden nun schriftlich und mündlich beurteilt. Weil sie auf die Unterschiedlichkeit der Kinder reagieren, passen dazu keine Noten, die sich an einer scheinbar objektiven Norm orientieren, sagt die Schulleiterin. Daher sind auch die Klassenarbeiten unterschiedlich ausgelegt für die Kinder, je nachdem, wie weit sie sind. »Wir investieren vor allem in die ersten Jahre«, sagt Karin Babbe, »später müssen die Kinder dann alleine laufen.«

Die Schule hat sich grundlegend verändert, aber die Welt vor der Schule ist nicht besser geworden als in den Zeiten, in denen George und Kevin auf die Rübezahl-Schule gingen. Sie verließen die Grundschule gemeinsam im Sommer 1995. Kevin hatte da erst die zweite Klasse hinter sich und wechselte auf die Wilhelm-Hauff-Schule, weil die Familie in die Schwedenstraße umgezogen war. Die neue Schule war näher. George war 1995 mit der sechsten Klasse fertig, da musste er ohnehin auf eine weiterführende Schule.

Der Anteil der Kinder ausländischer Herkunft beträgt heute 85 Prozent, rund die Hälfte der Eltern in der Eingangsklasse ist arbeitslos.

Trotzdem hat es die Schule geschafft, dass die Vergleichsarbeiten der Viertklässler 20 Prozent besser sind als im Landesdurchschnitt. Nach der sechsten Klasse bekommen 85 Prozent der Kinder der Erika-Mann-Schule eine Empfehlung für die Realschule oder das Gymnasium. Die Prognosen sind verlässlich, die Kinder schaffen tatsächlich meistens wie vorhergesagt den mittleren Schulabschluss oder das Abitur.

Als George auf die Schule ging, konnte man von solchen Zahlen nur träumen. Guido Richter ist der letzte Lehrer an der Schule, der mit George auf der Rübezahl-Schule zu tun hatte. »Die Kinder waren sich in den Pausen selbst überlassen. Der Schulhof war purer Beton. Es gab keine Schulbibliothek, keinen Freizeitbereich, keinen Computerraum«, sagt er. »Und alle saßen dann gemeinsam in einer Klasse, ob sie nun gut oder schlecht Deutsch sprachen, und bekamen Frontalunterricht.« Mittlerweile sind die Lehrer an der Erika-Mann-Grundschule davon überzeugt, dass sich Kinder als »Könner« in der Schule fühlen sollen, entweder weil man toll malen kann, rechnen, werken, singen oder Fußball spielen. »Irgendwo muss sich ein Kind in der Schule als Könner erleben. Und dieses Können muss in der Schule auch bekannt gemacht werden«, sagt Karin Babbe, »das war für George bestimmt nicht so.«

George hat in seiner Zeit keine Kunstprojekte gemacht, er fühlte sich nicht als Könner, und als er nach sechs Jahren die Rübezahl-Grundschule verließ, bekam er keine Empfehlung für die Realschule. George gehörte zu den Kindern, denen man an der Rübezahl-Schule nur einen Hauptschulabschluss zutraute, das galt damals ungefähr für die Hälfte der Kinder.

George sollte auf die Gesamtschule. Da, glaubten die Lehrer der Rübezahl-Schule, könne er zumindest den Hauptschulabschluss schaffen. Aber George wollte das nicht, er wollte mehr: »Ich bin gleich auf eine Realschule gegangen, weil ich dachte, ich schaffe das auch. Meine ganzen Freunde sind auch auf die Real. Aber ich habe mich natürlich überfordert.«

Gleich im ersten Jahr fängt es an mit der Unpünktlichkeit. George kommt oft zu spät zum Unterricht. Oder er kommt gar nicht, und so ist er schon in der siebten Klasse schnell hintendran. Er wechselt also doch auf die Hauptschule. Es kommt ihm vor wie ein Abstieg mit der Fußballmannschaft. Auf der Hauptschule aber wird nichts besser. George macht immer noch nichts für die Schule, weil auch seine Kumpels nichts machen. »Das ist halt üblich«, sagt er. »Man lässt sich anstecken von den anderen, die schwänzen und irgendwelche Sachen machen. Und man gibt den anderen die Schuld, obwohl man selbst verantwortlich ist. Ich habe das zwar gesehen, bin aber trotzdem mit dem Strom geschwommen.«

In der neunten Klasse bleibt George sitzen. Er geht neun Jahre zur Schule, aber nun verlässt er sie ohne Abschluss. Er weiß nicht, was er jetzt machen soll, die anderen wissen es auch nicht. Das einzige, was George aus der Schule mitnimmt, ist das Gefühl des Scheiterns.

»Dann ging alles bergab«, sagt er.

George weiß mittlerweile, dass es mit der Schule auch anders hätte laufen können. Wenn er über seine Vergangenheit spricht, weigert er sich, sich als Opfer der Verhältnisse zu betrachten, er sucht die Schuld nicht bei den anderen. »Es gab in meinem Leben schon ein paar Leute, die mir die Hand gereicht haben«, sagt er. »Aber ich habe das damals nicht gesehen. Ich hatte gute Klassenlehrer und auch einen guten Schulleiter an einer Schule, wo eigentlich nur Kriminalität war und alle von den Lehrern schon mit Vorurteilen behandelt wurden. Aber weil ich Deutscher war und mich in Deutsch ein bisschen artikulieren konnte, kam ich ein bisschen besser klar. Aber ich habe die Hilfe nicht angenommen.«

George beschreibt die Dinge klar und präzise, und wenn man nicht wüsste, dass da ein junger Mann sitzt, der vor ein paar Jahren die Schule ohne Abschluss verlassen hat und danach im Gefängnis landete, würde man es kaum glauben. Aber wie konnte es so weit kommen? »Ach, da sind so viele Sachen von außen hineingekommen«, sagt George. Er macht eine Pause, und man hat das Gefühl, dass er sehr genau überlegt, was er von den alten Sachen preisgibt, aber dann sagt er nur: »Es war schwieriger für mich als für andere. Man will als Jugendlicher, dass etwas anders läuft, aber man kann es sich nicht aussuchen. Vielleicht gibt man dann sein Leben auch selber auf und sagt: Scheiß drauf.«

In der Zeit, als es mit der Schule den Bach runtergeht, gibt es nur zwei Dinge, an denen George sich aufrichtet: seine beiden Brüder und den Fußball. Es ist ein Stück Normalität, die George sonst vergeblich in seinem Leben im Wedding sucht. »Es war ein Glück, dass wir uns hatten, dass wir uns sehen konnten. Wir haben nicht geguckt, wie läuft es bei dem anderen in der Schule oder im Fußball. Wir haben uns einfach gefreut, zusammen zu sein.«

Wenn George mit Jérôme und Kevin zusammen war, erholte er sich von seinem Leben. Es war, als lebe George zwei Leben: das eine als zorniger, verirrter Jugendlicher, der immer wieder hinlangt, wenn ihm jemand blöd kommt, und der immer wieder Ärger mit der Polizei hat. Und das andere als älterer Bruder, der sich verantwortungsvoll um Kevin und Jérôme kümmert, der sich als Beschützer fühlt, und zu dem seine Brüder aufschauen, die wie er einen Vater vermissen. »Kevin und ich haben immer so getan, als ob wir unseren Vater nicht brauchen würden, aber das stimmte natürlich nicht. Den Vater kann man nicht ersetzen«, sagt George. »Und im Wedding weißt du, was dich erwartet, wenn du keinen hast, der dir den Weg zeigt.«

Mit Jérôme und Kevin fühlte er sich wohl, dann war auch manchmal seine Wut weg. Die Rolle des älteren Bruders war eine Aufgabe, der George sich stellte. Aber George hätte selbst einen älteren Bruder gebraucht, der ihm zur Seite steht und von dem er hätte lernen können, dass man auch mal durchatmen kann, wenn einem etwas nicht passt. Und noch mehr als einen älteren Bruder hätte George einen Vater gebraucht.

So wuchs das Gefühl, verlassen zu sein, von Jahr zu Jahr, und der Vater, der nur ein paar Kilometer entfernt lebte, blieb unerreichbar. Das machte George zornig und es machte ihn traurig. Er wäre gerne einfach ein zwölf Jahre alter Junge gewesen, der zur Schule geht und Fußball spielt, der immer etwas zu essen vorfindet, wenn er abends hungrig vom Sportplatz nach Hause kommt. George sehnte sich danach, in einer intakten Familie zu leben.

Viele intakte Familien kannte er nicht im Wedding, auch bei den meisten seiner Kumpels gab es zuhause immer wieder Zoff, und oft waren dann irgendwann die Väter verschwunden. Da mussten viele durch, das wusste George. Er hielt das für normal. »Wir sind dann unseren Weg alleine gegangen«, sagt er über sich und Kevin. George hat früher alles persönlich genommen, und das machte ihn gefährlich. Es war eine Eigenschaft, die ihm auf den Straßen im Wedding einigen Respekt verschaffte. Respekt war ihm wichtig, aber er wollte nicht, dass seine Brüder mitbekamen, wie er ihn sich verschaffte. Denn er wollte Kevin und Jérôme davor bewahren, sich ihn auch in diesen Dingen zum Vorbild zu nehmen. George wusste, dass er so nicht aus dem Wedding rauskommen würde. Und zugleich sah er, wie gut seine Brüder Fußball spielten und dass sie es damit einmal zu etwas bringen könnten. Vor allem um Kevin sorgte er sich. »Jérôme und selbst Kevin haben mein Privatleben nie richtig mitbekommen, und das war gut so«, sagt er. »Sie haben das immer nur von anderen gehört, von den Eltern: ›George hat wieder das gemacht, George hat wieder dies gemacht. George hat wieder Ärger mit dem, George hat sich wieder mit jenem geschlagen.‹ Aber Kevin und Jérôme haben nie wirklich gesehen, was ihr Bruder da draußen eigentlich macht, wie er sich benimmt. Von daher hatten sie es leichter, meinen Weg nicht zu gehen.«

George hatte keinen Halt gefunden, nicht beim Fußball und nicht in der Schule. Manchmal ging es gut für einige Zeit, aber dann kochte wieder dieser Zorn in ihm hoch, und wer ihm dann nicht aus dem Weg ging, der hatte Pech. »Ich wusste nicht, was ich mit dem Leben anfangen sollte«, sagt George.

Er konnte lange nicht anders als zuschlagen, wenn ihm jemand querkam. Er wusste nicht, wo sie herkam, diese geballte Aggressivität, die ihn manchmal anfiel wie ein wildes Tier. Und wenn die Aggressivität von ihm Besitz nahm, wusste er nicht, wie er sie umlenken konnte in Energie, die andere nicht verletzte und ihm selbst hätte nutzen können. Es wäre schon ein Anfang gewesen, wenn er einfach nur ruhig geblieben wäre, wenn er nicht sofort alles persönlich genommen hätte. Aber das konnte George nicht, er beruhigte sich erst, wenn er sah, wie sein Gegner am Boden lag. Er war schnell und rücksichtslos, das war sein Kapital. »Wenn einer gesagt hat, George hat sich geprügelt, oder wenn einer versucht hat, ihn schlechtzumachen, weil er sonst irgendetwas gemacht hat, dann haben Kevin und ich trotzdem immer zu ihm gehalten und ihn verteidigt«, sagt Jérôme.

Dann ändert sich aber doch etwas: Ausgerechnet als George an Hochzeit und an ein ruhigeres Leben zu denken beginnt, nimmt ihn die Polizei nach einer Schlägerei fest und steckt ihn in Untersuchungshaft. George sitzt acht Monate in Moabit*, so lange dauert es bis zum Prozess. »Es war für mich gar nicht so krass, dass ich weggesperrt wurde«, erzählt er. »Die ersten drei, vier Tage waren eklig, aber dann war es eher wie in einem Jugendclub.« Er hatte im Knast seine Kippen, es gab regelmäßig zu essen, und seine Kumpels waren auch da. Er wunderte sich, wie viele Leute er hier kannte, und fast jeden Tag kamen neue Kumpels, die erzählten, was draußen los war.
George kennt viele, die weit mehr ausgefressen haben als er und viel länger sitzen müssen: drei Jahre, fünf Jahre, acht Jahre, zwölf Jahre. Das Gericht verurteilt ihn zwar zu drei Jahren Haft, aber die Strafe wird zur Bewährung ausgesetzt. Vier Jahre darf er sich nichts mehr zuschulden kommen lassen. »Für mich war das eine erzieherische Maßnahme«, sagt George. »Da hatte ich mal richtig Zeit, um nachzudenken, und es gab keinen, der dazwischengequatscht hat. Ich habe mich mit dem Thema so lange beschäftigt, bis ich damit durch war. Ich sagte mir: ›Wenn du rauskommst, bau keine Scheiße mehr.‹«
Wieder draußen, heiratet George. Auf der Straße lässt er sich nichts mehr zuschulden kommen, und bald machen seine Brüder Karri-

---

* Gemeint ist die Untersuchungshaftanstalt in Berlin-Moabit.

ere und kümmern sich auch um ihn und seine Familie. »Es ist ein Glück, wie schnell meine Brüder es geschafft haben, dass sie uns retten konnten«, sagte George. »Wir haben jetzt draußen ein Haus und können uns zurückziehen. Früher konnten wir nur in unsere Weddinger Wohnung, und da waren wir immer noch im Ghetto.« Wenn George aus seinem früheren Leben erzählt, klingt das noch immer so, als sei er in einen Kampf gezogen. Er suchte damals nach einer Identität. Er lebte bei seiner deutschen Mutter, die ihm wenig Halt geben konnte, und mit einem imaginären schwarzen Vater, der ihm eine dunkle Haut und viele Fragen mit auf den Weg gegeben hatte. Deshalb wusste George lange nicht, wer er war, und das war ein Problem. »Wenn man aus einem deutschen oder einem afrikanischen Elternhaus kommt, lernt man, wie man das mit Schule und Arbeit macht«, sagt er. Aber es gab niemanden, der ihm zuhause ein afrikanisches Leben vorlebte, und er fand auch niemanden in seiner Familie, der ihm einen erfolgreichen deutschen Weg gezeigt hätte. »Deutsche Eigenschaften sind Pünktlichkeit und Disziplin. Afrikanische sind Unpünktlichkeit, feiern, lustig drauf sein. Aber ich habe keine deutschen Eigenschaften und ich habe auch keine afrikanischen Eigenschaften«, sagt George. »Ich sehe mich auch nicht als Deutschen oder Afrikaner. Ich sehe mich als Berliner: Jeden Morgen aufstehen, jeden Tag das Gleiche machen – und lange Zeit im Leben orientierungslos herumlaufen.«

Wenn Jérôme da war, wurde George ruhiger. Er weiß auch nicht, woran das liegt, aber das ist heute noch so: »Jérôme ist mein Ruhepol in der Familie.« Damals aber war Jérôme noch zu jung, um George zu helfen. Er sah in George nur seinen großen, starken Bruder, mit dem sich niemand anlegen wollte.

»Früher hätte ich nie sagen können: George, mach diese Sache doch lieber anders. Das ging damals nicht«, sagt Jérôme.

»Es hätte im Streit geendet, wir hätten keinen Kontakt gehalten«, sagt George, und Jérôme nickt.

George spricht über den verlassenen, wilden und gefährlichen Jungen, der er einmal war, wie über einen anderen Menschen, einen,

98

den er nur aus der Ferne kennt. Aber manchmal kommt dieser fremde Junge noch zu Besuch zu ihm und bringt schlechte Erinnerungen mit.

Trennungsschmerz

Als sein Vater geht, zerbricht in Jérôme etwas. Prince Boateng war lange seine engste Bezugsperson, ein Jahr versorgte der Vater den Jungen zuhause, damit Nina ihren Job machen konnte. Es wuchs eine enge Bindung, wie sie zwischen Vater und Sohn nicht so oft vorkommt, weil sich nicht viele Väter so viel Zeit für ihre Kinder nehmen. Aber als Jérôme fünf Jahre alt wird, ist der Vater, der immer für ihn da war, plötzlich weg. »Es war extrem hart für Jérôme«, sagt sein Vater. »Scheidungskinder leiden oft sehr.« Jérôme war nicht entgangen, dass es zwischen seiner Mutter und seinem Vater nicht mehr stimmte. Im Urlaub stritten sich seine Eltern immer wieder, nachts, wenn er in seinem Bett lag, hörte er, wie sie sich anschrien. Diese Streitereien haben bei ihm ein mulmiges Gefühl verursacht, aber als der Vater die Familie schließlich verlässt, ist das ein schwerer Schock: Jérôme verändert sich von einem Tag auf den anderen. Erst wird er aggressiv, dann wird er krank.
Im Kindergarten schubst und schlägt er die anderen Kinder. Irgendwann sagen die Kindergärtnerinnen seiner Mutter, dass es so nicht mehr weitergeht mit Jérôme. »Ich war voll aggressiv«, sagt er. Seine Mutter versucht mit ihm über seine Wutausbrüche zu reden, aber es wird nicht besser. Bald erkennt Nina, dass gutes Zureden alleine nicht ausreicht, um Jérôme einen Weg zu zeigen, die Trennung von seinem Vater zu verarbeiten. Sie geht mit ihm zu einer Psychologin. Jérôme macht eine Therapie, eine sogenannte Spieltherapie, zwei Jahre läuft das Programm. »Das hat gut funktioniert. Ich bin wieder ruhiger geworden«, sagt Jérôme. »Das lag alles an der Trennung, ich habe so an meinem Vater gehangen.«

Aber Jérôme wird nicht nur aggressiv, er zeigt bald auch körperliche Symptome. Nachts bleibt ihm die Luft weg. Mit der Schulmedizin gibt es keine Fortschritte, erst eine Homöopathin* kann Jérôme helfen. Seine Mutter ist mittlerweile überzeugt, dass die Krankheit psychosomatische** Ursachen hatte und auch durch die Trennung ausgelöst wurde.

Immerhin finden Nina und Prince Boateng nach der Trennung schnell einen Weg für den Umgang mit den Kindern. »Wir haben großen Wert darauf gelegt, dass die Kinder genug Zeit mit beiden Eltern verbringen«, sagt Nina. Sie gestattet ihrem geschiedenen Mann immer den Kontakt zu seinen Kindern, er kann sie sehen, wann immer er möchte, und Prince Boateng kommt auch immer, um Jérôme und Avelina zu sehen.

Jahre später liest Nina in einem Interview ihres Sohnes den Satz, die Trennung der Eltern sei das schlimmste Erlebnis seines Lebens gewesen. »Da tat sich für mich der Boden auf, es hat mir das Herz rausgerissen. Jérôme hatte mir das nie gesagt«, sagt seine Mutter. Dann haben sie darüber gesprochen, und Nina merkte, dass Jérôme immer ihr die Schuld für die Trennung gegeben hatte, weil sie die Scheidung eingereicht hatte. »Ich glaube, deswegen hat Jérôme immer mehr an seinem Vater gehangen.« Endlich erzählt sie ihm, was damals alles vorgefallen war, Jérôme kann sie jetzt besser verstehen.

Prince Boateng bekam immer mit, wie Jérôme und Avelina sich entwickelten, er nahm beständig an ihrem Leben Anteil. Er wusste, wie es bei ihnen in der Schule lief, er kannte ihren Alltag. Er weiß heute noch, wie Jérôme einmal aus der Schule kam und von einem Waldlauf erzählte, bei dem ihm ein Klassenkamerad übel mitgespielt hatte. Jérôme hatte schon früh einen athletischen Körper, und im Sport war er immer unter den Besten. Den Waldlauf gewann er eigentlich immer, und so schien es auch an diesem Tag zu sein. Nur ein Junge war noch vor ihm, aber der keuchte schon, jeder Schritt fiel ihm schwer. Jérôme war noch frisch, er würde den

---

* Ärztin, die alternative Medizin anwendet.
** Auf seelisch-körperlichen Wechselwirkungen beruhend.

letzten Konkurrenten gleich einholen und an ihm vorbeiziehen. Als er auf gleicher Höhe ist, weiß Jérôme, dass er gewinnen wird. Doch dann stellt ihm sein Mitschüler ein Bein, er knallt der Länge nach hin und schlägt sich die Knie auf. Bis er sich aufgerappelt hat, ist der andere weit weg, Jérôme kommt als Zweiter ins Ziel. Aber niemand hat gesehen, was im Wald passiert ist. »Jérôme konnte nicht verlieren, das hat man früh gemerkt«, sagt sein Vater, »ich konnte nur noch versuchen ihn zu trösten.«

Auch auf dem Fußballplatz ist Prince Boateng oft dabei, wenn Jérôme spielt. In der D-Jugend steht Jérôme mit seiner Mannschaft im Pokalfinale gegen Köpenick. Jérôme ist elf und spielt noch Stürmer. Der Verteidiger, der auf ihn angesetzt ist, ist ihm unterlegen. Körperlich, aber auch technisch hat er eigentlich keine Chance gegen ihn. Am Spielfeldrand steht der Vater des Köpenicker Verteidigers und brüllt ständig aufs Spielfeld: »Mach den Neger fertig.«

Jérôme fängt an zu weinen. Das ist ihm eigentlich nie passiert im Verein, immer nur im Käfig mit seinen Brüdern, aber diesmal, als ihn ein Erwachsener fertigmacht, kann er die Tränen nicht zurückhalten. Zudem pfeift der Schiedsrichter alle Aktionen gegen ihn. Er pfeift nicht nur im Zweifelsfall gegen Jérôme, er entscheidet immer gegen den Neger, so kommt es Jérôme zumindest vor. Der Schiedsrichter schreitet auch nicht gegen die Beleidigungen ein, damals muss er das nach den Regeln auch nicht. Es dauert noch ein paar Jahre, bis der DFB festschreibt, dass Schiedsrichter rassistische Beleidigungen auch von den Zuschauern nicht durchgehen lassen dürfen. Aber an diesem Tag passiert wie immer nichts.

Prince Boateng geht noch während des Spiels an den Seitenrand zu seinem Sohn und redet Jérôme kurz vor der Pause gut zu. Er sagt ihm, dass er ruhig bleiben soll, dass er sich nur auf sein Spiel konzentrieren soll, egal was die Leute reden. Jérôme beruhigt sich allmählich, und auf dem Spielfeld findet er wieder zu sich selbst. Auch in der zweiten Halbzeit brüllt der Vater von draußen, dass man den Neger fertigmachen muss. Doch Jérôme lässt sich davon nicht mehr verunsichern. »Ich habe dann viel besser gespielt, und

wir haben noch gewonnen. Das war ein Erlebnis, aus dem ich
gelernt habe. Wenn man als Kind und Jugendlicher so beleidigt
wird, macht das einen stärker, von Anfang an.«

Als er neun oder zehn Jahre alt ist, fragt Jérôme seine Mutter,
warum seine Haut braun ist, vorher war ihm das gar nicht so richtig aufgefallen. Der Musiksender Viva hat Kinder für ein Musik-
video gesucht, und Jérômes Onkel hat ein Foto von ihm hinge-
schickt. Jérôme sah süß aus, er liebte Musik, er konnte gut singen
und tanzen. Viva nahm ihn, und als er dort war, begrüßte ihn ein
ebenfalls farbiger Jugendlicher mit den Worten: »Hey, Neger.«
Der Junge wundert sich, warum Jérôme plötzlich die Tränen in
den Augen stehen und sagt, dass es doch nicht böse gemeint sei,
er sei doch selbst schwarz. »Aber das hat mich trotzdem getroffen.
Danach habe ich meine Mutter gefragt, warum ich nicht weiß bin.
Sie hat es mir erklärt und gesagt, dass ich stolz auf meine braune
Haut sein kann. Viele Leute gehen dafür in die Sonne, sagte meine
Mutter.« Das hat Jérôme gefallen.

»Sein Vater hat immer versucht, Jérôme die Gründe dieser frust-
rierten Menschen zu erklären«, sagt Nina. »Ich habe es immer auf
einer anderen Ebene versucht. Oft sagte ich ihm, dass ich auch
gerne dunklere Haut hätte. ›Schau mich an‹, sagte ich, ›ich sehe
aus wie ein Käsekuchen.‹ Oder ich habe ihm erklärt, dass die Leute
neidisch auf seine schöne Haut sind und wütend darüber, dass er
so gut Fußball spielen kann.«

Jérôme fragt nicht mehr, warum er braune Haut hat. Aber dass
er anders ist als die anderen, das bekommt er immer wieder zu
spüren, vor allem beim Fußball. Die Beleidigungen und Diskrimi-
nierungen erlebt er vor allem in der ehemaligen DDR, im Osten
Berlins, aber auch in Leipzig und Umgebung. »In Berlin-Marzahn,
Hellersdorf oder in Weißensee wurde man eigentlich immer beleidigt, nicht nur von den Spielern, sondern auch von den Eltern.
Meine Mutter wurde da immer extrem wütend, aber sie hat gesagt:
›Du musst dich zurückhalten, du sollst nicht extra foulen oder
aggressiv werden.‹ Dadurch habe ich das geschafft.« Es gibt dann
ein Spiel gegen einen berüchtigten Klub im Wedding, in dem es

von Neonazis nur so wimmelt. Nina und Prince Boateng begleiten Jérôme zu der Begegnung. Sie wissen, was das für ein Klub ist. Am Eingang kommt ein Neonazi auf Nina zu und sagt: »Hast wohl keinen Deutschen mehr abbekommen?«

Je älter Jérôme wird, desto übler wird es auf dem Fußballplatz. »Mit vierzehn, fünfzehn haben wir in Leipzig gespielt. Da wurden Spieler von uns von den Eltern sogar angespuckt und ganz schlimm beleidigt. Das kann man kaum glauben, aber so war das.« Manchmal war die Fremdenfeindlichkeit im Osten aber auch so absurd, dass Jérôme darüber nicht einmal mehr wütend werden konnte. Einmal beleidigte ihn auf dem Spielfeld ein Junge wieder als Nigger, aber es war ein chinesischer Junge, der das sagte, und er sprach kaum Deutsch. Da musste sogar Jérôme lachen.

Auch George und Kevin erleben ständig rassistische Sprüche auf dem Fußballplatz, doch sie haben meistens keinen Vater und keine Mutter dabei, die am Rand stehen und ihnen helfen, wenn es nötig ist. Dabei hätten sie ebenfalls Hilfe gebraucht. »Bei mir hat das mit den Provokationen immer super funktioniert«, sagt George, »ich habe immer reagiert.«

Dass Prince Boateng schließlich doch wieder seine beiden älteren Söhne sieht, hat er der Initiative von George zu verdanken. Der wird nämlich selber aktiv, als er alt genug ist, sich alleine mit der U-Bahn in Berlin zurechtzufinden, und besucht seinen Vater in Charlottenburg, ohne dass die Mutter etwas davon mitbekommt. »Ich habe mir immer gewünscht, dass mein Vater bei uns ist. Ich war ja schon immer so ein Familientyp«, sagt George. »Und weil mein Vater nicht zu uns kam, dachte ich mir, dass ich retten will, was noch zu retten ist.«

Jérôme weiß, wenn er bei seinen Brüdern ist, dass er Glück hatte, in Wilmersdorf zu leben bei einer Mutter, die sich um ihn kümmerte. Und wie gut es war, dass sein Vater sich nach der Scheidung nicht in Luft aufgelöst hat, sondern ihn unterstützte. Er weiß, dass er es viel leichter hatte als George und Kevin, und er weiß daher auch, wie wenig dazwischen liegt, ob man im Schloss Bellevue

vom Bundespräsidenten für seine Verdienste um die Bundesrepublik Deutschland geehrt wird, nebenan im Wedding ohne Hauptschulabschluss im Jobcenter Hartz IV beantragt oder in Moabit
einsitzt. Es sind vom Gefängnis dort, in dem George saß, nur ein
paar hundert Meter bis zum Schloss Bellevue, man muss nur die
Paulstraße rechts runtergehen bis zum Spreeufer, dann ist man da.

»George hatte es früher ganz schwer, weil ihm keiner so richtig
gesagt hat, was richtig ist und was falsch ist. Deswegen hat er zu
unserem Vater auch eine ganz andere Beziehung als ich. Unser
Vater war immer in meiner Nähe, er war nie weit weg«, sagt
Jérôme auf der Parkbank gegenüber dem Fußballkäfig. »George
und Kevin haben unseren Vater nicht oft gesehen, er konnte nie so
für sie da sein wie für mich.«

George besuchte seinen Vater dann auch, um Geld zu holen, das
hatte der Vater ihm angeboten. Aber Geld war meistens das Einzige, wonach George fragte, seine Probleme behielt er für sich.
»Mein Vater hatte natürlich einen besseren Lebensstandard als
wir, und wenn ich ein bisschen Kleingeld brauchte, habe ich ihn
immer angerufen. Er hat auch immer gesagt: Wenn du irgendwas
brauchst oder Probleme hast, dann rufe mich an, dann helfe ich
dir. Aber ich war nie der Typ, der über Probleme redet. Erst recht
nicht mit ihm«, sagt George.

Mittlerweile hat er eine Ahnung davon, warum er ausgerechnet
seinem Vater nicht sagte, was los war, dabei wäre der Vater vermutlich genau die Person gewesen, die George einen Weg hätte wei-
sen können in seinem Leben, das allmählich aus den Fugen geriet.
»Das war das Vater-Sohn-Spielchen. Das kennt man ja, wenn der
Vater nicht so da ist, wie du das willst. Das weiß jeder, der aus einer
zerrütteten Familie kommt«, sagt George.

Es gab damals niemanden in seinem Leben, mit dem George ernsthaft reden konnte, wenn etwas schieflief. Was seine kleinen Brüder
sagten, nahm er nicht ernst, und was seine Mutter sagte, nahm er
irgendwann auch nicht mehr ernst. George fehlte zuhause ein Vorbild, ein Mann, der Nein sagt, und bei dem ein Nein auch ein Nein
ist. »Bei uns gab es keinen, der mir irgendwas gesagt hat. Ich war

der Chef zuhause, da war ich erst zwölf oder dreizehn. Mir konnte keiner sagen: Du bleibst jetzt zuhause. Aber es ist schon besser, wenn das einer einem sagt.« Stattdessen brachte George bald Geld mit nach Hause, manchmal sogar richtig viel Geld. Wenn eine krumme Sache gut lief, dann waren das ein paar tausend Mark, und so kam es, dass sich George als Familienoberhaupt fühlte. »Das war eine totale Überforderung«, sagt er heute. Aber damals fand er das normal.

Als George in der Schule nicht mehr mitkam und es mit der Polizei zu tun bekam, habe er davon lange nichts erfahren, erzählt der Vater. »Ich wusste nichts davon, obwohl ich Kontakt mit seiner Mutter hatte. Sie hat mir das erst gesagt, als viele Sachen schon gelaufen waren, das war ein bisschen spät.« Er war da etwas naiv, wie er heute findet. Er hätte nicht alles so laufen lassen sollen, er hätte sich einmischen müssen. »Ich habe aber gedacht, die Mutter liebt ihre Kinder, und solange sie nicht zu mir kommt, ist alles okay.«

George ringt seiner Mutter schließlich ab, dass Jérôme auch bei ihnen zuhause übernachten darf. Dass sie sich treffen können, wann immer sie es wollen, und nicht nur, wenn es den Erwachsenen passt, die das so lange verhinderten, das hatte er schon durchgesetzt. Und dann kümmert sich George auch darum, dass es unter ihnen als Brüdern klappt, wenn sie zusammen sind, dass sie zusammenfinden und dass nicht das neue Band zerreißt, wenn sie sich fetzen, was er gar nicht so ungewöhnlich gefunden hätte, weil Kevin und er so ganz andere Erlebnisse und Erfahrungen mitbrachten als Jérôme. Deswegen versuchte George sich immer zurückzunehmen, wenn sie zusammen waren, und die Dinge als ältester Bruder so gut zu regeln, wie ihm das möglich war. Sonst verhielt er sich eher umgekehrt und wollte immer mit dem Kopf durch die Wand: »Wenn man mir auf die Füße tritt, bin ich nicht derjenige, der runtersteigt. So bin ich gestrickt. Ich habe immer versucht, meinen Willen durchzusetzen«, sagt George. »Aber wenn wir als Brüder schon alle so verteilt gelebt haben, wollte ich, dass wenigstens wir uns vertragen. Das hat auch ganz gut geklappt, auch wenn es hin und wieder ein bisschen Streit gab.«

Mit der Zusammenführung der Familie verfolgte George noch einen anderen Plan. Er wollte auch eine Beziehung zu seinem Vater aufbauen, es sollte so etwas sein wie ein Neustart zwischen dem abwesenden Vater und dem verlassenen Sohn. Aber das war viel schwieriger als die Beziehung zu Jérôme. »Dass ich die Initiative übernommen habe, liegt auch daran, dass ich meinen Vater besser kennenlernen konnte, wenn ich öfter mit ihm alleine zu tun haben würde. Ich habe mir vielleicht auch gedacht, dass er eine zweite Chance verdient hat. Irgendwie so muss es gewesen sein.«

George und sein Vater bauen über die Jahre ganz allmählich eine Beziehung auf. Doch die Vergangenheit ist mächtig, die alten Narben schmerzen immer wieder. »George hat mir erst vor kurzem vorgeworfen, dass ich sie da nicht rausgeholt habe, dass ich sie im Stich gelassen habe, dass ich sie nicht geliebt habe«, sagt Prince Boateng. »Ich war als Vater nicht da. Wenn ich Kevin und ihn geliebt hätte, dann hätte ich sie da rausgeholt, hat George zu mir gesagt. Heute verstehe ich, was er meint. Aber damals habe ich das so nicht gesehen.«

Jérôme kennt die ganzen Geschichten, und man merkt, wie es ihn schmerzt, dass George und Kevin den Vater nicht erlebt haben wie er, und er findet, dass sein Vater alles, was er nach der Trennung für ihn getan hat, auch für seine beiden Halbbrüder hätte tun müssen: »Mein Vater hat, das muss ich ganz ehrlich sagen, bei George und Kevin viel falsch gemacht.«

Die Trauer über den Verlust des Vaters und die Verhältnisse zuhause, die sich bei George schon früh in Wut und Aggressivität verwandeln, lässt Prince Boateng lange nicht los. Auch als er aus dem Gefängnis rauskommt, kann George seinen Zorn manchmal immer noch nicht zügeln, aber das passiert ihm nicht mehr auf der Straße, sondern nur noch auf dem Fußballplatz. »Ich werde nie vergessen, als wir alle – George, Kevin, Jérôme und ich – in Berlin in der Sömmeringhalle bei einem Turnier waren. George war schon 22 oder 23 Jahre. Auf dem Platz hat er dann plötzlich

Karate gemacht. Er hat jemand eine Kopfnuss gegeben, die Nase hat geblutet. Da habe ich zu Jérôme und Kevin gesagt: ›Wenn euer Bruder mit Karate fertig ist, dann sagt ihm: Das war sein letztes Spiel, bei dem ich dabei war.‹«

Prince Boateng ist nach diesem Vorfall nie mehr wieder zu einem Spiel von George gegangen. Er war enttäuscht davon, dass George sich auf dem Spielfeld danebenbenahm, dass er die Regeln missachtete und damit dem Fußball und seinen Gegnern den Respekt verweigerte, den er für sich selbst einforderte. Aber vielleicht wollte Prince Boateng seinen Sohn auch nicht mehr spielen sehen, weil er es nur schwer ertrug, dass George sein Talent verschwendet hatte. »George hätte ein Großer werden können«, sagt sein Vater, »er konnte doch so viel mit dem Ball.« Auf dem Platz aber hat er immer wieder die Nerven verloren.

»George war immer Stürmer, sehr dynamisch und gradlinig, er kam immer mit Power«, sagt Jérôme. »Von uns Brüdern hat er immer am härtesten gespielt, am aggressivsten.« Aber auch wenn George auf dem Platz alles aus sich herausholte, der Fußball selbst war ihm nicht so wichtig. »Er war damals nicht so hinterher«, sagt Jérôme. »Dann kamen halt die Mädchen. Disco und Freunde waren ihm wichtiger als Fußball.«

Prince Boateng findet es immer noch einen Jammer, dass George sein Talent nicht so entfalten konnte und wollte, wie es seine beiden Brüder getan haben. Wenn er ein Vorbild gehabt hätte, einen Ratgeber, der er später für seine Brüder wurde, dann hätte es auch bei George anders laufen können, glaubt sein Vater.

Als er zur Hertha ging, war George zwölf, er spielte fünf Jahre für den Profiklub, von der D-Jugend bis zur B-Jugend. Das war Ende der Neunzigerjahre, die Zeit, in der Hertha BSC meistens irgendwo in der zweiten Bundesliga herumdümpelte und der Jugendfußball in Deutschland noch keine große Rolle spielte. Der DFB lebte damals in dem Irrglauben, dass es immer genügend Talente geben werde in Deutschland und dass man sie nicht besonders fördern müsse, weil man das noch nie gemacht hat in Deutschland. Die

Selbstzufriedenheit im DFB und in der Bundesliga war grenzenlos, die Erfolge der Vergangenheit hatten den deutschen Fußball satt gemacht. Es war die Zeit, als der deutsche Fußball seine Zukunft verpasste.

Die Jugendarbeit in den meisten deutschen Bundesligaklubs war von den heutigen professionellen Strukturen noch meilenweit entfernt, als George mit unglaublich viel Talent, aber schwachem Willen versuchte, Profi zu werden. »Als George bei Hertha spielte, war das anders als bei Kevin und bei mir«, sagt Jérôme, »schon diese paar Jahre haben einen großen Unterschied ausgemacht. Heute hat man schon in der Jugend eine super Ausbildung im Gegensatz zu früher. Damals gab es beim Training nur den Ball, und man hat auf dem Platz ein paar Torschüsse gemacht. Es gab keine Taktik, kaum Koordination und auch sonst nicht viel.«

Hertha war damals keineswegs der herausragende Klub im Jugendfußball der Stadt, er war nur einer unter den drei, vier führenden Vereinen. Niemand im Vorstand nahm Jugendarbeit ernst, der Klub hatte nicht einmal ein eigenes Gelände für seine Kinder und Jugendlichen. Die Plätze lagen über die Stadt verteilt, und es gab drei, vier Mannschaften in einem Jahrgang, nicht nur ein einziges Team, wie das heute üblich ist.

Als George bei Hertha spielte, musste er dafür sogar bezahlen: fünfzehn Mark im Monat. Wenn er etwas Geld bekommen hätte, wie das heute für Fünfzehnjährige üblich ist, wenn er einen Fördervertrag unterschrieben und Gespräche über seine Entwicklung als Fußballer mit den Verantwortlichen geführt hätte, dann wäre das für George ein Zeichen gewesen: ein Zeichen, dass er es im Fußball zu etwas bringen konnte. Aber nichts davon geschah, und so blieb der Fußball für George ein Hobby. »Meine Mutter hat die letzten Pfennige für den Beitrag zusammengekratzt«, sagt George, »ein Trainingsanzug hat hundert Mark gekostet. Als Kevin und Jérôme gespielt haben, sind die mit vollen Trainingstaschen zurückgekommen. Ich war genau in der Phase da, wo nicht auf die Jugend gebaut worden ist.«

Es war schon ein Nachteil, dass er später angefangen hat im Verein als seine Brüder. »Ich war früher aber gar nicht so fußballverrückt wie viele denken. Ich weiß, dass das schwer zu begreifen ist, wenn man zwei Brüder wie Kevin und Jérôme hat, die so erfolgreich geworden sind«, sagt George. »Aber wenn ich wie Kevin und Jérôme schon mit sechs oder sieben gespielt hätte, dann hätte Fußball für mich vielleicht auch eine viel größere Bedeutung gehabt. Aber ich habe erst mit elf, zwölf angefangen, bei Hertha gegen den Ball zu treten.«

Nach der B-Jugend will ihn die Hertha nicht mehr haben. Der Trainer kommt nicht mit George klar, und George kommt nicht mit dem Trainer klar. Ihm fehlt der unbedingte Ehrgeiz zu kämpfen und Widerstände zu überwinden. Und als der Trainer ein Messer in seiner Sporttasche entdeckt, fliegt er raus. »Im Prinzip hatte ich meine Chance bei Hertha, habe sie aber nicht genutzt. Ich habe kein Blut geleckt, ganz einfach. So muss man das sehen.« Ein paar Jahre später kam ihm zu Ohren, was der Trainer tatsächlich über ihn gedacht hatte. Im vertrauten Kreis hatte er gesagt, George sei das größte Talent gewesen, das er in den letzten zehn Jahren gesehen habe, aber dass er einfach nicht zurechtgekommen sei mit diesem Jungen.

So wie George damals drauf war, störte er sich an Strukturen, die ihm hätten helfen sollen. Er hätte sich ständig unterordnen müssen und an Regeln halten, die andere aufstellten, das waren Dinge, die George nicht mochte. Deshalb glaubt er: »Profi wäre niemals etwas für mich gewesen. Das wäre vielleicht eine Sache für ein Jahr gewesen, dann hätte man von George nie wieder etwas gesehen. Ich war immer so, dass ich meinen Weg gegangen bin, ich wollte mir von niemand reinreden lassen.« Mit zwanzig spielt er bei Tennis Borussia Berlin, auch eine gute Fußballadresse in der Stadt, aber eben nicht mehr die erste. George spielt nur noch zum Spaß.

Als sein Bruder so alt ist, wie George es war, als er bei der Hertha rausflog, wird Kevin als das größte Fußballtalent in Berlin gehandelt, vielleicht sogar in Deutschland. Im Berliner *Tagesspiegel* erscheint ein Artikel über den hoffnungsvollen Nachwuchsspieler, auch George kommt darin vor. Den Traum von einer Profikarriere hat er da bereits aufgegeben, aber er hat eine neue Rolle für sich gefunden. Nun will er Kevin davor bewahren, dieselben Fehler zu machen wie er. Im *Tagesspiegel* steht: »›Die falschen Freunde, Zigaretten, Disco, das wars, kannst du vergessen Mann, kannst du dir nicht leisten als Profi.‹ Ja, sagt George weiter, wahrscheinlich habe es ihm ein bisschen an Ehrgeiz gefehlt. Aber jetzt sei er da, passt auf auf seinen kleineren Bruder, dass der die richtigen Freunde hat, dass er besser an gar nichts anderes denkt als an Fußball.«

Doch dass es mit dem Fußball den Bach runtergeht, ist längst nicht das größte Problem von George. Alles geht bei George zu dieser Zeit den Bach runter.

George spielt noch bei Hertha, als er von der Realschule muss. Im Verein gibt es niemanden, der sich dafür interessiert, wie es bei dem Jungen in der Schule läuft. Fußball ist Fußball, und Schule ist Schule. So sieht das Hertha BSC Berlin damals, und viele andere Vereine in Deutschland sehen das auch so. Es fehlt an allem, was heute in der Ausbildung des Fußballnachwuchses in deutschen Profivereinen dazu gehört. Die Selbstverpflichtung der Vereine, sich darum zu kümmern, dass sich Fußball und Schule erfolgreich kombinieren lassen, zum Beispiel indem die Spieler nach der Schule direkt zum Verein können, um dort unter Anleitung die Hausaufgaben zu erledigen. Oder dass sie vom Verein Nachhilfe bekommen, falls die Hausaufgabenbetreuung alleine nicht reicht. George sollte damals für Hertha BSC Tore schießen, alles andere war dem Verein egal.

Als George die Schule ohne Abschluss verlässt, ist ihm das auch irgendwie egal. Er hängt erst mal ab. Dann geht er dahin, wo man versucht, Jungen wie George, die die Schule nicht auf die Reihe bekommen haben, doch noch eine Berufsausbildung zu verschaffen. »Ich bin dann aufs OSZ, das war so 'ne Schule für die, die abgegangen sind, Berufsschule«, sagt George, »aber das war immer provisorisch.«

OSZ ist das Oberstufenzentrum in Berlin, das OSZ gibt es seit rund dreißig Jahren. George und die anderen, die keinen Bock auf Schule und Pünktlichkeit hatten, sollen dort auf einen Beruf vorbereitet werden, um schließlich doch einen Ausbildungsplatz zu bekommen. Das war der Plan der Schule. Es war vielleicht ein etwas naiver Plan, denn es gab schon lange nicht mehr genug Ausbildungsplätze für Jugendliche wie George im deindustrialisierten Berlin, aber vor allem war es nicht der Plan von George: »Das mit dem OSZ habe ich drei, vier Jahre durchgezogen. Aber das war immer nur gut, um das Arbeitsamt und Sozialamt ruhig zu halten, damit wir noch ein bisschen Geld zuhause reinkriegen. Aber ich bin nicht so das Arbeitstier, das muss ich zugeben, viele andere haben dann Koch oder Elektro gemacht.« Doch auch darauf hatte er keine Lust. »Dann habe ich wirklich gar nichts mehr gemacht.« George lebt nur noch in den Tag hinein. Er macht sich keine Gedanken, was später einmal sein wird und auch nicht, was aus ihm mal werden soll. George hat beschlossen, sich nicht mehr für das Leben zu interessieren, das vor ihm liegt. Es gibt nur noch den Augenblick und dieses alte verfluchte Leben, das einfach nicht vergehen will und seinen Kopf belagert. »Ich habe mir damals nie darüber einen Kopf gemacht: Willst du später Ingenieur werden oder die Scheiße vom Boden aufwischen?«, sagt George. »Ich war viel zu durcheinander, um mir noch darüber Gedanken zu machen: Wie wirst du enden?«

Er glaubte nicht, dass er im Gefängnis landen könnte, obwohl schon einige Kumpels hatten einrücken müssen. Wenn er überhaupt mal an die Zukunft dachte, dann stellte George sich vor, jeder Tag würde laufen wie der vorangegangene, eine ewige Wiederkehr des Immergleichen, ohne dass sich etwas ändern würde. George wollte gar nicht, dass sich etwas ändert. Er stand spät auf, dann ging er raus in den Wedding, traf ein paar Kumpels, denen es nicht besser ging. Wenn er ein bisschen Geld brauchte, dann sammelte er ein paar Pfandflaschen auf und tauschte sie ein, oder er besorgte sich ein paar andere Dinge und verkaufte sie irgendwo. »Dann hat man ein bisschen Geld zusammen, gibt es zuhause ab und behält einen Teil für sich«, sagt George. »Ich dachte, mein Leben wird immer so sein. Ich konnte mir nichts anderes vorstellen. Ich dachte: Alles, was ich anfasse, wird Scheiße. Und es gab auch keinen Vater, der zu mir sagte: Ey, Junge, du musst jetzt mal klarkommen mit deinem Leben.«

Schon in der Schule hatte er ein Mädchen kennengelernt, sie wohnte in der Gegend, eine Kurdin. Sie tat ihm gut, später wird er sie heiraten und einen neuen Weg einschlagen. Aber als er mit achtzehn nur rumhängt, geht das noch nicht. »Da war ich noch ein bisschen wild im Kopf«, sagt er. George versucht auch in der Religion Halt zu finden, er beschäftigt sich schon früh mit dem Islam. Es ist etwas, was einen Abstand zwischen ihn und seine Eltern legt. »Ich habe dadurch einen ganz anderen Lebensstil als meine Mutter und mein Vater«, sagt George. Heute sind viele seiner Freunde Moslems, bei ihnen fühlt er sich aufgehoben wie in einer Familie. Wenn er in den Tag hineinlebt, macht George sich über nichts Sorgen. Er hat zwar nicht viel, aber er hängt gerne an der Playstation ab und mit seinen Kumpels. Wo also liegt das Problem? »Ich habe nie daran gedacht: Werde ich irgendwann kein Geld haben? Werde ich meine Wohnung mal nicht mehr bezahlen können? Werde ich mal anders leben?« Doch irgendwann merkt George, dass seine beiden kleinen Brüder das Leben besser hinbekommen als er. Da fing er an, darüber nachzudenken, ob er nicht auch mal was auf die Reihe kriegen sollte. Da war es allerdings für vieles schon zu spät.

Freunde und Helfer

In jenem Sommer, als George mit seinem Leben kämpft, verbringt Jérôme die kompletten Ferien mit Kevin. In den ersten vier Wochen wohnt Jérôme bei Kevin im Wedding, alles läuft super. Kevin und Jérôme gehen jeden Tag runter in den Käfig und kicken, bis es dunkel wird. Abends fallen die beiden Brüder hundemüde ins Bett und quatschen so lange miteinander, bis der Schlaf sie besiegt. Es gibt in diesen Wochen in Berlin nichts, was Kevin und Jérôme trennen könnte.

Danach fahren die Brüder für vierzehn Tage in die Türkei, zusammen mit Jérômes Mutter und seiner Schwester Avelina. Kevins Mutter hatte dem Türkeiurlaub zugestimmt, das war eine große Sache. Denn lange hatte sie Kevin verboten, bei Jérôme zu übernachten, in der Wohnung der Frau, von der sie glaubte, sie habe ihr vor vielen Jahren den Mann ausgespannt.

Die Brüder freuen sich wie verrückt auf diesen ersten gemeinsamen Urlaub, aber der Urlaub wird schrecklich. »In den zwei Wochen in der Türkei haben wir uns nur gestritten. Kevin hat gemerkt, wo er herkommt. Das war schon schwer«, sagt Jérôme.

Er war mit seiner Mutter und Avelina schon zwei- oder dreimal im Robinson Club an der türkischen Küste gewesen. Als er mit seinem Bruder hinkommt, trifft er dort ein paar alte Bekannte, Kevin kennt niemanden. Jérôme weiß, wie ein Urlaub im Club läuft, für ihn ist alles selbstverständlich, das Sportangebot, die großen Büfets und die Abendshows, doch Kevin ist das alles fremd. Er hatte so noch nie Urlaub gemacht, eigentlich hatte er noch überhaupt keinen Urlaub gemacht. »Ich bin jeden Sommer verreist, für mich war das normal«, sagt Jérôme.

Kevin merkt in der Türkei auf einmal, was er alles in seinem Weddinger Leben nicht kennt, und weil er nicht weiß, wohin mit seiner Trauer und seiner Wut darüber, zofft er sich die ganze Zeit mit seinem Bruder. Kevin versucht im Robinson Club in allem besser zu sein als Jérôme: Kevin will besser sein im Fußball, Kevin will besser sein im Basketball, und Kevin will besser bei den Mädchen ankommen. Sie streiten sich um alles. Erst ein paar Jahre später glaubt Jérôme wirklich zu verstehen, wo dieser plötzliche übertriebene Ehrgeiz seines Bruders herrührte. Jetzt in der Türkei fühlt er sich von seinem älteren Bruder ununterbrochen angestachelt und herausgefordert. »Ich wollte auch der Beste sein«, sagt Jérôme. »Wir haben es beide in dem Urlaub nie geschafft zu entspannen.«

Am Tag, als sie aus der Türkei wieder zurückfliegen nach Berlin, verwandelt sich Kevin erneut. Die beiden Brüder verstehen sich plötzlich wieder bestens, und es war, als hätten sie in diesem Urlaub nie miteinander gestritten, als hätte es den ganzen Stress nicht gegeben. »Schon am letzten Tag lief es wieder gut zwischen uns«, sagt Jérôme, »und als wir dann wieder hier in Berlin waren, war alles okay.«

Jérôme hat lange gebraucht, um zu verstehen, was diese zwei Wochen im Robinson Club eigentlich bedeuteten, irgendwann ist ihm aufgegangen, dass Kevin in diesem Urlaub wohl ein Minderwertigkeitsgefühl kompensieren musste und dass hinter dem betont selbstbewussten Auftreten, das Kevin an den Tag legte, eine Menge Unsicherheit steckte. Doch damals, mit vierzehn oder fünfzehn, als Kevin der Größte sein wollte, sah Jérôme das noch nicht so. Da wollte er vor allem so sein wie Kevin.

Kevin war Jérôme immer voraus als Kind, zumindest in den Dingen, die damals für die beiden Jungs wichtig waren. Und das war vor allem der Fußball, nichts zählte mehr.

Mit sieben Jahren spielt Kevin schon bei Hertha. Er steht auf einem Bolzplatz im Wedding, als ihn ein Hertha-Trainer zufällig entdeckt. Kevin kann den Ball mit der Hacke über den Kopf ziehen und vorne wieder mit dem Fuß auffangen. »Den Okocha* machen«, sagen sie dazu. Das können auch andere Kinder, aber die sind nicht sieben Jahre und haben keine Gummistiefel an den Füßen. Er kommt also zu Hertha, aber schon nach einer Saison wechselt er zu den Reinickendorfer Füchsen. Seine Trainer dort sind Dennis Hoy Ettisch und Frank Friedrichs, sie werden es auch in den kommenden fünf, sechs Jahren sein. Es gibt vermutlich niemanden, der den Beginn der Karriere des Fußballers Kevin Boateng besser kennt als diese beiden Berliner Trainer.

Dennis Hoy Ettisch, Jahrgang 1970, und Frank Friedrichs, Jahrgang 1969, gehören zu den fähigsten Jugendtrainern der Stadt. Hoy Ettisch hat ein Händchen für Kinder aus Migrantenfamilien, er ist selber eins. Der Trainer hat chilenische Wurzeln. Als er mit

---

* Der ehemalige nigerianische Fußballer Jay-Jay Okocha (geb. 1973) beherrschte den beschriebenen Trick in Perfektion.

seinen Eltern aus Südamerika nach Berlin kam, zogen sie im Wedding in ein Haus, an dessen Klingeln kein einziger deutscher Name stand. Hoy Ettisch hat Pädagogik und Sportwissenschaft studiert, und er trainiert heute immer noch Jugendmannschaften. Irgendwann ist er wieder zu den Reinickendorfer Füchsen zurückgekehrt, und auch im Wedding wohnt er immer noch.

Das Café, das Hoy Ettisch vorschlägt, um über Kevin und die anderen Fußballer zu sprechen, die der Wedding hervorgebracht hat, liegt in der Nähe des Afrikanischen Viertels. Dort tragen die Straßen die Namen der Länder des Kontinents, auf dem 2010 die Weltmeisterschaft stattfindet: Ghana, Togo, Kamerun. Hoy Ettisch lebt seit vielen Jahren in diesem Viertel. Viele Jugendliche, die hier leben, kennen die Heimatländer ihrer Eltern nur von diesen Straßenschildern. Sie waren nie dort, und einige sind noch nie aus Berlin rausgekommen.

Bevor der Jugendtrainer die Geschichte von Kevin erzählt, kramt er im Café ein paar Wimpel der Reinickendorfer Füchse aus seiner Tasche. Die Wimpel sind ein bisschen verknittert, sie haben ein paar Jahre im Keller gelegen. Auf ihnen stehen all die Namen der Kinder, die damals in der Mannschaft von Hoy Ettisch gespielt haben. Es sind Kinder mit ghanaischen, nigerianischen, iranischen, türkischen, kamerunischen und polnischen Wurzeln, die in Reinickendorf zusammenfinden. Wenn man die Namen auf diesen Wimpeln liest, staunt man, wie viele Profis und Nationalspieler einmal in diesem kleinen Klub gespielt haben und von Hoy Ettisch trainiert worden sind: Ashkan Dejagah, der in Teheran geborene Angreifer, der später mit dem VFL Wolfsburg deutscher Meister wurde. Chinedu Ede, der Stürmer nigerianischer Abstammung, der im Sommer 2009 mit der deutschen U21-Nationalmannschaft die Europameisterschaft gewann. Änis Ben-Hatira, der nach dem HSV nun bei Hertha BSC spielt und den EM-Titel mit der U21 gewann. Aydin Karabulut, ein deutsch-türkischer Stürmer, spielt seit 2006 als Profi in der Türkei und hat dort auch den Sprung in die U21-Nationalmannschaft geschafft. Zafer Yelen, einst Bundesligaprofi bei Hansa Rostock, danach in der ersten türkischen Liga, ist mittlerweile beim Zweitligaklub FSV Frankfurt gelandet. Hoy Ettisch zeigt auch auf die Namen von zwei Mädchen: Sylvie und Nicole Banecki. Es sind Zwillinge, ihr Vater kommt aus Deutschland, die Mutter aus Kamerun. Die Mädchen spielen seit 2006 beim FC Bayern.

Der Name Kevin Boateng steht natürlich auch auf einem Wimpel der Reinickendorfer Füchse, Saison 1995/96. »Wir haben damals Fußball gespielt, wie ich es in der Altersklasse seitdem nicht mehr erlebt habe«, sagt Hoy Ettisch. »Es war die vielleicht beste E-Jugendmannschaft, die es je in Deutschland gegeben hat.«

Hoy Ettisch und Friedrichs arbeiteten bei den Reinickendorfer Füchsen und dann bei Hertha immer als Trainer zusammen. Die Füchse waren Mitte der Neunzigerjahre das Maß aller Dinge im Berliner Jugendfußball. Die Teams von Hertha holten sich dort regelmäßig Niederlagen ab, manchmal verloren sie sogar zweistellig. Es gab damals acht Titel pro Saison im Berliner Jugendfußball zu gewinnen, von der A- bis zur F-Jugend. Sechs davon holten die Füchse. Nach ihrem Wiederaufstieg 1997 in die Bundesliga reagierte die Hertha. Sie engagierte im folgenden Jahr drei Jugendtrainer aus Reinickendorf, Dennis Hoy Ettisch, Frank Friedrichs und Michael Wolf, der im Jahr 2000 die erste deutsche Meisterschaft in der B-Jugend für die Hertha holen sollte, den ersten nationalen Meistertitel des Klubs nach siebzig Jahren. Drei Jahre später gewann auch Kevins Jahrgang den Titel. Mit den Trainern wechselten Ende der Neunzigerjahre insgesamt über fünfzig Spieler von den Füchsen zu Hertha BSC. »Das war das Kapital des Vereins«, sagt Friedrichs. »Hertha hat nichts dafür bezahlt.«

Kevins Weg verläuft bei der Hertha am Anfang vollkommen unauffällig. Es sei in all den Jahren eigentlich nie etwas vorgefallen, sagt Hoy Ettisch. Da gab es immer nur alltägliche Sachen zu klären, ganz harmlose Dinge, wie sie immer wieder vorkommen. Wenn er mit den Kindern auf Fußballreisen ging, musste er abends oft dreimal in die Zimmer gehen, weil die Jungs nicht schlafen wollten. Dann wartete er vor der Tür, bis sie endlich Ruhe gaben. Aber geschlagen hat sich Kevin bei ihm in all den Jahren nicht, in der

Kabine wurde nichts geklaut, und unverschämte Sprüche hat sich der Trainer von Kevin auch nie anhören müssen. Er mochte den Jungen, der so viel Talent hatte, und Friedrichs mochte ihn auch. Hoy Ettisch war vier Jahre lang Jugendtrainer bei Hertha, Friedrichs noch ein Jahr länger, immer trainierten sie Kevin. Als sie damals zur Hertha kamen, gab es nur in wenigen Bundesligavereinen ein Konzept, um die Kinder und Jugendlichen systematisch zu fördern. Und ein Bewusstsein, dass man sich Jugendlichen, die in schwierigen Verhältnissen leben, in besonderer Weise annehmen muss, gab es erst recht nicht, geschweige denn unterstützende Angebote. »Bei den Reinickendorfer Füchsen war alles verbindlicher. Da sieht man, was ein Verein bewirken kann«, sagt Friedrichs. Persönlicher war es dort auch: Es gab zum Beispiel einen türkischen Vater eines Mitspielers von Kevin, einen Berufsschullehrer. Er hat für Kevin immer die Kosten übernommen, wenn sie mit der Mannschaft irgendwo hingefahren sind. »Kevin wusste das nicht. Der Vater wollte nicht, dass Kevin es erfährt«, sagt Friedrichs. »Er wollte ihn nicht beschämen und sagte: ›Wenn Kevin mitspielt, hat auch mein Sohn etwas davon.‹«
Die Hertha gehörte nicht zu den Vereinen, die sich viele Gedanken um die Nachwuchsarbeit machten. Es gab keine einheitlichen Trainingsanzüge für die Mannschaften, als Hoy Ettisch und Frank Friedrichs kamen. Aber die beiden Trainer hatten am Anfang noch mit ganz anderen Schwierigkeiten zu kämpfen. Wenn sie dienstags mit Kevin und den anderen trainierten, gab es nicht einmal einen freien Fußballplatz für die Mannschaft. Deshalb gingen die Trainer mit den Kindern in den Schillerpark im Wedding und trainierten auf einer Wiese. »Zwischen den Hundehaufen«, sagt Hoy Ettisch. Frank Friedrichs versuchte damals, Struktur in das Training zu bringen. Er hat Rahmentrainingspläne für die Jugendabteilung von Hertha BSC geschrieben und die Trainingsinhalte den entsprechenden Altersklassen zugeordnet, eine Basisarbeit, ohne die systematische Jugendarbeit nicht funktioniert. Auch ein Controlling hat er installiert. »Rahmentrainingspläne sind kein Kunstwerk, aber all das gab es bei Hertha nicht: kein Controlling, kein Quali-

tätsmanagement, keine Struktur, nichts.« Bei den Reinickendorfer
Füchsen hatten alle Trainer nach dem gleichen Plan gearbeitet, hier
bei der Hertha bekamen die neuen Trainer es mit einem Jugend-
leiter zu tun, der mit Zigarette, Bulette oder Kaffee am Spielfeldrand stand und dessen Frau das große Wort führte. »Zigarettchen,
Bulettchen, Käffchen, hieß das bei uns nur«, sagt Friedrichs, »und
von seiner Frau bekamen wir einen Satz Trikots mit einem uralten
Sponsor drauf. Da sagte Kevin: ›Die hat doch mein großer Bruder
George vor sechs Jahren schon in der D-Jugend getragen.‹ Dann
hat er mir Fotos gezeigt – das war wirklich so.«
Die Trainer kannten die Verhältnisse, in denen Kevin lebte, doch
diese Verhältnisse waren nicht sehr viel anders als die vieler anderer Kinder, mit denen sie es seit nun fast zwanzig Jahren zu tun
haben. »Ich wusste um seine nicht so einfache Situation. Aber als
Alleinerziehende mit mehreren Kindern ist es nie einfach«, sagt
Hoy Ettisch. Ihm ist aufgefallen, wie früh Kevin unter diesen
Bedingungen selbständig wurde. Er kam schon mit neun Jahren
alleine mit der U-Bahn zum Training, und er kam immer pünkt-
lich. »Kevin war zuverlässig. Da konnte man überhaupt nichts
sagen«, sagt Hoy Ettisch. »Und er war ein helles Köpfchen.«
Kevin interessierte sich sehr für Musik, mit ein paar Kumpels
machte er eine Breakdance-Gruppe auf. »Was damals in den
Charts war – Michael Jackson oder Hiphop-Sachen – das konnte
er immer alles toll singen. Er war auch ein klasse Tänzer«, erinnert sich der Trainer. Irgendwann hat er Kevin mal gefragt, was er
eigentlich werden wolle. Das macht er bei seinen Spielern immer
wieder mal. Hoy Ettisch rechnete mit der Antwort, die unter den
Jungs, die bei Hertha spielen, bis heute üblich ist: Fußballprofi, was
sonst?
Kevin aber sagte: »Ich will zum Fernsehen. Ich will etwas machen
mit Musik und Tanzen.« Fußball war nur seine zweite Wahl.
Auch George und Jérôme lieben Musik, und wenn alle zusammen
bei ihrem Vater waren, hat der Platten aufgelegt. Kevin trat mit
seinen Kumpels bei Weihnachtsfeiern von Hertha auf, das fanden die anderen aus dem Team immer super. »Viele Jungs in dem

Alter würden sich das gar nicht trauen, selbst wenn sie es könnten«, sagt Hoy Ettisch. »Wenn es damals schon ›Deutschland sucht den Superstar‹ gegeben hätte, Kevin hätte das Zeug dazu gehabt.« Der Trainer war auch mal zuhause bei den Boatengs, da war Kevin schon vierzehn Jahre alt. Er war gekommen, weil Kevin überlegte, den Verein zu wechseln. Die Konkurrenz winkte schon mit Geld, aber Hoy Ettisch riet Kevin, bei der Hertha zu bleiben. Die Mutter war froh, dass sich jemand um ihren Jungen kümmerte, nach Hoy Ettischs Eindruck hatte sie ihn damals »voll im Griff«.

Frank Friedrichs hatte eine engere Beziehung zu Kevin und seiner Familie. Mit den Jahren ist daraus eine Freundschaft entstanden, der Kontakt zwischen Friedrichs und Kevin ist nie abgebrochen. Zuletzt hat Kevin seinen alten Trainer nach Mailand eingeladen und ihn in das berühmte Trainingscamp Milanello mitgenommen. Er wird nicht vergessen, wie Kevin ihn auf dem Klubgelände Clarence Seedorf vorgestellt hat: »Das ist der Trainer, von dem ich dir erzählt habe.«
Friedrichs kümmerte sich in Berlin lange um Kevin und seine Familie. Als Student hatte er zusätzlich einen Job als Einzelfallhelfer übernommen. Bei den Bezirksämtern gab es damals kleine Budgets für die Betreuung von auffälligen Jugendlichen und für Familien, die Hilfe brauchen. Er unterstützte zunächst einen geistig behinderten Jungen, bei dessen Betreuung die Familie an ihre Grenzen gestoßen war, dann stellte er auch einen Antrag, um bei den Boatengs zu helfen. »Es ging um eine Einzelfallhilfe für George, er war sozial auffällig. Es ging darum, dass man ihn begleitet und führt«, sagt Friedrichs. »Da gab es ja immer wieder Sachen mit der Polizei.«
Friedrichs kannte George von der Hertha. »Als Trainer hat man einen ganz anderen Draht zu den Jugendlichen, das hätte damals gepasst«, meint er. »Aber das wurde nicht genehmigt, man hat die Notwendigkeit nicht gesehen. Ich bin sicher: Dann hätte sich das anders entwickelt, auch später mit Kevin.«

Auch ohne offiziellen Auftrag kam Friedrichs alle zwei, drei Wochen zu den Boatengs nach Hause. Am Eingang musste jeder seine Schuhe ausziehen, aber es war ein offenes Haus. Er ging auch deshalb so gerne hin, weil dort afrikanisch gekocht wurde. »Tine war immer mit Afrikanern zusammen, und da gab es immer Fufu, meine Leibspeise. Sie machte das köstlich. Kevin hat dann immer zu mir gesagt: Frank, heute gibt es Fufu, willste mitkommen?« Fufu ist ein fester Brei aus Yams und Kochbananen, den mochten sie alle. Und auch Jérôme fühlte sich immer willkommen bei Tine: »Sie hat mich behandelt wie ihren eigenen Sohn.«

Friedrichs sagt, die Mutter sei streng gewesen mit den Kindern, aber über Kevin habe man nie etwas Negatives sagen können. »Er war einer der Pünktlichsten, Zuverlässigsten, Ordentlichsten. Er durfte nie woanders übernachten, aber jeder durfte dort übernachten. Kevin hatte Bettendienst, Tischdienst, musste morgens für seine Schwestern die Betten zusammenlegen und abends aufschütteln.«

Wenn sie bei Hertha mit der Mannschaft im Trainingslager waren und die Spieler die Toiletten putzen mussten, war Kevin der Einzige, der wusste, wie das geht. »Vor allem die türkischen Jungs haben den Putzlappen angefasst wie eine tote Ratte, Kevin konnte damit umgehen«, sagt Friedrichs. Sein Trainer konnte sich nicht vorstellen, dass Kevin einmal den Boden unter den Füßen verlieren würde, er weinte noch, wenn der Trainer ihn nicht aufstellte. Aber Friedrichs konnte sich auch nicht vorstellen, dass er einmal nicht da sein würde, wenn Kevin ihn brauchte.

Bis Kevin zwölf war, ging er auf die Wilhelm-Hauff-Grundschule, von der dritten bis zur sechsten Klasse war er dort. Er hatte es nicht weit von zuhause, seit sie in die Nähe der Panke gezogen waren. Um um acht in der Schule zu sein, reichte es, wenn er zehn Minuten vorher losging. Die Wilhelm-Hauff-Grundschule ist ein schöner, denkmalgeschützter Backsteinbau der vorletzten Jahrhundertwende, im Flur hängt noch ein Bauplan aus der Kaiserzeit. Auf die Schule gehen rund 500 Kinder, 90 Prozent sind mittlerweile nichtdeutscher Herkunft, wie es bei der Schulbehörde heißt. Als Kevin auf die Schule ging, hatten noch 30 bis 40 Prozent der Kinder deutsche Eltern. Im Flur ist ein großes handgemaltes Transparent angebracht, es sieht aus wie ein riesiges Scrabble*. In der Mitte steht das Wort GOTTVATER, aus dem A wächst der Name ALLAH, das E ist der letzte Buchstabe von JAWHE. Dazu haben die Kinder Bilder von Gotteshäusern gemalt, es sind nur Moscheen zu sehen. An jeder Tür der Klassenräume hängt ein lachendes Gesicht. Das Gesicht sagt, wie die Kinder sich verhalten sollen. Nicht drängeln. Nicht raufen. Danke sagen. Das muss den Kindern mittlerweile erklärt werden.

Im Gang zum Lehrerzimmer ist ein Plakat der Konfliktlotsen aufgehängt. In jeder Pause laufen die Kinder, die bei dem Projekt mitmachen, mit roten Mützen auf dem Hof rum. Sie sind da, um andere zu beruhigen. Die Konfliktlotsen haben einen eigenen Raum, in dem man über den Ärger sprechen kann, den es immer wieder gibt. An der Wand im Schulhaus hängt auch ein Plakat von der Polizeidirektion 36, die Schule arbeitet seit ein paar Jahren mit der Dienststelle im Kiez zusammen. Jede Straftat an der Schule wird von der Schulleitung angezeigt, auch wenn sie von Kindern begangen wird, die noch nicht strafmündig sind.

Auch an der Tür des Klassenraums von Wolfgang Bleimling ist ein lachendes Gesicht. Bleimling ist Jahrgang 1949, seit fast 25 Jahren ist er Lehrer an dieser Schule, von der dritten bis zur sechsten Klasse war er Kevins Klassenlehrer. Bevor Bleimling über Kevin spricht, holt er ein paar Fotos aus der Tasche. Kevin ist auf den Bildern der kleine, schmächtige Junge mit den dünnen Beinchen, man erkennt ihn kaum wieder. Auf einigen Fotos trägt er das Trikot des AC Mailand. Er habe immer da spielen wollen, sagt sein ehemaliger Lehrer, das habe er damals schon gesagt.

Drei Jahre lang hat Bleimling Kevin jeden Tag gesehen, außer an den Wochenenden und in den Ferien. Er hat ihn in fast allen Fächern unterrichtet, rund zwanzig Stunden in der Woche. Viel-

---

* Spiel, bei dem aus zugewiesenen Buchstaben Wörter zu legen sind.

leicht gibt es niemanden außerhalb der Familie, der Kevin damals
so gut kannte wie Wolfgang Bleimling, und vielleicht gab es auch
in der Familie kaum einen.»Ich wusste zeitweise mehr als die
Eltern, beziehungsweise seine Mutter. Es ist ja klar: Zuhause verhält man sich ganz anders als in der Schule.«

Bleimling nennt Kevin nur selten Kevin, meistens sagt er Peewee.
Das war damals Kevins Spitzname, jeder in der Schule hat ihn so
genannt. Aber woher der Name kommt, das weiß keiner mehr,
auch Kevin nicht.

Kevin besucht seinen alten Lehrer noch immer in der Wilhelm-
Hauff-Schule. Er kommt dann vormittags einfach vorbei, ohne
sich anzukündigen. Er klopft an die Tür des Klassenzimmers und
fragt:»Herr Bleimling, darf ich reinkommen, oder störe ich?« Aber
Kevin stört seinen Lehrer nie, zur Begrüßung nehmen sie sich
immer ganz fest in den Arm.

Bleimling fragt sich seit einiger Zeit, warum Kevin immer wieder
zu ihm kommt. Das macht sonst keiner seiner ehemaligen Schüler, nur Peewee.»Wenn er in Berlin seine Mutter besucht, dann
kommt er auch zu mir. Dann reden wir über die alten Zeiten an
der Schule und über seinen Werdegang. Ich stelle ihm oft unange-
nehme Fragen. Er antwortet mir dann ziemlich ruhig und gefasst,
was er über seine Eskapaden denkt.«

Bleimling sagt, dass Kevin irgendwann in seiner Entwicklung eine
männliche Bezugsperson gefehlt hat, vermutlich sei er eine der
wenigen männlichen Bezugspersonen des Jungen gewesen.»Peewee hatte ein sonniges Gemüt. Aber er war auch ernst, sehr ernst.
Er hat sehr oft den Eindruck gemacht, dass er über etwas nachdenkt, was ihn bewegt. Aber ich weiß nicht, wie sehr ihn seine
familiären Verhältnisse in seiner Entwicklung beeinflusst haben.«

Auch früher hat Bleimling viel mit Kevin gesprochen. Wenn es
mal ein Problem in der Schule gab, kam Kevin zu ihm. Oder auch,
wenn ihm zuhause von seiner Mutter gedroht wurde, dass er nicht
spielen dürfe für Hertha, weil er wieder etwas ausgefressen hatte.
Bleimling wusste zwar, dass Kevins Mutter nachgeben würde, so
wie sie das immer getan hatte, und dass Kevin am Samstag wie-

der dabei sein würde – und Kevin wusste das natürlich auch, aber er wollte trotzdem mit Bleimling darüber sprechen. Nur wie es in seiner Familie wirklich lief, darüber hat Kevin auch bei Bleimling nichts gesagt. »Der leibliche Vater war eben nicht da, und ob er sich mit dem Partner seiner Mutter verstanden hat, darüber hat er kaum geredet«, sagt sein Lehrer.

Dass es Kevin nicht leicht hatte zuhause, wusste Bleimling natürlich. In seinem Unterricht aber ist er nie auffällig gewesen, er machte keine blöden Sprüche und spielte sich nicht auf, auch nicht im Sportunterricht, wo er herausragend war. Und in Schlägereien auf dem Schulhof war Kevin in all den Jahren nicht verwickelt. Gangsterposen, Ghettosprüche, Machogehabe? »Nichts davon«, sagt Bleimling, »Peewee war überhaupt nicht aufmüpfig. Er war höflich und respektvoll, zuvorkommend und hilfsbereit. Er hat gute Laune ausgestrahlt und gehörte zu der Schülergeneration, die noch Respekt hatte. Das findet man heute hier nicht mehr. Ich habe von Kevin immer dieselbe Meinung, die ändert sich auch nicht. Ich habe ihn immer verteidigt. Ich mag ihn sehr.«

Bleimling fiel natürlich auf, was für ein außergewöhnlicher Sportler Kevin war, noch heute hält er den Schulrekord im Weit- und Hochsprung. Einmal machte Bleimling im Sportunterricht ein Experiment, sie spielten ein Abwerfspiel, so ähnlich wie Völkerball. Kevin trat dabei gegen die ganze Klasse an. Sie wollten rausfinden, ob sie Kevin gemeinsam schlagen konnten, aber Kevin gewann. »Er war auch musisch sehr begabt, er war ein großer Tänzer. Auch in Englisch und Deutsch war er gut, eigentlich in allen Fächern«, sagt Bleimling. »Peewee war unter den fünf Besten in der Klasse.«

Einmal bat ihn Kevin, den Sportunterricht für eine Stunde leiten zu dürfen.

»Okay, mach«, sagte Bleimling.

Kevin hat dann mit seinen Klassenkameraden das Training gemacht, das er von Hertha kannte. Seine Mitschüler fanden das super. Von da an hat Kevin immer wieder mal den Sportunterricht geleitet. »Er war ein guter Teamspieler«, sagt Bleimling, »absolut kein Egomane*.«

Bevor Bleimling Lehrer wurde, war er Musiker in Berlin, sechs Jahre hat er das gemacht. Bleimling war immer Fan von Michael Jackson, und den Moonwalk konnte er auch. Als Bleimling dann in der Schule anfing, konnte er beides verbinden, die Liebe zur Musik und seinen Beruf als Lehrer. Seit rund zwanzig Jahren macht er in jedem Schuljahr mit den Kindern ein Michael-Jackson-Projekt. Kevin machte damals begeistert mit. »Bei unserem Thriller-Projekt haben wir die Kostüme gemacht, die Masken und die Choreographie. Ich habe der ganzen Klasse den Moonwalk vorgemacht«, sagt Bleimling, »aber Peewee konnte ihn am besten, das war hervorragend, super, richtig toll. Es war ganz klar, dass er Michael Jackson war, das haben alle gesagt.«

Ein paar Schwierigkeiten mit Kevin gab es aber doch in der Grundschule. Nicht im Unterricht oder auf dem Schulhof, aber wenn Kevin mit der Fußball-AG unterwegs war. Kevin war der große Star des Teams, sie gewannen alle Fußballturniere, aber sie gewannen nur, weil sie Kevin in der Mannschaft hatten, und das wussten alle. »Er war sich seines Wertes wohl schon bewusst. Da hat er manchmal seine kleinen Aussetzer gehabt«, sagt Bleimling.

Heute erlebt Bleimling die Kinder aber in der Schule ganz anders, viel hat sich verändert in den vergangenen Jahren in der Wilhelm-Hauff-Grundschule und im Kiez, sagt Bleimling. Vor ein paar Jahren kamen schon Fünftklässler mit Wurfsternen und Schlagringen in den Unterricht, die waren nicht mal zwölf. Es gab einmal einen Elfjährigen an der Schule, der über den Hof rannte und rief: »Ich bringe den Bleimling um, die alte Sau. Der hat mir 'ne Fünf gegeben.«

Im Jahr 2014, wenn die WM in Brasilien stattfindet, wird Bleimling pensioniert. Wenn er über Kevin redet, ist ein Strahlen in seinem Gesicht, aber die letzten Jahre in der Schule haben Bleimling zugesetzt. Er klingt resigniert, wenn er über die Kinder und den

---

* Mensch mit krankhaft übertriebener Selbstbezogenheit.

Kiez redet, in dem er seit rund 25 Jahren arbeitet. »Als Kevin hier Schüler war, und das ist noch nicht endlos lange her, waren das noch andere Zeiten. Die Kinder damals waren interessierter. Wenn ich mit ihnen in der fünften oder sechsten Klasse über das Universum gesprochen habe, kamen durchdachte Beiträge und gute Fragen: Wie entsteht ein Asteroid? Was ist ein Pulsar?«, sagt Bleimling. »Heute wird nur gefragt: Bekommen wir Hausaufgaben?«

Im Wedding war es nie leicht, Lehrer zu sein, aber Bleimling hat den Eindruck, dass in den letzten fünf Jahren noch mal was gekippt ist. Angefangen habe es damit, dass die Deutschen, die zu Kevins Zeiten noch im Kiez lebten, nach und nach abgewandert sind. »Es sind mehr Libanesen hergezogen, Araber, Polen, bosnische Sinti und Roma. Die Mischung aus verschiedenen Nationen ist größer und explosiver geworden, und das Potential der Schüler immer schwächer.«

Als Kevin zur Schule ging, hat Bleimling elf, zwölf Kindern in der sechsten Klasse eine Gymnasialempfehlung gegeben, heute ist es nur noch eine Handvoll. »Das liegt nach meinem Eindruck am Desinteresse der Schüler und der Unfähigkeit der Eltern, mit ihren Kindern umzugehen. Die Eltern interessieren sich nicht für ihre Kinder, sie lassen sie einfach alleine. Sie können es ihnen nicht beibringen oder wollen es nicht.«

Bleimling hat zwanzig Schüler in seiner Klasse, achtzehn davon sind in ihrer Familie von Arbeitslosigkeit und Hartz IV betroffen. Vor einem Jahr hat Bleimling eine Klassenfahrt angekündigt. Er hat Infoblätter an die Eltern verteilt, damit sie sich um das Geld kümmern können, bei fast allen zahlt das Sozialamt. Der Letzte hat auch nach einem Jahr noch nicht bezahlt. Er hat den Jungen gefragt, was da los ist. »Mama und Papa haben keine Zeit, zum Sozialamt zu gehen«, hat der Junge geantwortet.

Seit ein paar Jahren ist es zumindest mit der Gewalt an seiner Schule besser geworden. Seit sie konsequent gegen Straftaten vorgehen, hat sich die Lage beruhigt. Auch die Konfliktlotsen haben geholfen, die Gewalt einzudämmen. »Die harte Linie der Schule und das Kiezmanagement, das Anti-Gewalt-Training und viele andere Programme angeboten hat, scheinen ein bisschen zu wirken«, sagt Bleimling.

Es ist nicht die Arbeit, die ihn frustriert, sondern dass einfach nichts besser wird. Er findet auch, dass die Politik der Schule bei ihrer Arbeit immer wieder Steine in den Weg legt. »Ich bin seit fast 25 Jahren an dieser Schule. Es ist meine Schule«, sagt Bleimling. »Aber wenn es nicht meine Schule wäre, wäre ich weg.«

Nur ein paar Jahre, nachdem Kevin die Wilhelm-Hauff-Grundschule verlassen hat und Profi bei Hertha BSC Berlin geworden ist, kehrt er an seine alte Schule zurück. Er ist gerade neunzehn geworden, und mit dem ersten Vertrag hat er auch zum ersten Mal Geld in der Tasche. An diesem Tag ist auch Hertha-Manager Dieter Hoeneß[*] an Kevins alter Schule mit dabei. Sie kommen, weil die Kinder dort die Idee haben, sich für eine Aktion bei der Berliner Stadtreinigung zu bewerben, die jedes Jahr stattfindet, im Frühjahr und im Herbst. Sie wollen, dass die Spielplätze und der Pankegrünzug zwischen Gotenburger und Soldiner Straße wieder sauberer werden, und die Hertha und Kevin unterstützen dieses Projekt. Als die Kinder kehren und putzen, macht auch Kevin mit. Er hat eine orange Weste an, wie sie auch die Leute von der Stadtreinigung tragen. »Die Aktion finde ich super«, sagt Kevin damals, »aber die Idee kommt spät. Der Pankegrünzug war schon zu meiner Zeit dreckig.«

Auf dem Schulhof gibt Kevin Autogramme. Als er durch das Treppenhaus zu seinem alten Klassenraum und Herrn Bleimling läuft, kommen die Erinnerungen sofort zurück. »Ich habe mich gleich wieder wohl gefühlt«, sagte er damals, »ich habe eine richtige Gänsehaut bekommen.«

Als er seinen Klassenlehrer sieht, umarmen sie sich. Und Kevin sagt: »Herr Bleimling, ich fahre jetzt ein dickeres Auto als Sie.«

Der Satz stand in den Zeitungen. Er ist Kevin als Großmäuligkeit ausgelegt worden. Bleimling sagt, dass es Peewee nicht so gemeint

---

[*] Der Bruder von Uli Hoeneß, dem Präsidenten des FC Bayern München, war früher selbst ein herausragender Stürmer.

hat. »Ich habe da nur drüber gelacht: Ich fahre doch Ente.« Aber über den Kevin von damals sagt Bleimling heute: »Als er plötzlich so viel Geld hatte, hat er das rechte Maß verloren.«

Bevor Kevin und Dieter Hoeneß wieder gehen, verschenkt der Manager Freikarten für das Bundesligaspiel der Hertha im Olympiastadion. Kevin sagt zu seinem alten Lehrer, dass er wiederkommt, wenn er mehr Zeit hat, und er hält sein Versprechen: Er kommt wieder, regelmäßig.

Die Hertha wird in jener Saison mit Kevin Boateng am Ende auf einem hervorragenden sechsten Platz landen und damit die Qualifikation für den Uefa-Pokal schaffen. Neben Kevin sind noch einige andere junge Berliner Talente in der Profimannschaft dabei, aber es gibt bald immer mehr Schwierigkeiten mit diesen Talenten. Schließlich merkt auch Manager Dieter Hoeneß, dass da irgendetwas schiefgelaufen sein muss in der Jugendarbeit bei Hertha BSC. Aber was genau schiefgelaufen ist, das weiß Dieter Hoeneß nicht. Es interessiert ihn auch nicht.

Die wilden Jungs von Hertha

Als Teenager verliert Kevin alle seine männlichen Bezugspersonen. Dennis Hoy Ettisch verlässt die Hertha im Jahr 2002, der Klub will ihn nach fünf Jahren nicht mehr haben. Frank Friedrichs bleibt zwar noch ein Jahr, aber dann gibt es auch für ihn keine Zukunft bei der Hertha. Nun bekommt Kevin jedes Jahr einen neuen Coach. Nach der sechsten Klasse ist auch Wolfgang Bleimling nicht mehr für Kevin da. Drei Jahre lang hatte er ihn rund zwanzig Stunden in der Woche unterrichtet und dabei ein Vertrauensverhältnis aufgebaut, wie Kevin es zu keinem anderen Lehrer haben sollte. An der weiterführenden Poelchau-Oberschule wechseln die Klassenlehrer nach zwei Jahren, und sie unterrichten Kevin auch nur in ein oder zwei Fächern, das ist längst nicht so persönlich wie in der Grundschule. Aber auch Kevin, der doch eigentlich auf der Suche ist nach einer männlichen Bezugsperson, sperrt sich: Eine persönliche Bindung geht er nun zu keinem Trainer und auch zu keinem Lehrer mehr ein.

Dennis Hoy Ettisch verfolgt Kevins Weg bei Hertha aufmerksam weiter, schnell merkt er, dass die Dinge nicht mehr so laufen, wie sie laufen sollen. Bis dahin war Kevin nur auffällig, wenn er gut spielte. Nun in der Pubertät wird er verhaltensauffällig, wie man das im pädagogischen Jargon nennt, und als dann noch Geld ins Spiel kommt, wird es immer schlimmer.

»Kevin hat von Anfang an geglaubt, dass er Profi werden kann. Er war immer der Stärkste in seinem Jahrgang, mit Abstand«, sagt Jérôme. »Er hat dann auch ein paar Sachen in der Jugend veranstaltet. Aber das war damals nicht alleine nur mein Bruder. Da gab es auch Ashkan (Dejagah), Sejad (Salihovic) und Patti (Ebert) bei Hertha – die Verrückten. Von denen hat jeder was gemacht, auch mehrere Sachen. Aber das waren alles Spieler, die verdammt viel Talent hatten, da hat man schon viel durchgehen lassen.«

Wenn er damals der Verantwortliche für diese verrückten Jungs gewesen wäre, dann hätte Jérôme anders reagiert als der Verein, der bei seinen Talenten immer wieder beide Augen zudrückte. Er glaubt, dass diese Jungs Halt und Grenzen geradezu gesucht haben mit ihrem Verhalten, aber niemand von den Erwachsenen habe das gemerkt. »Ich hätte versucht, ihnen Ernst zu vermitteln, ohne ihnen den Spaß am Fußball zu nehmen.« Jérôme sagt auch, dass man mit Jungs in diesem Alter in einer Fußballmannschaft sehr individuell umgehen muss, weil sie sehr verschieden sind. Er selbst habe damals nicht so viel Führung gebraucht.

Jérôme wusste schon als Jugendlicher, dass es Regeln gibt, an die man sich zu halten hat, und dass man anderen mit Respekt begegnen muss. »Kevin kommt aus einem schwierigen Viertel. Er ist davon gezeichnet. Das weiß man ja als Trainer. Deswegen muss es Regeln geben. Die kann man zwei-, dreimal erklären, aber es gibt Dinge, die nicht gehen. Und wenn man sich nicht dran hält, fliegt man raus. Und wenn es heißt, beim nächsten Mal fliegst du raus, dann muss man das auch machen. Man muss die Strafen dann auch wirklich aussprechen. Aber das gab es bei Hertha nicht. Es wurde vielleicht gedroht, aber es ist nie passiert.«

Ein paar Jahre später, als Kevin schon Profi in England ist, gibt er zu, dass er es damals nicht schaffte, sich unterzuordnen. »Als Jugendlicher hatte ich Probleme mit Autoritäten, nicht nur im Fußball«, räumt er ein.

Kevin kam in die Fußballklasse der Poelchau-Oberschule. Bleimling hatte ihm den Wechsel auf eine sportbetonte Schule empfohlen. Sein langjähriger Trainer Frank Friedrichs jedoch hält es bis heute für einen Fehler, dass Kevin auf eine Schule ging, in der Fußball einen so hohen Stellenwert hat: »In so einer Schule wird die Hierarchie einer Fußballmannschaft auf die Klasse übertragen, das ist eine Katastrophe. Gute Schüler werden ›gedisst‹, zu Opfern gemacht, weil die Leute, die einen besseren Vollspann haben, diese Jungs fertigmachen. Gute Schulleistungen werden nicht mehr anerkannt.«

Und von der angeblich so engen Kooperation mit Hertha, die der Verein und die Schule hervorheben, hat Friedrichs in seinen Jahren als Jugendtrainer kaum etwas mitbekommen: »Die Lehrer haben gar nicht mit uns gesprochen. Die Lehrer waren dazu da, abzunicken, wenn die Jungs nach ein paar Tagen von einem Lehrgang wiederkamen. Ein normales Gymnasium aber sagt: ›Nein, du fährst nicht weg, außer wenn du sehr gut bist in der Schule.‹ Und so kommt es, dass die Jungs sich irgendwann vor der Schule drücken.«

Viele Talente sind damals auf die sportbetonte Gesamtschule mit gymnasialer Oberstufe in Charlottenburg-Wilmersdorf gegangen. Mittlerweile ist die Poelchau-Oberschule zu einer Eliteschule des deutschen Sports aufgestiegen. Damals in Kevins Klasse wollten viele Profi werden, kaum einer schafft das normalerweise, das wissen die Jungs, aber jeder hofft, dass er durchkommt. In jeder neuen Saison haben sie es mit neuen Konkurrenten zu tun, die Anforderungen werden immer größer, die Belastungen und der Aufwand steigen in der Schule und beim Fußball. Abitur macht deshalb kaum einer, und am Ende kommen die meisten doch nicht über den Amateurfußball hinaus. »Man versucht an so einer Schule das alte System aus der DDR zu übernehmen, aber das geht nicht, wir haben ein ganz anderes Gesellschaftssystem«, sagt Friedrichs. »Wenn da jemand mit siebzehn voll in Richtung Staatsamateur ging und dann eine Verletzung kam und aus der Karriere nichts wurde, hat er trotzdem einen Ausbildungsplatz bekommen. Man hat die Jugendlichen nicht fallen lassen«, sagt Friedrichs, »aber heute bei uns ist man weg. Da kümmert sich kein Schwein mehr um dich, das ist knallhart.«

Aber Kevin und seine verrückten Jungs sind eine Ausnahme, allerdings nur, was den Fußball betrifft. An der Poelchau-Oberschule hat es nie wieder so viele überragende Fußballtalente zur gleichen Zeit gegeben. 2003 gewinnen sie den Wettbewerb »Jugend trainiert für Olympia«. Auch Jérôme spielt in dieser Schulmannschaft, die späteren Profis Patrick Ebert und Ashkan Dejagah sind ebenfalls dabei.

Kevin geht damals mit seinen Kumpels gerne in eine Soccer-Hall. Vom Fußball können sie nicht genug bekommen, und in dieser Halle ist es ein bisschen wie im Käfig, nur luxuriöser, mit Bande, Kunstrasen und Flutlicht. Eine Stunde in der Halle kostet über zehn Euro. Weil die Jungs Geld sparen wollen, suchen sie sich Gegner, mit denen sie auf dem Platz um die Miete zocken. Einmal fordern Kevin und seine Kumpels die Spieler einer Oberligamannschaft heraus. Die Männer grinsen nur, weil sie glauben, die Jungs wüssten nicht, mit wem sie es zu tun haben. Sie sind sicher, dass sie mit diesen Halbstarken kurzen Prozess machen werden, und freuen sich schon, dass sie das Bier an diesem Abend raushaben. Aber Kevin und die anderen wissen genau, gegen wen sie spielen, und sie nehmen die Oberligaspieler in der Halle auseinander, dass denen Hören und Sehen vergeht.

Es gibt dann ein Spiel in der B-Jugend, das Endspiel um die deutsche Meisterschaft, in dem zwei Bundesligavereine aufeinandertreffen, die in der Jugendarbeit wenig gemeinsam haben außer dem Ziel, dass es ihre Talente einmal in den Profifußball schaffen sollen, der Vorzeigeklub VfB Stuttgart und Hertha BSC mit seinen

Verrückten. Beim VfB Stuttgart spielen Sami Khedira und Andreas Beck, die später deutsche Nationalspieler werden, bei der Hertha stehen neben Kevin Boateng auch Ashkan Dejagah und Patrick Ebert in der Mannschaft. Beim VfB Stuttgart gibt es damals schon klare Regeln, wie man mit Jugendlichen umgeht, die aus schwierigen Verhältnissen kommen, und wer sich nicht an die Regeln hält, der fliegt raus, ganz egal, wie gut er ist. Es fängt damit an, dass die Jungs keine Piercings haben dürfen und keine Tätowierungen. Das sind aber nur die äußeren Zeichen eines Jugendkonzepts, das sich schon damals seit über einem Jahrzehnt bewährt hat. Die Hertha hätte hingegen ihre Jugendabteilung dicht machen müssen, hätte man dort die Regeln des schwäbischen »Verhaltens-ABC« angelegt, die in Stuttgart galten.

In Stuttgart gab es schon 1980 ein Jugendinternat, es war so etwas wie das Pilotprojekt für die Nachwuchsausbildung im deutschen Fußball. Es gab klare Verhaltensregeln, die im Kern immer noch gelten, auch wenn sie immer wieder aktualisiert werden. Damals war es zum Beispiel auch verboten, sich die Haare extrem zu färben, und sie durften nicht in die Augen hängen. Die Spieler sollten »Danke« sagen, wenn die Bedienung das Essen auf den Tisch stellt, und »Bitte«, wenn sie etwas bestellen. Sie sollten lernen, dass man nach dem Essen den Stuhl wieder an den Tisch rückt und dass man sich verabschiedet, wenn man geht.

Der VfB Stuttgart hat 2003 bei den A-Junioren schon zehn Titel gewonnen und sechs Meisterschaften bei den B-Junioren. Dem Verein kommt es darauf an, dass die Trainer nicht nur fachlich kompetent sind, sondern auch pädagogisch, dass es Kontinuität in der Trainerbesetzung gibt, eindeutige Aufgabenverteilung und einen über die verschiedenen Jahrgangsstufen aufeinander abgestimmten Ausbildungsplan. Der Verein verlangt schon damals von seinen Jugendlichen, dass sie ihr Leben strikt am Leistungssport ausrichten und dass sie von Disziplin und Leistungswillen nicht nur reden, sondern danach leben. »Beim VfB Stuttgart wurde das viel konsequenter gehandhabt«, sagt Jérôme, »bei Hertha hat man immer wieder Milde walten lassen, aber das war eine falsche

Milde.« Die Stuttgarter wollen teamorientierte Spielerpersönlichkeiten. Ein vorbildliches Auftreten der Talente auf und neben dem Spielfeld gehört für den VfB dazu, und neben der optimalen leistungssportlichen Ausbildung ist eine fundierte schulische oder berufliche Ausbildung schon damals Pflicht.

Mit anderen Worten: Der VfB Stuttgart weiß viel früher um den ökonomischen und pädagogischen Wert, der in der Jugendausbildung liegt, und der Verein geht mit seinem kostbaren Jugendkapital entsprechend sorgsam um und bereitet es akribisch auf den Profifußball vor. Aber im Finale gegen die wilden Berliner Jungs haben die Stuttgarter keine Chance, sie gehen unter. Kevin und Co. nehmen den VfB nach Belieben auseinander und triumphieren mit 4:1. Ihrem Spielwitz, ihrer Technik und ihrem Durchsetzungsvermögen sind die Stuttgarter nicht gewachsen, und Kevin ist der beste Spieler dieses überragenden Berliner Teams.

Mit sechzehn Jahren ist Kevin deutscher Meister, er spielt in der Jugendnationalmannschaft, und es ist schon ziemlich klar, dass er den Sprung in den Profifußball schaffen wird. Einen Berater hat er auch.

Der Mann heißt Jörg Neubauer und hat sich schon einen Namen in der Branche gemacht. In der halbseidenen* Beraterbranche genießt Neubauer einen guten Ruf. Er ist gelernter Jurist, die offizielle Spielerberaterlizenz des Internationalen Fußball-Verbands besitzt er auch, seine Kunden gehören oft zur Crème de la Crème des deutschen Fußballs. Bei der Weltmeisterschaft 2006 hat kein Spielerberater mehr Kunden in der Nationalmannschaft: Arne Friedrich, Christoph Metzelder, Sebastian Kehl und Tim Borowski. Und auch bei der Weltmeisterschaft 2010 in Südafrika ist das kaum anders. Neubauer gehört mittlerweile zu den wichtigsten Spielerberatern des Landes.

Als er Kevin unter Vertrag nimmt, ist das ein ungedeckter Wechsel auf die Zukunft. Sein wichtigster Spieler damals ist Sebas-

---

* Zwielichtig, unseriös.

tian Deisler, das neue Wunderkind des deutschen Fußballs, man traut ihm eine größere Karriere als Michael Ballack zu. Deisler ist auch der Spieler, der Neubauer groß machen soll. Er will ihn zu einem Zidane oder Beckham machen, zu einem Weltstar. Dafür hat Neubauer sich einen Karriereplan ausgedacht, aber er hat nicht bedacht, dass Deisler bei diesem Plan nicht mitspielen könnte. Bald sagt Deisler, der als »Basti Fantasti« zum Popstar des deutschen Fußballs avanciert: »Ich wurde einer, der ich nie sein wollte.« Im Jahr 2007, ein paar Tage nach seinem 27. Geburtstag, gibt Deisler völlig entkräftet an Körper und Geist seine Fußballkarriere auf. Kevin ist 2003 mächtig stolz darauf, einen Berater zu haben, der auch Deisler berät.

Frank Vogel, der Koordinator der Jugendabteilung von Hertha, sieht längst wie alle anderen Experten, dass er es mit einem Hochbegabten zu tun hat. Vogel war selbst Profi bei Energie Cottbus, und er hat in seiner Zeit als Jugendausbilder schon einige Jungs mit sehr viel Talent gesehen, die aber scheiterten, weil sie zu früh glaubten, die Größten zu sein. Vogel will nicht, dass Kevin durchdreht, wenn er zu viel Lob bekommt, wenn er schon mit sechzehn Jahren in den Himmel gehoben wird. »So einen besonderen Status muss man ja auch mental verkraften«, sagt Vogel. »Kevin muss noch an sich arbeiten, an seiner Kraft, seiner Dynamik.« Aber weil er auch ehrlich sein will, lässt er sich doch dazu hinreißen, ihn so zu loben, wie man einen Jungen wie Kevin, der bis dahin keine Demut gegenüber dem Fußball gelernt hat, besser nicht lobt. »Er kann mit beiden Füßen das, was Marcelinho nur mit einem kann«, sagt Vogel. Der Brasilianer ist damals der Liebling der Fans und der beste und wichtigste Spieler der Hertha. Er hat den Klub rund vierzehn Millionen Mark Ablöse gekostet. Bei Kevin kommt an, dass er mit sechzehn Jahren schon besser ist als dieser Marcelinho.

Ein Jahr vor dem Gewinn der deutschen Meisterschaft fährt Kevin mit den größten Talenten des Landes nach Duisburg zur großen Sichtung. Die Sichtung für die U15-Nationalmannschaft hat etwas von einem Fußball-Casting. Es ist der erste Jahrgang für den es

beim DFB ein Auswahlteam gibt und damit die Basis aller Jugendnationalmannschaften, der Kader wird vollkommen neu zusam-
mengestellt. Deswegen werden für diese Eingangsmannschaft
beim DFB so viele Spieler gesichtet und getestet wie für keine
andere Nationalmannschaft. In der Nacht vor dem Casting macht
Kevin kein Auge zu. Und der Junge, der neben ihm im Bett liegt,
auch nicht. Am nächsten Tag bekommt Kevin die Einladung für
die Nationalmannschaft, sein Zimmerpartner geht mit Tränen in
den Augen.

Beim Länderspiel der U16 gegen Österreich sind 18 000 Zuschauer
im Stadion. Ein Reporter fragt Kevin, was in ihm vorgeht, wenn er
da unten auf dem Rasen steht, das deutsche Trikot trägt und die
Nationalhymne hört. »Stolz«, sagt Kevin. »Aber ein bisschen bin
ich ja auch noch Ghanaer.«

Der Reporter findet, das klinge so, als ob sich Kevin nicht ganz
sicher ist, ob er zu Deutschland gehört. Kevins Trainer sagt, dass
man sich über diese Zweifel nicht wundern müsse, bei allem, was
Kevin auf dem Fußballplatz immer wieder zu hören bekommt.

»Was denn?«, fragt der Reporter.

»›Neger, geh doch in dein Land, du Neger.‹ Im Osten ist es manchmal ziemlich schlimm«, sagt Kevin.

Am Spielfeldrand im Osten steht fast nie sein Vater, der beruhi-
gend auf ihn einwirkt, der ihn tröstet oder die Wut nimmt, wie das
Prince Boateng bei Jérôme tut, wenn die Gegner ihn beleidigen
oder deren Eltern ihn anspucken. Manchmal kommt George mit,
um ihn zu unterstützen, aber Kevin muss meist alleine mit solchen Momenten klarkommen. »Du musst ruhig bleiben«, sagt er
dann zu sich selbst. Es ist eine Menge Disziplin nötig, nicht auszu-
rasten in solchen Momenten, einen kühlen Kopf zu behalten und
sein Spiel durchzuziehen. Seine Klasse auf dem Fußballplatz ist die
einzige Rache, die er sich gestattet. Manchmal spielt er einem Gegner, der ihn beleidigt hat, den Ball mit Absicht durch die Beine,
um ihn lächerlich zu machen. »Aber da musst du auch aufpas-
sen«, sagt Kevin. »Wenn der sich provoziert fühlt, kriegst du auf
die Knochen.«

Nach der deutschen Meisterschaft mit der B-Jugend und seinen ersten Länderspielen rückt Kevin immer stärker in den Blickpunkt. Der DFB schreibt im Jahr 2005 einen neuen Preis aus, um die steigende Bedeutung des Jugendfußballs zu dokumentieren, die Fritz-Walter-Medaille. Die Auszeichnung gibt es in Gold, Silber und Bronze. Sie geht auf die Idee des damaligen DFB-Präsidenten Gerhard Mayer-Vorfelder zurück, der damit die besonderen Fähigkeiten von Nachwuchsspielern auf dem und jenseits des Platzes würdigen möchte. Der ehemalige baden-württembergische Finanz- und Kultusminister war es, der im Jahr 2000 die Jugendwende im deutschen Fußball eingeleitet hat, indem er die Nachwuchsförderung zur Chefsache erklärte, die Bundesliga zur Gründung von Leistungszentren für ihre Talente verpflichtete und Stützpunkte des Verbands überall im Land einrichten ließ, um die jungen Spieler systematischer sichten und fördern zu können.

Mit der Fritz-Walter-Medaille für die Altersklasse U17 bis U19 sowie in drei Jahrgängen bei den Mädchen verknüpft der DFB die glorreiche Vergangenheit mit einem Zukunftsversprechen. Fritz Walter war der Kapitän der Weltmeistermannschaft von Bern, mit seinem Namen verbindet man auch noch ein halbes Jahrhundert später das Bild des tadellosen, bescheidenen und vorbildlichen Sportlers. Er gehört zu den ersten Preisträgern der Fritz-Walter-Medaille. Seine Auszeichnung für den Jahrgang U18 in Bronze erhält Kevin in Hamburg anlässlich des Länderspiels der Nationalmannschaft gegen China. Ein Jahr später, in der Altersklasse U19, bekommt er die Plakette in Gold.

Ein paar Monate vor der ersten Preisübergabe in Hamburg spielt Kevin bei der U19-Europameisterschaft in Nordirland. Die Mannschaft scheitert im Halbfinale mit 2:3 am späteren Europameister Frankreich, aber in Erinnerung bleibt eine Szene, das Tor zum 3:0 der Deutschen im letzten Gruppenspiel gegen Griechenland. Kevin bekommt im Mittelkreis den Ball, er sieht aus den Augenwinkeln, dass der Torwart sechs, sieben Meter vor seinem Tor steht, so wie das Torhüter in solchen Momenten eigentlich immer machen. Aber Kevin schießt trotzdem aus fast fünfzig Metern Entfernung aufs Tor. Der Ball beschleunigt enorm schnell, fliegt aber zunächst nicht besonders hoch, dann beschreibt er eine merkwürdige Linkskurve, um nach rund zwanzig, dreißig Metern wie ferngesteuert steil nach oben zu steigen – und fällt wie ein Stein hinter dem verdutzten Torwart ins Netz. Der spektakuläre Treffer wird in der ARD-Sportschau zum Tor des Monats gewählt, da ist Kevin gerade achtzehn Jahre alt. Er ist einer der jüngsten Torschützen des Monats in Deutschland.

Als Kevin seine erste Fritz-Walter-Auszeichnung überreicht bekommt, macht der DFB ein Foto davon. Er trägt ein schwarzes Hemd über der Jeans und blickt ein wenig schüchtern in die Kamera, mit der gerahmten Auszeichnung im Arm.

Damals lobt die Jury Kevin und die anderen Preisträger. »Die Akteure haben mit spielerischen wie menschlichen Qualitäten in vollem Maße überzeugt. Sie werden für herausragende Leistungen in der Saison 2004/2005 auf und außerhalb des Platzes ausgezeichnet«, heißt es in der Begründung. Der DFB-Präsident sagt anlässlich der Ehrung über Kevin und die elf anderen Talente: »Die Spieler, die ausgezeichnet worden sind, sollen dem großen Fritz Walter nacheifern. Die Spieler sind Vorbilder, die ihren Weg gehen werden und die mit ihren Jugendtrainern ein wertorientiertes Fundament bilden, auf dem eine Gesellschaft aufbaut, die von Toleranz, Respekt, sportlichem Wettkampf und Leistungsbereitschaft geprägt ist.«

Kevin ist der erste Spieler in Deutschland, der zweimal die Fritz-Walter-Medaille bekommt. Er hat alle Jahrgänge in den Jugendnationalteams durchlaufen, und es scheint damals nur eine Frage der Zeit zu sein, wann er für Deutschland spielt. Aber Kevin ist der einzige Spieler geblieben, der es mit zwei Fritz-Walter-Medaillen nicht in die deutsche Nationalmannschaft geschafft hat.

Im Schatten des Prinzen

Mit sechzehn Jahren glaubt Jérôme zum ersten Mal, dass er Fußballprofi werden kann, doch seine Mutter hält das für Träumerei.
Nina Boateng erklärt ihrem Sohn, dass es allein in Berlin hundert-
tausend Jungs gibt, die den gleichen Traum haben wie er, und dass
es keinen vernünftigen Grund gibt, warum ausgerechnet ihm das
gelingen sollte.
»Mach dein Abitur«, sagt Nina Boateng, »damit kannst du später etwas anfangen.« Damit ist das Thema für sie erst einmal erledigt. Sie hält Jérôme für einen Jungen, der so fußballverrückt ist,
wie Jungs nun mal sind. »Aber was für einen Ehrgeiz er hatte und
wie zielstrebig er an die Sache rangegangen ist, habe ich erst später
gemerkt«, sagt sie. »Für mich war seine Haltung zur Schule nicht
einfach.«
Schon in die Grundschule nahm Jérôme immer einen Ball mit,
eigentlich kannte Nina Boateng ihren Sohn gar nicht ohne Ball.
Auf dem Schulhof der Paul-Eipper-Grundschule in Wilmersdorf,
die mittlerweile eine Europaschule geworden ist, stand auf dem
Hof ein kleines Tor, und alle Jungs, die in der Pause kicken wollten,
kannten beim Klingeln nur ein Ziel: dieses Tor. Wer zuerst da war,
hatte es für seine Klasse erobert.
Jérôme war der Schnellste in seiner Klasse. Und so wartete er in
den letzten Minuten vor der Pause ungeduldig auf seinen Einsatz.
Wenn es endlich klingelte, sprang er auf, schnappte sich den löch-
rigen Softball aus Schaumstoff und stürmte nach unten. Meistens
schaffte er es, dann war die Pause gerettet.
In der Grundschule gab es unter den Kindern eine Hierarchie.
Die deutschen Kinder, die deutsch aussahen und Deutsch sprachen, standen ganz oben. Dann gab es die Kinder von ausländischen Eltern, die hier geboren waren und die Sprache konnten.
Eine Etage tiefer in der Rangfolge standen die Kinder ausländischer Eltern, die nicht in Deutschland zur Welt gekommen waren
und die Sprache nicht so beherrschten, eigentlich waren sie ganz
unten. Aber diese Kinder glaubten, sie hätten noch einen höheren

Wert als Jérôme, nur wegen der Hautfarbe. In diesem System war Jérôme ganz unten.

Wenn seine Mutter mit ihren beiden Kindern unterwegs war, sagten die Leute oft, die beiden Kleinen sähen aber süß aus, und fragten Nina, ob sie die Kinder adoptiert habe. Irgendwann nervte sie das so sehr, dass sie sagte: »Nein, die habe ich bei Karstadt gekauft.« Eigentlich hatte sie nach der Scheidung wieder ihren Mädchennamen annehmen wollen, aber weil die Leute äußerlich schon nicht erkannten, dass sie zueinander gehörten, wollte sie den gemeinsamen Namen nicht auch noch aufgeben.

Jérômes Tag drehte sich immer um Fußball. Mittags ging er in den Hort. Wenn er da mit dem Essen und den Hausaufgaben fertig war, rannte er raus und spielte Fußball. Auch wenn er nicht fertig war, machte er es so. Wenn er am Nachmittag nach Hause kam, und seine Mutter ihn fragte, ob er auch wirklich alle Hausaufgaben gemacht habe, sagte Jérôme nur: »Ja, ja, hab ich, klar.« Dann war er wieder draußen. Jérôme mochte es nicht, wenn er wegen der Hausaufgaben schwindelte, aber noch weniger mochte er es, wegen der Hausaufgaben auf den Fußball zu verzichten.

Von der Wohnung waren es nur fünf Minuten zum Fußballkäfig seines Viertels. An der Paulsborner Straße in Wilmersdorf ging es anders zu als im Wedding, nicht so wild und auch nicht so aggressiv, doch die Jungs in Wilmersdorf waren auch nicht so gut wie Kevin, George und die anderen im Wedding.

Wenn Jérôme zum Fußballplatz rannte und schon von weitem das Geräusch eines Balls hörte, der gegen die Gitterstäbe knallte, dann wusste er, dass es ein guter Nachmittag werden würde. Es war das Zeichen, dass die anderen aus dem Block schon da waren, dann rannte Jérôme noch ein bisschen schneller. Einer nach dem anderen wurde ein paar Stunden später nach Hause gerufen, aber Jérôme blieb. »Irgendwann konnte ich nur noch alleine spielen«, sagt er. »Auf dem Platz gab es auch eine Wand, die war eigentlich für Tennis. Aber wenn ich alleine war, habe ich eben gegen die Wand geschossen, und irgendwann bin dann auch ich nach Hause gegangen.«

Wenn er nicht zu müde war, hat Jérôme dann noch die Hausaufgaben gemacht, die er den Betreuern in der Hausaufgabengruppe und seiner Mutter verschwiegen hatte. Aber er war oft zu müde, dann spielte er lieber Playstation, und das einzige Spiel, das er auf der Playstation spielte, war Fußball. Die Hausaufgaben machte er dann am nächsten Morgen kurz vor der Schule.

Im Deutschen Sport-Fernsehen lief damals am Montagabend eine Sendung über internationalen Fußball, »La Ola«. Die Spiele wurden erst gegen halb elf gezeigt, das war zu spät. Aber seine Mutter ging jeden Abend schon gegen zehn schlafen, weil sie am nächsten Morgen früh rausmusste. Jérôme stellte sich den Wecker, stand heimlich auf und machte ganz leise den Fernseher an. »Manchmal hat sie mich erwischt«, sagt Jérôme, »und manchmal nicht.«

Als Jérôme in die Schule kam, war Ramin sein bester Freund, ein Iraner. Ramin und sein Vater haben Jérôme zu dem Verein mitgenommen, in dem Ramin spielte. So kam Jérôme zu Tennis Borussia Berlin, da war er sechs Jahre alt. In der F-Jugend machte er sein erstes Spiel. Sie gewannen 11:0 und Jérôme schoss fünf Tore. Von nun an war er Stürmer. Seine Mutter konnte mit Fußball nicht viel anfangen. Sie mochte es nicht, wenn die Eltern an der Seitenlinie rumbrüllten. »Proletensport«, sagte sie. »Ich wollte gar nicht, dass er Fußball spielt. Er hätte doch auch Tennis spielen können.«

Ihr Sohn ist dreizehn, als er 2002 zu Hertha BSC wechselt. Der Klub wollte ihn schon ein Jahr vorher haben, aber da hatte die Hertha nur Plätze im Wedding für die Jugend. Die Verantwortlichen sagten seiner Mutter, dass es bald im Olympiastadion ein Trainingsgelände für den Nachwuchs geben werde. Sie sagte, dann sollten sie noch mal fragen, wenn es fertig sei.

Schon früh meint Jérôme zu wissen, worauf es ankommt, wenn man Fußballprofi werden will. »Bei mir war alles sehr früh schon zielgerichtet. Seit ich klein bin, wollte ich Fußballprofi werden, um jeden Preis«, erzählt er. Er hat früh in Sportzeitschriften gelesen, was Fußballer getan haben, um Profis zu werden. »Ich wusste, wie sie es geschafft haben, um dahin zu kommen: Training und Dis-

ziplin.« Und damit wusste Jérôme auch, dass er sich von Partys,
Alkohol und Mädchen seinen Traum nicht kaputt machen lassen
wollte. »Ich habe früh angefangen, auf solche Sachen zu verzichten.«

In der C-Jugend fangen bei Jérôme die Reibereien an. In einem
Trainingsspiel unter den Hertha-Jungs führt seine Mannschaft 7:0,
er spielt den Ball überheblich mit der Hacke, um seine Überlegen-
heit zu demonstrieren. »Die anderen hatten keine Chance«, sagt
Jérôme, und genau das will er sie spüren lassen. Aber sein Gegenspieler macht da nicht mit, er tritt Jérôme in die Beine. Jérôme
revanchiert sich und spuckt.

»Warte nur ab«, zischt der andere.

Nach dem Training gehen die Jungs immer gemeinsam vom
Olympiastadion zur U-Bahn, über eine Viertelstunde ist man da
unterwegs. Jérôme ahnt schon, dass auf dem Weg was passieren
wird. Aber er sagt sich, dass er nicht handgreiflich wird, egal was
passiert. Auf dem Weg zur Bahn schlägt der andere Junge tatsächlich zu, Jérôme hat ein blaues Auge. Aber er schlägt nicht zurück,
George und Kevin hätten das nicht gekonnt. Als die Sache später
mit dem Hertha-Trainer geklärt wird, darf der andere Junge drei
Spiele nicht spielen.

Zwei Wochen später sitzt Jérôme im Bus auf dem Heimweg vom
Schultraining. Er hat die Beine hochgelegt, um sich auszuruhen.
Er hat Schmerzen in den Beinen, weil das Training so hart war. Ein
Klassenkamerad steigt in den Bus, schmeißt Jérômes Tasche runter
und setzt sich dorthin.

»Es ist doch überall noch Platz«, sagt Jérôme.

Der andere zuckt nur mit den Schultern.

Jérôme wird wütend, ein Wort gibt das andere, dann stehen sie
sich feindselig gegenüber und Jérôme stößt seinen Mitspieler weg.
Der Junge knallt gegen die Tür. Die Wucht des Stoßes ist so stark,
dass sich die Tür öffnet und er aus dem fahrenden Bus stürzt.
Jérôme bekommt einen riesigen Schreck, mit aufgeschürftem, blu-
tigen Rücken liegt der Junge auf der Straße. Aber mehr ist nicht

passiert. »Zum Glück ist der Bus langsam gefahren«, sagt Jérôme.
»Aber danach hatte ich Angst, dass ich bei Hertha rausfliege.«
Der Verein schmeißt ihn nicht raus, aber er sperrt Jérôme für drei
Spiele. Jérôme muss sich bei seinem Mitspieler entschuldigen und
auch mit dem Vater reden. Jérôme bittet um Entschuldigung,
damit ist die Angelegenheit für den Verein erledigt. »Die Sache mit
dem Bus und dem blauen Auge – das war's bei mir bei Hertha.
Ich war nicht so schlimm, ich habe auch nicht so viel Führung
gebraucht«, sagt Jérôme. Bei Kevin kamen solche Sachen häufiger
vor. Aber trotzdem hieß es bei Hertha nun nicht, dass es da zwei
wilde Brüder gibt, die alles aufmischen. »Es gab ja auch noch die
anderen, die ein paar Sachen gemacht haben«, sagt Jérôme über
seine Kumpels und späteren Profis Ashkan, Sejad und Patrick. »Da
konnte man bei Hertha einfach nicht sagen: Es sind nur die Boatengs.«
Zu den besten Schülern gehörte Jérôme nicht. Sport mochte er,
Geschichte und Erdkunde waren seine Fächer, für den Rest hat
er sich nicht so interessiert. Am Anfang hat es ihm noch Spaß
gemacht, aber auf der Oberschule änderte sich das. Er fand es
trotzdem ganz in Ordnung, wie das auf der Poelchau lief. Da gab
es einen Mathelehrer, der ihn immer anpflaumte, wenn er nach
dem Fußballtraining zu spät in den Unterricht kam. »Dann bleib
doch gleich auf dem Fußballplatz«, sagte der Lehrer. Und Jérôme
verstand, was der Lehrer wollte. Er sollte sich auch in Mathe Mühe
geben, nicht nur im Fußball. »Er hatte ja recht«, sagt Jérôme. Aber
das änderte nicht viel, die Schule lief bei Jérôme nur nebenbei.
»Ehrlich gesagt habe ich mir nie viel aus Schule gemacht.« Er
schwänzte, und die Hausaufgaben machte er am Ende fast nur
noch kurz vor der Stunde, ganz selten abends, und das auch nur,
wenn seine Mutter richtig nachhakte.
Jérôme fühlte sich von der Hertha in der Schule gut unterstützt. »Die haben darauf geachtet, dass man immer zur Schule
geht. Wenn man im Schultraining nicht da war, durfte man auch
nicht zum Vereinstraining. Und wenn man in einem Fach Probleme hatte, wurde das auch mit dem Trainer besprochen. Dann

141

musste man seinen Rückstand nachholen, statt ins Training zu gehen, man konnte auch Nachhilfe von Hertha bekommen, das war gut«, sagt Jérôme. Doch seine Mutter schüttelt nur den Kopf, wenn sie »an die Poelchau« und die Hertha zurückdenkt. »Da kam gar nichts, das konnte man vergessen«, sagt Nina Boateng. »Es passierte erst etwas, als es zu spät war, in der zehnten Klasse. Sie haben nicht gehalten, was sie versprochen hatten.« Der Verein hatte angekündigt, dass durch die Kooperation automatisch Unterstützung kommt, wenn es in der Schule nicht läuft, aber der Klub ließ alles laufen. In der zehnten Klasse steht Jérôme mit nicht mehr als einem erweiterten Hauptschulabschluss da, und nur seine Mutter ist es, die ihn drängt, mindestens die mittlere Reife zu machen.

Nina hatte ohnehin nicht gewollt, dass ihr Junge auf eine Gesamtschule geht, in der so viele andere Fußballer mit ihm in einer Klasse sind. Wenn sie bei den Elternabenden war, erlebte sie ausländische Eltern, die kaum Deutsch sprachen, und sie erlebte deutsche Eltern, die schlecht Deutsch sprachen. »Kein Wunder, was in der Klasse für ein Niveau war«, sagt sie, »und dann hat es auch angefangen, dass sich die Sprache von Jérôme verändert hat.«

Er gewöhnte sich einen Türksprech an. Seine Mutter fand das schlimm, aber sie entschied sich, daraus kein großes Thema zu machen, denn sie fürchtete, es würde sonst nur schlimmer werden.

Ein halbes Jahr vor dem Ende der zehnten Klasse sagt Jérôme seiner Mutter, dass er nach dem Zeugnis von der Schule abgehen will.

»Bitte gib mir ein Jahr Zeit, nach einem Jahr kann ich dir zeigen, was ich im Fußball erreicht habe«, sagt Jérôme zu seiner Mutter.

Nina Boateng überlegt.

Jérôme sagt: »Wenn ich bei Hertha in dem Jahr nichts erreiche, mache ich das Abitur nach, versprochen.«

Seine Mutter willigt ein.

Jérôme hatte nicht damit gerechnet, dass sie sich auf diesen Deal einlässt. »Ich dachte, meine Mutter sagt: ›Du machst die Schule und fertig!‹« Aber Nina hatte mittlerweile gemerkt, wie ernst es ihrem Sohn mit der Fußballkarriere war. Auch dass er es wirklich zum Profi bringen konnte, hielt sie mittlerweile für möglich, aber vor allem wollte sie Jérômes Traum nicht im Weg stehen. »Als ich gemerkt habe, dass ich es schaffen kann, wurde ich noch fokussierter* auf den Fußball«, sagt Jérôme. Kevin durfte zu dieser Zeit schon bei den Profis mittrainieren, das machte seinem jüngeren Bruder Hoffnung und stachelte ihn zusätzlich an. »Ich habe zu ihm aufgeblickt, ich bin ihm hinterhergerannt«, sagt Jérôme. »Ich wollte so sein wie Kevin.«

Überall wo Jérôme hinkommt, ist Kevin schon da. Erst bei der Hertha und dann auch auf der Poelchau. Jérôme gefällt das, denn Kevin ist sein großes Vorbild, so wie George einst das Vorbild von Kevin war. Im Sommer 2005, zwei Jahre nachdem Kevin mit Hertha die deutsche Meisterschaft in der B-Jugend gewinnt, holt auch Jérôme diesen Titel. Sie gewinnen im Endspiel 2:0 gegen Hansa Rostock. Es ist die Zeit, in der seine Mutter ihn ermahnt, nicht so arrogant aufzutreten.
Als er siebzehn ist, lässt Jérôme sich sein erstes Tattoo stechen, Kevin hatte schon eins, George auch. Dann lassen sich alle drei Brüder eine Tätowierung stechen, die sie daran erinnern soll, was sie verbindet. »Lass es uns machen«, sagt George. »Es ist ein Tattoo, das uns vereint. Wir sind doch alle Ghanaer.« Sie betreten das Studio, einer nach dem anderen setzt sich vor den Tätowierer, Jérôme kommt als Letzter dran, und am Ende tragen die drei Brüder die Umrisse von Afrika mit der Landesgrenze von Ghana auf dem Oberarm. Kevin hat sich noch einen Tribe** dazu stechen lassen, er will, dass es cooler aussieht.
Wenn Kevin und Jérôme damals beim VfB Stuttgart gespielt hätten, wären sie deshalb aus der Mannschaft geflogen. Tätowierungen waren bei den Schwaben ja verboten, ebenso wie Piercings, selbst einen Irokesenschnitt ließ der Klub nicht durchgehen.
Im Sommer 2006 bezieht die Nationalmannschaft bei der Weltmeisterschaft in Berlin Quartier, das deutsche Sommermärchen hat begonnen. Kevin träumt schon davon, bei der nächsten Welt-

---

* Konzentriert.
** Engl. »Volksstamm«; Tätowierungsmuster, ursprünglich Bezeichnung für Stammeszeichen.

meisterschaft dabei zu sein. Er hat im August 2005 sein Debüt in der Bundesliga gegeben. Drei Monate später hat Kevin seinen ersten internationalen Einsatz für Hertha im Europapokal, und beim Rückspiel in Frankfurt im Februar 2006 erzielt er sein erstes Tor.
Eine Woche später gerät Kevin erstmals mit Michael Ballack aneinander.

Jérôme wagt im WM-Sommer 2006 nicht einmal, von der Nationalmannschaft zu träumen. Er hat bei Hertha mit siebzehn Jahren gerade seine erste Saison in der Amateurmannschaft hinter sich gebracht, in der Regionalliga Nord. Er will in die Bundesliga, das ist sein Traum. Ein anderes Ziel gibt es für ihn nicht.

Während der Weltmeisterschaft trainiert die deutsche Nationalmannschaft auf dem Gelände von Hertha BSC, und an einem Tag, als bei den Hertha-Junioren Krafttraining auf dem Programm steht, eine Einheit, die sie alle nicht mögen, kommt der Trainer in die Kabine und sagt, dass sie jetzt ein Testspiel gegen eine ziemlich gute Mannschaft machen. »Plötzlich lagen da Trikots auf unseren Plätzen, und dann sagte der Trainer: So, Jungs, wir spielen jetzt gegen die Nationalmannschaft«, erzählt Jérôme, »und wir dachten nur: Wow.«

Am Anfang spielt Jérôme gegen Lukas Podolski und Miroslav Klose, dann wechselt Jürgen Klinsmann aus. Kevin Kuranyi und Gerald Asamoah sind seine nächsten Gegenspieler, und auch Michael Ballack. »Es war ein superschöner Tag«, sagt Jérôme. Sie verlieren 1:7, aber das einzige Tor für die Hertha-Junioren erzielt Jérôme. »Ja, ich habe das Ding gemacht«, freut sich Jérôme, »gegen Lehmann!« Klinsmann und sein Assistent Joachim Löw haben an diesem Tag nicht nur Augen für ihre Spieler, ihnen fällt auch Jérôme auf. »Der kann mal einer werden«, sagt Klinsmann. Und Löw lässt den Jungen aus Berlin nicht mehr aus den Augen.

In der folgenden Saison läuft es immer besser für Jérôme bei Hertha. Die Belastung der Schule ist er los, seine ganze Energie fließt in den Fußball. »Mit dem Abitur wäre es zu viel für mich gewesen, für andere geht das vielleicht. Ich hätte es nur für meine Mutter gemacht, nicht für mich«, sagt Jérôme. Mit siebzehn Jahren rückt

Jérôme in die Reservemannschaft der Profis in die Regionalliga auf. Er verdient sein erstes Geld, rund tausend Euro gibt es bei den Amateuren, Jérôme gibt viel davon zuhause ab, auch seinem Vater und seinem Bruder George. »Das kam daher, weil meine Eltern und meine Brüder immer für mich da waren. Ich wollte schon damals einfach etwas zurückgeben. Das ist mein Dank, weil sie immer da waren und mich unterstützt haben.«

Als Jérôme in der Regionalliga immer besser spielt, werden auch die Zeitungen auf ihn aufmerksam. »Der nächste Boateng«, heißt es in den Schlagzeilen. Am Anfang hilft es ihm, dass Kevin im Bundesligakader steht. Zwei Brüder in einer Mannschaft, das macht sich auch in der Öffentlichkeit gut. »Das wurde bei mir auch ein bisschen gepusht«, sagt Jérôme, »und am Ende war auch etwas Glück dabei, weil gerade viele Abwehrspieler verletzt waren.« Schon in der Winterpause ist er fest im Profikader, er macht unter Trainer Falko Götz die Vorbereitung auf die Rückrunde mit. Dabei wollte Jérôme in diesem Winter eigentlich zum ersten Mal nach Ghana. Sein Vater hatte dort über Jahre ein Haus gebaut, endlich war es fertig geworden, und Jérôme wollte zwei, drei Wochen mit ihm nach Afrika, alles war schon geplant. Der Flug nach Accra und der Besuch bei den vielen Verwandten. Aber dann kam der Ruf des Profifußballs, und Jérôme sagte die Reise zu seinen afrikanischen Wurzeln ab. Er hat sich seitdem immer wieder vorgenommen, nach Ghana zu reisen, aber immer kam etwas dazwischen. Zwei, drei Wochen Freizeit am Stück, das hat er als Profi kaum gehabt, und nur für ein paar Tage will er nicht nach Ghana, zumindest nicht bei seinem ersten Besuch in einer Vergangenheit, die er noch nicht kennt.

Im Januar 2007 ist es soweit: Mit siebzehn Jahren steht Jérôme zum ersten Mal in der Profimannschaft von Hertha BSC. Er wird gleich in die Startformation berufen und spielt neunzig Minuten, aber die Hertha geht unter, 0:5 bei Hannover 96. Doch Jérôme ist am Ziel, und er sagt: »Das erste Spiel in der Bundesliga, das war bis dahin der schönste Tag in meinem Leben.« Am Ende der Saison bekommt auch Jérôme eine Fritz-Walter-Medaille.

III. Glitzerwelten, Sackgassen, Neuanfänge

Trennung der Ghetto-Kids

Als Kevin achtzehn Jahre alt wird, wechselt er den Berater – ein Schritt, den er später noch bereuen würde. Kevins Jugendtrainer Frank Friedrichs wusste, wie es im Beratergeschäft zugeht: dass diesen Leuten oft die Qualifikation für eine juristische Beratung fehlt und noch viel mehr die für eine sorgfältige Karriereplanung. Meist zählt nur das schnelle Geld, er hat das bei der Hertha immer wieder erlebt. »Manche Berater legen bei den sechzehn Jahre alten Jungs zuhause ein paar Tausender auf den Tisch, da sind die Familien dann erstmal aus dem Gröbsten raus, vor allem wenn sie Mietschulden haben«, sagt Friedrichs. Dafür bekommen die Berater vom Spieler und den Eltern die Unterschrift auf ein Papier, auf dem steht, dass sie den Jungen alleine vertreten dürfen, und wenn die Berater dann genug Unterschriften zusammenhaben, hoffen sie, dass aus einem der Jungen was wird. Und der Rest ist vielen dieser Berater egal.

Kevin bekommt ein Angebot von Tottenham Hotspurs, er wird für 7,9 Millionen Euro Ablöse in die englische Premier League wechseln. Das ist viel Geld für ein zwanzig Jahre altes Talent, es gab damals nur drei Spieler in der deutschen Fußballgeschichte, die bei einem Wechsel ins Ausland mehr Geld gekostet haben. Auch Jérôme hat ein Angebot von Tottenham, der Klub wollte gleich beide Brüder verpflichten. »Aber Jérôme wollte das von Anfang an nicht«, sagt George. »Er wollte seinen eigenen Weg gehen, und das war gut.«

Überall, wo Jérôme hinkam in Berlin, verglichen ihn die Leute mit Kevin, ganz egal, ob er zum Essen ausging oder zum Feiern. Überall lauerte das Bild des großen Bruders, des Prinzen von Berlin. »Ich wurde immer vollgequatscht in der Stadt. Es hieß ständig: ›Du und Kevin. Du schaffst es auch dahin, wo Kevin ist. Du hast Kevins Talent‹«, sagt Jérôme. »Ich wollte nur noch raus aus Berlin, die Stadt hat mich genervt.«

Jérôme fasst den Entschluss, sich frei zu machen von Kevin und auch von Berlin. »Ich wollte mich abkoppeln. Ich wollte nicht der zweite Kevin werden. Ich wollte Jérôme werden«, sagt er.

»Jérôme hat lange alles gemacht wie Kevin, er hat auch genauso gespielt«, sagt sein Vater. »Wenn Kevin die Gelbe Karte bekommen hat, hat Jérôme auch die Gelbe Karte bekommen. Er hat es genauso aggressiv gemacht wie Kevin. Aber irgendwann hat Jérôme gemerkt, dass es der falsche Weg ist. Vielleicht haben sie das nie so gemerkt, aber als Vater sieht man, dass jeder versucht hat, der Bessere zu sein, es herrschte immer Konkurrenzkampf. Als auch Jérôme zu den Profis kam, wurden sie in den Zeitungen immer wieder verglichen. Die Medien haben den Konkurrenzkampf der beiden dann noch verstärkt.«

In der Sommerpause meldet sich Jérômes Freund Änis Ben-Hatira am Telefon, Jérôme hatte gerade die Europameisterschaft mit der U19 gespielt. »Da ist jemand, der dich sprechen will«, sagt Ben-Hatira und reicht das Telefon weiter, Huub Stevens übernimmt. Der Trainer des Hamburger SV sagt Jérôme, dass er ihn beim HSV haben will, und alles, was Stevens mit ihm plant, gefällt Jérôme. Er spricht mit seinen beiden Brüdern, ob er das Angebot annehmen soll. Er hat erst zehn Bundesligaspiele für die Hertha gemacht, die meisten davon nicht über die komplette Spielzeit. Er hat noch gar nicht richtig Fuß gefasst in der Bundesliga. Aber trotzdem sind alle drei Brüder überzeugt, dass der Wechsel zum HSV die richtige Entscheidung ist.

George ist im Sommer 2007, als seine Brüder die Stadt verlassen, 25 Jahre alt, mit einer Fußballkarriere wird es nichts mehr.

Für George ist es schwer, alleine in Berlin zurückzubleiben, während seine Brüder anderswo Karriere machen. Trotzdem bestärkt er sie in ihrer Entscheidung. »Es war schlimm für mich. Es hat sehr weh getan«, sagt er. »Aber für Kevin habe ich mir den Wechsel sogar noch mehr gewünscht als für Jérôme. Kevin war ja der Typ, der viel feiern gegangen ist, der immer mittendrin war, nicht nur dabei. Jérôme ist ja der ruhigere Charakter, und ich wusste auch, dass er wechseln muss, aber für ihn war es wegen der sportlichen

Entwicklung wichtig, für Kevin wegen der persönlichen Entwicklung. Das sind zwei Paar Schuhe.«

Aber bevor die beiden Jungprofis Berlin verlassen, gehen die drei Brüder noch einmal gemeinsam zum Tätowierer und verewigen ihre afrikanische Herkunft auf der Haut. Das Tattoo soll sie miteinander verbinden, jetzt wo sich die Wege trennen und jeder in einer anderen Stadt leben wird: Kevin in London, Jérôme in Hamburg und George in Berlin. Die Brüder wissen, dass ihre gemeinsame Jugend nun vorbei ist. Sie wissen, dass sie nun erwachsen werden müssen. Aber sie wissen noch nicht, wie das geht.

Verkehrte Welt

Als Kevin in London ankommt, glaubt er, dass er der Star ist, für den er sich hält. Er ist in der besten Liga der Welt angekommen, er hat knapp acht Millionen Euro gekostet und verdient in Tottenham ein kleines Vermögen, geschätzte 1,5 Millionen Pfund im Jahr. Auf der ersten Pressekonferenz präsentiert Kevin seine Tätowierungen. Er zeigt auf seinem Oberarm die Umrisse Afrikas und sagt: »Da stamme ich her.« Er zeigt die Umrisse Berlins und sagt: »Meine Heimatstadt.« Er zeigt eine Frau mit einem Gewehr und sagt: »Meine Frau. Wir haben gerade geheiratet, sie erschießt mich, weil wir keine Flitterwochen hatten.«

Dann spricht Kevin vom Wedding, er mag die Geschichte vom Ghetto-Kid, die ihm die Boulevardpresse in Deutschland gegeben hat, noch immer, er hat auch keine andere. »Ich komme aus einer Gegend, in der die Leute arm sind. Ohne den Fußball wäre ich wahrscheinlich kriminell geworden«, sagt er. Am nächsten Tag steht seine Geschichte in den britischen Blättern, und der Wedding ist für die Engländer so etwas wie die deutsche Bronx. Aber in Tottenham*, wo im Sommer 2011 die Gewalt explodiert, sieht

---

* Mit dem New Yorker Stadtteil Bronx und dem Londoner Stadtteil Tottenham verbindet man das Bild eines sehr multikulturell geprägten sozialen Brennpunktes. In Tottenham brachen im Sommer 2011 Unruhen mit Straßenkämpfen und Plünderungen aus.

es auch damals schon viel mehr nach Ghetto aus als im Wedding. 113 Volksgruppen leben in Tottenham, dem nördlichen Stadtteil Londons, mehr als 190 Sprachen werden dort gesprochen, mehr als in jedem anderen Ort in Großbritannien. Ein paar Fans der Spurs machen sich nach Kevins Auftritt in den Wedding auf, um ein Video über das Viertel zu drehen. Sie stellen die Bilder vom Käfig in der Grünanlage an der Panke ins Netz, die in Tottenham als bürgerlich durchgehen würden, und schreiben dazu: »What a nice Ghetto.«

Am Tag bevor Kevin nach London zieht, heiratet er in Berlin seine Freundin Jenny. Kevin hat sich schick gemacht, er trägt einen eleganten grauen Anzug und eine weiße Krawatte, er kommt mit George zum Standesamt in Berlin-Charlottenburg. Die Braut fährt mit einem XXL-Hummer vor dem Standesamt vor, das Auto sieht aus wie ein Panzer und ist zehn Meter lang. Als das Paar mit Sekt anstößt, jubeln seine Kumpels. Den Reportern sagt Kevin, dass Jenny der Wahnsinn ist, die Frau seines Lebens. Dann kommen ihm die Tränen. »Das ist auch eine Abschiedsparty«, sagt er. »Danach beginnt ein neues Leben.«

Am nächsten Morgen um 7.25 Uhr fliegt Kevin nach London, und er glaubt, dass nun alles gut ist. Als er ins Flugzeug steigt, steht in der Zeitung: »Kevin küsst sich ins Glück.«

In Tottenham wartet niemand auf Kevin, seine Verpflichtung ist in den Zeitungen nur eine kleine Notiz. In Berlin war seine Ablöse eine Sensation, in London ist er der billigste Spieler. Der Fünfte der Premier League hatte groß eingekauft im Sommer, für Younes Kaboul überwies Tottenham 11,8 Millionen Euro, für Gareth Bale 13,3 Millionen und für Darren Bent 24,5 Millionen. In einer englischen Zeitung schreibt ein bekannter Kolumnist: »Auf dem überhitzten Transfermarkt scheint die Verpflichtung von Boateng ein Schnäppchen zu sein.« Auf ihrer Internetseite macht die BBC eine Umfrage, in der sie herausfinden will, wie wichtig Kevin Boateng für Tottenham wird. Die häufigste Antwort lautet: Keine Ahnung, der Spieler ist uns nicht bekannt. Es dauert fast drei Monate, bis er bei Tottenham sein erstes Spiel macht.

»Als ich von Hertha kam, hatte ich in jedem Spiel gespielt, auch wenn ich manchmal nicht trainiert hatte. Ich hatte gedacht: ›Yeah, jetzt bin ich ein großer Spieler.‹ Ich habe alles leicht genommen und nicht hart an mir gearbeitet – und genauso habe ich es gemacht, als ich zu Tottenham ging. Ich dachte, sie haben acht Millionen für mich gezahlt, natürlich werden sie mich spielen lassen. Aber nach zwei Wochen kam Trainer Martin Jol zu mir und sagte: ›Ich will dich nicht.‹ Das war wie ein Schlag ins Gesicht. Danach habe ich nicht mehr richtig trainiert, weil ich dachte: Wenn ihr mich nicht wollt, dann braucht ihr mich auch nicht.«

Unter Martin Jol, der nach ein paar Monaten entlassen wird, spielt Kevin keine einzige Minute in der Premier League, erst im elften Spiel darf er mal ran, da ist schon Juande Ramos Trainer. Aber es reicht trotzdem nicht für einen Stammplatz. Mit Jenny läuft es auch bald nicht mehr so, wie er sich das erträumt hatte. Schon bald verlässt ihn seine schwangere Frau in London und geht alleine zurück nach Deutschland. Sein Manager meldet sich nach dem großen Deal nicht mehr.

Kevin geht in London tagsüber einkaufen und nachts feiern. In einer Woche, so notieren es *Die Zeit* und der *Spiegel* später in großen Reportagen, bestellt er sich einen Lamborghini, einen Cadillac und einen Jeep. In seinem Schrank liegen zweihundert Baseballkappen, zwanzig Lederjacken und hundertsechzig Paar Schuhe. Wenn er durch die Londoner Clubs zieht, gibt er in wenigen Stunden ein paar Tausend Pfund aus. In der Mannschaft spielt er keine Rolle. Auch in der U21-Nationalmannschaft ist er nicht mehr gefragt. Alle Ziele, die sich Kevin gesetzt hatte, geraten ihm aus dem Blick: in der Premier League spielen, in der U21 dabei sein und so eines Tages auch in der Nationalmannschaft von Jogi Löw.

»Ich hatte vergessen, was für ein guter Spieler ich sein konnte«, sagt er.

Als Kevin merkt, dass seine Karriere auf der Kippe steht, bricht er den Kontakt zu seiner Familie ab. Er braucht seine ganze Kraft nun für sich. Seine Familie empfindet er nur noch als Belastung und lässt niemanden mehr an sich heran. Schließlich ist er derjenige, der den Sprung aus dem Wedding geschafft hat und das große Geld verdient. Der Druck, der daraus erwächst, ist zu viel für ihn. »Kevin ist jemand, der Hilfe nicht so leicht annimmt. Das ist so wie bei mir früher. Er war immer ein Dickkopf. Wenn er etwas wollte, hat er das durchgezogen. Egal, wer da etwas gesagt hat«, sagt George. »Zwischen uns beiden ist das so: Ich kann ihm nichts sagen und er mir nichts.«

»Stimmt«, sagt Jérôme. »Es ist schwer, bei Kevin durchzukommen Er geht mal den Weg, dann einen anderen. So lief das damals bei ihm, heute ist er gradliniger. Wir sind alle sehr stur, aber der sturste ist Kevin, er ist noch mal 'ne Nummer für sich – und wir können alle drei schlecht über Probleme reden.«

»Kevin lässt sich nichts erklären. Er macht sein Ding. Er geht mit dem Kopf durch die Wand«, sagt sein Vater. »Er ist eigentlich wie ich, als ich klein war.«

Später erzählt er in der *Zeit*, dass er eines Morgens aufwacht und im Spiegel in ein aufgedunsenes, pickeliges Gesicht blickt, das zehn Jahre älter aussieht. Er will von diesem Tag an von seinen neuen Bekannten nichts mehr wissen und verspricht seiner Frau, die in Deutschland alleine den gemeinsamen Sohn Jermaine-Prince zur Welt gebracht hat, dass er sich wieder um die Familie kümmert.

Jérôme blickt auch nach seinem Wechsel zum HSV noch zu seinem Bruder in Tottenham auf. »Aber ich habe angefangen, mich frei zu machen«, sagt er. Der HSV hatte Jérôme erst im August 2007 verpflichtet, da lief die Saison schon. Er kostete rund 1,1 Millionen Euro, ein Bruchteil der Summe seines Bruders, und er unterschrieb einen Vertrag über fünf Jahre. Am vierten Spieltag war er zum ersten Mal im Team, es ging gegen den bis dahin überragenden FC Bayern, Jérôme bekam es gleich mit Superstar Ribéry zu tun. Der HSV schaffte ein 1:1, und Jérôme machte einen Tag vor seinem 18. Geburtstag ein hervorragendes Spiel gegen den Franzosen. »Das gerade von Hertha BSC geholte Abwehrtalent luchste dem Weltklassemann immer wieder mit erstaunlicher Cleverness den Ball ab«, hieß es in den Zeitungen. »Wir werden noch viel Freude an ihm haben. Er ist eines der größten Defensivtalente in Deutschland«, schwärmte HSV-Sportdirektor Dietmar Beiersdorfer.

Jérôme will sich in Hamburg endgültig in der Bundesliga etablieren. Schon nach ein paar Monaten zeigen sich erste Erfolge. Jérôme steht in der Verteidigung des HSV, besonnen und diszipliniert, fast schon in sich gekehrt, er ist schnell für seine Größe und elegant, mit den besten Anlagen, die ein Verteidiger haben kann. Er überzeugt als rechter Verteidiger, obwohl er am liebsten ein Innenverteidiger sein möchte. Der HSV liegt nach einem Drittel der Saison auf Platz zwei in der Bundesliga, nur hinter dem FC Bayern, und Jérôme hat sich einen Stammplatz erspielt. Sportlich könnte es nicht besser laufen.

Jérôme will in Hamburg aber auch sein Image ändern. Er weiß, dass das nötig ist, und George bestärkt ihn darin. Kevin wartet derweil in London noch immer auf seinen ersten Einsatz in der Premier League. Den Kevin aus dem Wedding, der das Spiel im Mittelfeld an sich reißt, energisch, manchmal aggressiv, fast zornig, gibt es in London nicht, sein Platz ist erst auf der Ersatzbank, dann auf der Tribüne. Nach drei Monaten darf er im Rückspiel des Uefa-Cup gegen eine Mannschaft aus Zypern erstmals spielen, 23 Minuten, aber da geht es um nichts mehr, denn Tottenham hat schon das Hinspiel 6:1 gewonnen.

»Verkehrte Welt bei den Boatengs«, schreibt der *Kicker* im November 2007: »Im Sommer verließen die Berliner Brüder die Hertha. Jérôme (19), um beim HSV zu lernen, Kevin-Prince (20), um in Tottenham Karriere zu machen. Es kam anders.« Das deutsche Fußballfachblatt registriert nun auch überrascht, dass Jérôme gar nicht viel zu tun hat mit dem Bild vom Gangsta-Rapper, das sich in den Medien schon verfestigt hat:

> Wenn er auftritt in seinen lässigen Privatklamotten und mit den beiden Diamantsteckern im Ohr, wirkt er fast wie ein Pop-

star. Wenn er spricht, eher schüchtern – wenn er denn spricht. Der HSV wollte den Youngster aus dem Blickfeld nehmen, deshalb hatte er zunächst lange geschwiegen und nur Taten sprechen lassen. Jetzt redet er auch. Doch die Worte sind zurückhaltender, als der Zuhörer erwarten würde. Schon bei seiner Vorstellung im August hatte er gesagt, er fange erst mal ganz unten an. Das hat verblüfft. Mit dem Namen Boateng wurden markigere Worte in Verbindung gebracht. Zumeist stammten sie jedoch von seinem Halbbruder Kevin. Nachdem sein kleiner Bruder lange geschwiegen hat, damit der Rummel nicht zu groß wird, schweigt nun der Ältere, weil er nichts zu sagen hat, solange er so selten spielt. Verkehrte Welt.

Den Reportern gefiel es, dass sie nun eine andere Geschichte von den Boatengs hörten, und alles, was Jérôme machte, verstanden sie jetzt als das Gegenteil zu seinem Bruder. Der eine war der gute, der andere der böse Bruder, so wurden sie in Hamburg und London miteinander verbunden, und so ist es geblieben. Kevin, der Jérôme immer einen Schritt voraus gewesen war, muss nun auch mit der neuen Rangfolge unter den Brüdern klarkommen.

»Alles war zu viel und alles ging zu schnell«, sagt George. »So weit wie meine beiden Brüder ist hier doch keiner gekommen. Ich habe schon zwei, drei Jahre gebraucht, nur um damit klarzukommen, dass mein Bruder auf der Playstation vertreten ist, auf meinem Spiel, das ich seit zehn Jahren spiele. Ich habe gegen meine Kumpels gespielt, und da sagt mein Freund: ›Ich spiele mit deinem Bruder gegen dich.‹ Schon das ist nicht so einfach.«
George hält in Berlin zwei Staffords, ein Männchen und ein Weibchen. Er hätte sie gerne gezüchtet, aber das ist in Deutschland verboten, weil sie zur gefährlichsten Sorte zählen. Seinen ersten Hund bekam George, als er sieben Jahre alt war, der Hund war immer für ihn da, und seitdem hängt er an den Tieren. George mag vor allem die reinrassigen Hunde, mit denen kommt er am besten zurecht. »Wenn der reinrassige Welpe auf die Welt kommt,

hat er keine Angst. Mischlinge sind halt durcheinander«, sagt er.
»Wenn der Vater ein Schäferhund war, ist er ein bisschen mutig.
Wenn die Mutter ein Dobermann war, ist er gleichzeitig auch wieder ein Schisser. Also hat man mit ihm viel zu tun. Bei den Reinrassigen hast du nur das Problem, dass du den Trieb ein bisschen rauskriegen musst. Die Triebe müssen sinken: der Spieltrieb und das Dominanzverhalten.«

Staffords sind klein und bullig, sie werden nicht größer als einen halben Meter und wiegen keine zwanzig Kilo. Früher wurden sie von den Bergleuten in Mittelengland gehalten, auch die Tiere lebten damals in den beengten Wohnungen, und deswegen durften sie nicht so groß sein. Sie waren hilfreich, weil sie die Ratten totbissen, die überall in den ärmlichen Häusern nach Essensresten suchten. Der Staffordshire Bullterrier wurde zum Statussymbol der Arbeiterklasse in den Kohlegebieten, außerdem waren die Tiere absolut zuverlässig im Umgang mit den vielen Kindern, die sich selbst überlassen blieben und den Tag über in den Arbeitersiedlungen herumstreunten. Aber vor allem konnten die Bergarbeiter mit dem Verkauf der Welpen ihr karges Einkommen aufbessern.

Weil er seine Lieblingshunde nicht züchten darf, verlegt sich George auf spanische Doggen und auf Hirtenhunde. Jedes Jahr kann man sie zweimal paaren lassen, ein Welpe bringt rund 1200 Euro. Die Zucht ist ein guter Nebenverdienst, aber die Tiere kosten auch:»Wenn man Glück hat, hast du zwanzig bis dreißig Welpen im Jahr.«

Nach dem Ende seiner ersten, verkorksten Saison in England will Kevin nur noch weg aus Tottenham. Er ist bei mehreren Vereinen im Gespräch, auch beim VFB Stuttgart. VFB-Manager Horst Heldt sagt, nachdem er mit Kevin gesprochen hat:»Wir wollen ihn und Kevin will zu uns.«
Auf gepackten Koffern sitzend merkt er, was für große Fehler er gemacht hat. Ihm wird klar, dass er Berlin überstürzt verlassen hat, dass es ihm gut getan hätte, noch eine Weile dort zu spielen. Er hatte geglaubt, die Hertha und die Bundesliga wären keine Her-

ausforderung mehr für ihn. »Ich bin damals vor den Problemen geflüchtet. Ich war jung und naiv«, sagt Kevin, »und mein Berater hat mich auch in diese Richtung gedrängt.« Er begreift nun auch, dass es keine gute Idee war, in Tottenham einen Vertrag über fünf Jahre zu unterschreiben. Das war nur gut für den Berater, denn damit erhöhte sich die Gesamtsumme des Deals und also auch seine Provision. Kevin aber war gefangen in seinen Fehlentscheidungen. Die Glitzerwelt in London war eine Sackgasse, aus der er nicht herauskam.

In der Sommerpause geht Tottenham wieder auf große Einkaufstour. Kevin wird in die Reservemannschaft abgeschoben. »Nach meiner Degradierung war ich total am Boden«, sagt er. Er versucht nun die Dinge zu korrigieren, die schiefgelaufen sind. Er kehrt zurück zu seinem alten Berater und beauftragt Jörg Neubauer, alles daranzusetzen, ihn wieder in der Bundesliga unterzubringen.

Jérômes Aufstieg beim HSV endet jäh. Neuer Trainer in Hamburg ist Martin Jol, der Coach, der seinem Bruder ein Jahr zuvor in London gesagt hat, dass er ihn nicht braucht. Auch Jérôme will er nicht, die Leistungen aus der Vorsaison spielen keine Rolle mehr. »Er mochte mich nicht«, sagt Jérôme. »Jol hat mich mit Kevin in einen Topf geworfen.« Erst sucht Jérôme die Fehler bei sich, dann merkt er, dass er machen kann, was er will. Unter Jol wird sich für ihn nichts zu seinen Gunsten ändern.

Kevin macht am 30. November 2008 sein erstes Spiel für Tottenham in dieser Saison. Nur eine Viertelstunde steht er auf dem Platz, und danach nie wieder. In der Winterpause erlöst ihn Jürgen Klopp.

Klopp sucht für den BVB einen Spieler, den es eigentlich nicht gibt auf dem Markt: »Möglichst günstig, aber Weltklasse.« Er glaubt, diesen Spieler in Kevin gefunden zu haben, und er ist überzeugt, dass er ihn in den Griff bekommt. Aber schon vor Kevin kommt sein Ruf in Dortmund an, und Klopp muss sich in zahlreichen

Interviews für seine Entscheidung rechtfertigen. Er ist im Januar 2009 noch kein Meistertrainer, dem die Medien zu Füßen liegen, er ist lediglich ein Trainertalent, das mit Mainz 05 beachtliche Erfolge erzielt hat. Den Nachweis, auch bei einem großen Traditionsverein erfolgreich sein zu können, muss er noch liefern.

Kevin reist in der Winterpause sofort in das Dortmunder Trainingslager nach Marbella, Klopp führt mit ihm lange Gespräche, und danach ist Kevin überzeugt, die beste Entscheidung in seiner Karriere getroffen zu haben. »Wir haben uns auf Anhieb gut verstanden. So etwas passiert einfach im Leben. Man trifft einen anderen Menschen, und man kommt auf Anhieb super miteinander klar«, sagt Kevin. »Bei uns hat es sofort gefunkt.«

Klopp will eine neue Geschichte mit Kevin schreiben, und er bereitet alles dafür vor, dass Kevin mit seinen 21 Jahren in Deutschland wieder eine Chance bekommt. »Wissen Sie«, sagt Klopp in einem Interview, »solche Spieler, die nicht den kerzengeraden, von der Gesellschaft gewollten Weg nehmen, machen oft das gewisse Etwas aus. Die größten Spieler dieser Welt wären ohne Fußball sicher kriminell geworden. Ich war in Marseille, wo Zinédine Zidane geboren ist. Ich hoffe, ich trete den Menschen in dem Viertel, wo Zidane groß geworden ist, nicht zu nahe, wenn ich sage: Dort sind möglicherweise 90 Prozent der männlichen Bevölkerung kriminell. Weil es anders gar nicht geht. Wer in dem Stadtteil von Liverpool, aus dem Wayne Rooney kommt, aufgewachsen ist, der hat ebenfalls nicht viele Alternativen. Viele Karrieren sind nicht stromlinienförmig verlaufen.«

Klopp macht Kevin klar, dass es bei Borussia Dortmund Regeln gibt, an die sich alle zu halten haben, und dass er bei ihm nicht auf Bewährung spielt. Er lädt ihn zusammen mit seiner Frau nach Hause ein, aber Kevin sagt ab, weil er nicht will, dass die anderen denken, er sei ein Günstling des Trainers. Klopp sagt ihm Sätze, die Kevin im Profifußball noch nie gehört hat. »Jeder wird hier so aufgenommen, wie er selbst gern aufgenommen werden würde«, sagt Klopp zum Beispiel. Kevin spürt Vertrauen, und wie zu seinem alten Lehrer Bleimling und zu seinem Jugendtrainer Frank Friedrichs hält Kevin bis heute Kontakt zu Jürgen Klopp.

Klopp will Kevin Zeit geben, sich zu entwickeln. Er ist ja erst 21 Jahre alt. Klopp denkt langfristig, aber Kevin hat vom ersten Tag an Angst, dass ihm in Dortmund die Zeit wegläuft. Er will alles richtig machen, um bleiben zu dürfen. Kevin ist nun lernbegierig, er beschäftigt sich zum ersten Mal ernsthaft mit Taktik und defensivem Zweikampfverhalten, er verlässt sich nicht mehr nur auf sein Talent. »Dortmund ist meine letzte Chance«, sagt Kevin. Und so geht er mit Begeisterung in die Spiele und mit Gewalt in die Zweikämpfe.

Er hat in der Bundesliga neu anfangen wollen, aber es dauert nur ein paar Spiele, und der Geschichte vom Ghetto-Kid wird ein neues Kapitel angehängt. In seinem zweiten Einsatz für Dortmund geht es gegen Bayern München. Dortmund führt 1:0 beim Rekordmeister, die Bayern drängen auf den Ausgleich. Miroslav Klose fällt im Dortmunder Strafraum, Kevin hat Mühe, ihm auszuweichen, gerät ins Straucheln, läuft aber weiter, um den Schuss von Ribéry abzublocken, dabei tritt er Klose mit dem rechten Fuß auf den Oberschenkel. Den Bayern glückt in dieser Szene der Ausgleich. Kevin ärgert sich über den Münchner Treffer, die Bayern jubeln und Klose steht wieder auf, als der Schmerz nachlässt. Niemand auf dem Platz regt sich darüber auf, dass Kevin seinen Gegner getroffen hat.

In der Halbzeitpause bezeichnet Franz Beckenbauer das Foul als eine »Schweinerei«, und er sagt, Kevin habe Klose absichtlich verletzen wollen. »Er kann froh sein, wenn der DFB diese Bilder nicht sieht, sonst wird er nachträglich gesperrt. Ich weiß nicht, was in dem Kopf eines solchen Spielers vor sich geht.« Auch Klose unterstellt Kevin danach Absicht: »Das habe ich im Gesicht meines Gegenspielers gesehen.«

Kevin ist auf verlorenem Posten. Es hilft ihm nicht, dass der Schiedsrichter in seiner Aktion keinen Vorsatz erkannt hat. Klopp ahnt, was auf seinen Schützling zukommt, nachdem er Beckenbauers Kommentar gehört hat. Im Fernsehstudio regt er sich furchtbar auf über die Unterstellungen und verteidigt seinen Spieler vehement. »Normalerweise interessiert es keinen, wenn ein Moderator etwas sagt, aber bei Franz Beckenbauer ist das anders«,

5 sagt der Dortmunder Trainer. »Es ist unglaublich, wenn man in so einer Situation dem Jungen etwas unterstellt. Da kann es nur darum gehen, dass man Kevin irgendetwas anhängen will, weil er etwas wilder aussieht.«

Nur zwei Wochen später im Derby bei Schalke 04 langt Kevin wie-

10 der zu. Diesmal trifft es nach vier Minuten Mladen Krstajic, er erwischt ihn mit voller Wucht. Krstajic muss mit einer Muskelquetschung über dem Knie ausgewechselt werden, Kevin sieht die Gelbe Karte. Er entschuldigt sich bei seinem Schalker Gegner auf dem Platz, so wie er sich auch bei Klose auf dem Platz entschuldigt

15 hat. Krstajic nimmt die Entschuldigung an, er reicht ihm auf dem Platz die Hand. »So etwas kann passieren«, sagt der Schalker später, »ich habe auch Mitschuld, ich bin nach dem Ball gegrätscht.« Im Fernsehstudio ist es diesmal Olaf Thon*, der Kevin Absicht unterstellt und eine Rote Karte fordert, und Lothar Matthäus stellt

20 fest: »Er ist der Fiesling der Bundesliga.«

»Das waren zwei unglückliche Szenen, aber so etwas passiert nun mal im Fußball«, sagt Kevin. Auch Klopp verteidigt seinen neuen Spieler, und er wird wütend, weil er das Gefühl hat, dass es einige Leute gibt, die es sich mit Kevin ein bisschen zu einfach machen.

25 »Ich finde es lächerlich, und es nervt mich, wenn Kevin unterstellt wird, dass er mit Absicht foul spielt. Der Junge will Zweikämpfe gewinnen, mehr nicht. Wir wissen alle, dass Kevin kein besonders gutes Image hat. Doch das reicht offenbar aus, um ihn aufgrund seiner aggressiven Spielweise zum Treter abzustempeln. Das

30 ist auch nicht gerade fair. Er ist zurzeit sicherlich übermotiviert, aber deswegen noch lange kein schlechter Mensch«, sagt Klopp. »Kevin will diesen Ruf loswerden. Er wird zwar nie ein Mönch, aber er ist vernünftig und hat das Recht, vernünftig behandelt zu

---

* Olaf Thon, Lothar Matthäus: ehemalige Weltklassefußballer (geb. 1966 bzw. 1961).

werden. Das spüre ich. Nur weil er zwei Stunden länger als Kind auf der Straße verbracht hat, ist er jetzt nicht schlimmer als seine Kritiker.«

Anfang März verletzt sich Kevin im Spiel gegen den VfB Stuttgart. An der Sehne ist etwas gerissen, er fällt wochenlang aus. Bisher hat er nur fünf Spiele für Dortmund bestritten, seit die Borussia ihn von Tottenham ausgeliehen hat, die endgültige Verpflichtung im Sommer ist nun noch mehr gefährdet als ohnehin.

Im April kehrt Kevin wieder in die Dortmunder Mannschaft zurück, am 27. Spieltag darf er für zehn Minuten spielen. Am 28. Spieltag sind es fünf Minuten, am 29. Spieltag zwölf Minuten, am 30. Spieltag darf er gar nicht ran, am 31. Spieltag dann 22 Minuten. Kevin hat Angst, dass ihm die Zeit davonläuft. Er will sich unbedingt für Dortmund empfehlen, und er weiß, dass es mit einer Vertragsverlängerung nur etwas wird, wenn Dortmund in den Uefa-Cup kommt, denn dann hat die Borussia etwas mehr Geld. Bei der U21-EM will Kevin auch unbedingt dabei sein. Er weiß, wie stark diese Mannschaft ist und dass sie zum Sprungbrett für das Team von Jogi Löw werden kann. »Ich habe mir dauernd gesagt: Jetzt hast du noch sechs Spiele, jetzt noch vier. Du musst doch etwas beweisen.«

Auch Klopp merkt jeden Tag, wie sehr sich Kevin unter Druck setzt, wie er alles versucht, um in Dortmund zu bleiben.

Als Kevin gegen den VFL Wolfsburg am 32. Spieltag in der 66. Minute eingewechselt wird, sind es nur drei Spiele bis Saisonschluss. Dortmund steht auf Rang fünf, es ist der Platz, den sie für den Europapokal erreichen müssen. Rang sechs genügt nicht mehr, aber von dem trennt Dortmund nur die bessere Tordifferenz, es kommt auf jedes Spiel, auf jeden Punkt, auf jeden Treffer an. Auf Rang sechs liegt der HSV, bei dem sein Bruder spielt. Als Kevin ins Spiel kommt, liegt Dortmund 0:2 zurück, der HSV führt dagegen 3:0. Der fünfte Platz ist weg.

Kevin ist neun Minuten auf dem Platz, als er in einem Zweikampf mit Sebastian Schindzielorz um den Ball kämpft. Kevin streckt das Bein hoch in die Luft, um früher an den Ball zu kommen, dabei trifft er den Japaner Hasebe am Kopf. Es sieht aus wie ein Tritt im Kung Fu. Hasebes Wunde wird mit sieben Stichen genäht. Der Fernsehkommentator Marcel Reif sagt: »Dieser Boateng ist nicht bekehrbar, nicht sozialisierbar, fußballerisch zumindest. Dieses Foul ist Körperverletzung, sonst nix.«

Auch diesmal verteidigt Klopp seinen Spieler, doch anders als das Vertrauen des Trainers ist das des Publikums dahin. Das Urteil über einen enthemmten Kicker aus miesem Milieu, einen mit Tattoos übersäten Außenseiter im deutschen Profifußball ist gesprochen. Auch Klopp kann daran nichts ändern. »Einige Fernsehleute haben das Wort asozial offenbar sehr weit vorne auf der Zunge. Ich warne davor, einen Jungen in der Öffentlichkeit so zum Abschuss frei zu geben«, sagt er. Aber genau das geschieht.

Kevin weint nach seinem Platzverweis in der Kabine. Er war nach Deutschland zurückgekehrt, um einen neuen Anfang zu machen, aber alles wurde schlimmer, als es jemals war. »Es waren doch nur noch drei Spiele. Ich wollte zeigen, dass der BVB mich kaufen soll«, sagt Kevin. Klopp nimmt ihn in der Umkleidekabine zur Seite, er sagt ihm, dass er auch nicht wisse, wie es jetzt für ihn weitergeht, aber egal wo er künftig spiele, solle er fortan die Verantwortung für sich selber tragen. »Das waren richtig aufbauende Worte«, sagt Kevin.

Bild titelt am nächsten Tag: »RAMBOateng«. Er wird für vier Spiele gesperrt. Die Saison ist für Kevin zu Ende. Aber noch hofft er, dass sich die Borussia auch ohne ihn für den Uefa-Cup qualifiziert und Horst Hrubesch ihn mitnimmt zur U21-EM.

Die Partie am 34. und letzten Spieltag gegen Mönchengladbach ist für Kevin das wichtigste Spiel der Saison. Er ist noch gesperrt nach dem Tritt an den Kopf von Hasebe, aber wenn Dortmund gewinnt, hat es der Klub in den Europapokal geschafft, dann fließen zusätzliche Millionen in die Kasse, und dann reicht es vielleicht, die rund vier Millionen Euro an Ablöse zu bezahlen, die Kevin noch an Tottenham ketten. »Meine Frau und ich beten jeden Tag, dass wir in Dortmund bleiben können«, sagt er ein paar Tage vor dem entscheidenden Spiel in Mönchengladbach. »Ich möchte unbedingt hierbleiben und mit Jenny ein Haus bauen.«

Klopp und Borussia Dortmund hatten Kevin einen sicheren Boden unter den Füßen geschenkt, auf dem er sein Leben, das ihm in London entglitten war, wieder aufbauen konnte. Die Zeitungen machen eine andere Bilanz von Kevins Rückkehr in die Bundesliga auf: nur zehn Spiele in der Rückrunde, kein Tor, aber vier Gelbe Karten, eine Rote Karte und eine Anklage wegen Sachbeschädigung. »Trotzdem ist mein Fazit sehr positiv«, sagt Kevin.

Es fehlt nur noch ein Sieg, um ihr Leben auch in den kommenden Jahren in sicherere Bahnen zu lenken. So sehen das Jenny und Kevin. Dortmund und der HSV gehen punktgleich in das Rennen um die Qualifikation für den Uefa-Cup, doch die Borussia ist im Fernduell im Vorteil – wegen der besseren Tordifferenz. Aber Dortmund verkrampft und gerät in Gladbach in der zweiten Halbzeit in Rückstand, gleichzeitig führt der HSV 2:0 in Frankfurt. Nach 65 Minuten steht es bei Dortmund 1:1 und beim HSV 2:2, wenn es dabei bleibt, haben es Dortmund, Kevin und Jenny doch noch geschafft. Bei Dortmund bleibt es bis zum Schlusspfiff beim 1:1, beim HSV läuft schon die Nachspielzeit, als Trochowski den Ball am Strafraum bekommt. Er steht im Abseits, aber der Schiedsrichter merkt es nicht. Trochowskis Schuss landet im Tor: 3:2, der HSV ist im Europacup. Jérôme kommt aus der eigenen Hälfte gelaufen, um mit dem Torschützen und seinen Kollegen zu feiern.

Die Sorgen des Ehepaars Boateng in Dortmund kümmern die Fußballwelt nicht am letzten Spieltag der Bundesliga. Kevin und Jenny verlieren den Ort, der zu ihrer neuen Heimat werden sollte. Sie wollen unter keinen Umständen zurück nach Tottenham, dem Ort der schlechten Gefühle. Kevin bleibt noch die vage Hoffnung, dass er sich bei der Europameisterschaft der U21 für einen neuen Klub empfehlen kann.

Horst Hrubesch ist damals der Trainer der U21-Nationalmannschaft, er liebt es, mit jungen Spielern zu arbeiten, sie auf einen guten Weg zu bringen, auch die schwierigen Spieler, die vor allem.

»Wenn du in die ganzen Gesichter guckst, dann siehst du das Leben«, sagt Hrubesch. Er weiß auch, wie er Kevin zu nehmen hat, er kennt ihn schon vier, fünf Jahre. »Man muss ihm einen Selbstwert geben, sonst nimmt er ihn sich«, sagt er.

Kevin und Jérôme spielten schon früher unter Hrubesch, da waren sie siebzehn. Hrubesch hatte Jérôme zu seinem Debüt im DFB-Trikot verholfen, Kevin war einer seiner Lieblingsschüler. Er mochte auch die anderen Talente, die in Kevin steckten, das Tanzen und Singen. »Dass er ein bisschen aus der Art geschlagen war, hat man von Anfang an gemerkt. Aber er ist ein toller Typ. Da ändere ich meine Haltung auch nicht. Es macht Spaß, wenn du einen solchen Spieler in der Mannschaft hast«, sagte Hrubesch. »Aber er muss dann auch funktionieren.«

Was ihn aber schon immer an Kevin störte, war diese Art, sich als der Größte zu fühlen. Und manchmal irritierte ihn dessen Unberechenbarkeit, er stellte sich Kevin dann wie ein Autobahnkreuz vor, bei dem alle Straßen durcheinander gehen und der Weg nur schwer zu finden ist. Aber er sah es als seine Aufgabe als Trainer an, ihm dabei zu helfen, die richtige Straße zu nehmen.

Hrubesch ist der erfolgreichste Nachwuchstrainer des DFB. Der Europameister von 1980 nimmt die Dinge in die Hand, und er merkt früh, dass Kevin eine starke Führung braucht. Er spricht viel mit ihm, und er sagt ihm immer wieder, wie es zu laufen hat: »Kevin, so nicht.« »Kevin, das geht nicht.« Und wenn Kevin weiß, was nicht geht, funktioniert er auch. »Kevin kannst du nicht einfach laufen lassen«, sagt Hrubesch. »Und du musst ihn als Trainer wollen, sonst geht es nicht.«

Bei seinem Amtsantritt in der U21 holt er Kevin sofort wieder zurück ins Team, obwohl er eineinhalb Jahre fast nicht mehr im Verein gespielt hat. Doch Hrubesch gibt ihm die neue Chance mit einer klaren Ansage: »Kevin, nur zu meinen Bedingungen – und genau so, wie wir es früher auch gemacht haben.«

Als sie kurz vor der Europameisterschaft 2009 ins Trainingslager fahren, sind noch vier Spieler zu viel im Kader. Kevin kann sich nicht vorstellen, dass Hrubesch ihn aussortiert, trotz allem, was in dieser Saison in Dortmund vorgefallen ist. Auch die leichte Verletzung, die er sich im Trainingslager in Rottach-Egern zuzieht, sieht er nicht als großes Handicap im Kampf um die letzten Plätze. Ein Knochenödem* am linken Knöchel, eine Allerweltssache.

Hrubesch merkt bald, dass sich Kevin mit den Jahren verändert hat. Früher war fast immer alles optimal gelaufen, wenn sie zusammen waren, aber nun merkt der Trainer schon an Kleinigkeiten, dass Kevins Einstellung nicht mehr so ist wie noch vor zwei, drei Jahren. »Das kannte ich gar nicht von ihm«, sagt er. An einem Abend während des Trainingslagers in Rottach-Egern gehen ein paar Spieler aus. Kevin ist dabei, Jérôme nicht. Ein paar Jungs trinken zu viel, Kevin nicht, aber dann geraten zwei Spieler in Streit mit Gästen. Kevin geht dazwischen und ruft für alle ein Taxi. Für ihn und einen Mitspieler ist darin kein Platz mehr, sie müssen lange auf den nächsten Wagen warten. Es ist ungefähr drei Uhr, als sie ins Hotel kommen, eine Stunde später als ausgemacht. Am nächsten Morgen bittet ihn Hrubesch zum Gespräch. Er wirft ihn raus. Kevin verteidigt sich nicht, aber es gibt auch niemanden aus der Mannschaft, der sich für ihn einsetzt.

Kevin kann kaum glauben, was Hrubesch ihm vorwirft. Er spielte doch in den Überlegungen des Trainers während der Vorbereitung eine wichtige Rolle. Hrubesch sprach schon mit ihm über die Taktik, weil er sich noch nicht ganz klar war, wie er sein Angriffsproblem bei dem Turnier in Schweden lösen sollte. Die U21 hatte zwar großartige Spieler, nur einen erstklassigen Plan für den Sturm hatten sie noch nicht. Und Kevin wollte doch unbedingt seine Chance bei der Europameisterschaft nutzen. Er wusste, was dieses Turnier für die Karriere bedeuten konnte, und er wusste, dass für ihn mehr auf dem Spiel stand als für alle anderen.

Es ist nicht ganz klar, wie die Sache innerhalb der Mannschaft lief, als Kevin rausgeworfen wurde. Hrubesch sagt, er habe den Mannschaftsrat erst informiert, nachdem er Kevin aus dem Kader genommen hatte, dass es also ganz allein seine Initiative und seine

---

*Ödem: Geschwulst.

Entscheidung gewesen sei. Aber einige Spieler sollen selbst aktiv geworden sein. Kevin war ja nicht nur Kollege, sondern auch Konkurrent. Jérôme gehörte damals auch zum Mannschaftsrat, aber als über Kevin gesprochen wurde, war er nicht dabei. Hrubesch hatte ihn ausgeschlossen, weil er glaubte, als Bruder habe er in dieser Sache nicht mitzureden, würde er sich doch ohnehin auf die Seite von Kevin schlagen und die Interessen der Mannschaft hintanstellen.

Jérôme weiß, dass Hrubesch ein Trainer ist, wie ihn sich Kevin nur wünschen konnte. »Horst Hrubesch ist wirklich der Letzte, der nicht zu Kevin stand. Er hat Kevin immer unterstützt, geholfen und Ratschläge gegeben«, sagt Jérôme. »Aber ich fand es nicht gut, wie es gelaufen ist.« Die Verletzung seines Bruders sei nicht der Rede wert gewesen, und unpünktlich seien an diesem einen Abend und zu anderen Gelegenheiten auch ein paar andere Spieler gewesen. »Aber bei Kevin haben sie gesagt, weil er verletzt war und noch nicht mittrainiert hatte, ginge das nicht. Ein paar Spieler sind zum Trainer gegangen und haben das auch gesagt. Die Spieler hätten direkt zu Kevin gehen können, um ihm das zu sagen. Sie hätten ihm auch sagen können: ›Wir gehen zum Trainer, weil wir es nicht okay finden, wie du dich verhältst.‹ Aber so war es nicht. Sie haben direkt versucht ihn rauszukegeln.«

Als Kevin gehen muss, bricht eine Welt für ihn zusammen.

»Man sagt, dass man bei einer Sache ein lachendes und ein weinendes Auge hat«, sagt Hrubesch. »Bei der Entscheidung mit Kevin hatte ich nur zwei weinende Augen.«

Im Juni startet die deutsche Mannschaft mit einem 0:0 gegen Spanien in das Turnier. Jérôme ist der beste Spieler auf dem Platz. »Wie ein schwarzes Loch hatte der Innenverteidiger vom Hamburger SV nahezu jeden spanischen Angriff angezogen und aufgesaugt. Kein einziges Foul hatte er benötigt, um der hochgelobten spanischen Offensive ihren Schwung zu rauben, und keiner der Mitspieler aus der Startelf hatte eine bessere Quote in der Kategorie ›gelungene Pässe‹ als der Innenverteidiger aus Hamburg«, schreibt die *Financial Times Deutschland* nach seinem erstklassigen Auftritt. Als ein Reporter aus England sieht, wie Jérôme die exzellenten spanischen Angreifer beherrscht, fragte er ungläubig: »Spielt der Typ immer so?«

Auch Hrubesch ist voll des Lobes. »Er ist einer der besten Nachwuchsspieler, die ich je hatte«, sagt der Trainer. In einem Atemzug kritisiert Hrubesch HSV-Trainer Martin Jol, ein außergewöhnlicher Vorgang, denn üblicherweise kritisieren Trainer des DFB nicht ihre Kollegen aus der Bundesliga. »Ich habe nie verstehen können, dass Jérôme in dieser Saison auf sämtlichen Positionen ausprobiert wurde, links, rechts, zentral in der Abwehr und im Mittelfeld. Es ist nicht im Sinne der Ausbildung, dass ein Spieler überall hingestellt wird«, sagt Hrubesch. »Jérôme ist für mich schon lange einer der besten Nachwuchsspieler auf dieser Position, er ist kopfballstark, schnell, klug im Spielaufbau, er hat alles, was man braucht.«

Die Mannschaft gewinnt das zweite Spiel gegen Finnland mühelos 2:0. Im letzten Gruppenspiel genügt ein 1:1 gegen England, um das Halbfinale zu erreichen. Jérôme bekommt in allen Spielen ausgezeichnete Kritiken. Aber der Name Boateng ist noch immer eine Belastung, das Klischee ist zählebig und Jérôme hat immer noch ein paar Gegner mehr als die anderen. In der *taz* heißt es dazu vor dem Halbfinale gegen Italien:

> Er verblüfft plötzlich selbst seine schärfsten Kritiker. Denn dass ein Boateng für positive Schlagzeilen sorgt, das hat es lange nicht gegeben. Boateng spielt immer gegen seinen Namen an, weil den auch sein Halbbruder Kevin-Prince trägt. Boateng steht für Krawall und wenig ballorientiertes Remmidemmi, überharte Zweikämpfe, Ohrfeigen und Vandalismus. An Jérôme Boateng haftet auch nach dem Wechsel zum HSV noch immer der Geruch des Ghettos.

Kevin hält das alles nicht mehr aus. Dortmund kann die Ablösesumme nicht bezahlen und schickt ihn zurück ins verhasste Tottenham. Hrubesch hat ihn aus der U21 geworfen und nun machen sein Bruder, Mesut, Sami und Manuel genau die Karriere für Deutschland, die doch auch für ihn vorgesehen war, nach 41 Länderspielen in den Nachwuchsnationalmannschaften und den vielen Auszeichnungen. Kevin greift zum Telefon und ruft Anthony Baffoe an, der ehemalige Bundesligaprofi ist der Verbindungsmann zwischen Ghanas Verband und den »Black Stars«. Baffoe hatte Kevin schon vor der WM 2006 abwerben wollen, aber damals sagte Kevin, er wolle sich in Deutschland durchsetzen.

Jetzt ruft er ihn an und sagt: »Ich will für Ghana spielen.«

»Super«, entgegnet Baffoe. »Ich kläre das mit dem Präsidenten.«

Das Gespräch, in dem sich Kevin von Deutschland abwendet, dauert nur ein paar Minuten. Als Hrubesch bei der EM die Nachricht erreicht, dass Kevin seine Zukunft in der deutschen Nationalmannschaft weggeworfen hat, kann er es kaum glauben. Bevor er Kevin rauswarf, hatte Hrubesch sich gefragt, ob Kevin dann vielleicht diesen Schritt gehen würde. Kevin war zwar unberechenbar, aber das kam Hrubesch dann doch zu abwegig vor bei den riesigen Qualitäten, die Kevin besaß und die ihn eines Tages zu Jogi Löw führen würden. Er war ja gerade erst 22 Jahre alt geworden. »Ich war dermaßen überrascht«, sagt Hrubesch kopfschüttelnd. »Kevin liegt zwar ein bisschen außerhalb der Norm, aber er hätte seinen Weg in Deutschland gehen können.«

Auch Jérôme wurde von der Nachricht überrascht. Kevin hat vorher nicht mit ihm darüber gesprochen, auch George und seinem Vater sagte er kein Wort. Kevin zog die Sache mal wieder alleine durch.

»Es war eine Trotzreaktion«, sagt Jérôme, »aber ich habe ihn auch ein bisschen verstanden.«

Er ruft Kevin an.

»Warum hast du nicht ein bisschen gewartet?«

»Ich habe doch eh keine Chance beim DFB, alles Scheiße«, antwortet Kevin.

Als Klopp die Meldung in der Zeitung liest, ist er nicht überrascht. Er dachte sich schon, dass Kevin auf seinen Rauswurf reagieren würde, und er kann ihn verstehen. »Es wäre immer sehr schwer für ihn gewesen, in die Nationalmannschaft zu kommen«, sagt Klopp. Bei so vielen starken jungen Spielern hätte er es immer schwer gehabt, weil ein Typ wie Kevin immer wieder aneckt.

Bei der U21-EM in Schweden gewinnt Deutschland das Halbfinale 1:0 gegen Italien. Im Endspiel triumphiert die Mannschaft, sie besiegt England in einem grandiosen Auftritt mit 4:0. Die Zeitungen schwärmen vom neuen Multikulti-Team des deutschen Fußballs. Von den 23 Spielern haben zwölf ausländische Wurzeln, allein vier von ihnen stammen aus Berlin, Ashkan Dejagah, Änis Ben-Hatira, Chinedu Ede und Jérôme Boateng.

Es ist für Fußballdeutschland wie eine Erlösung, dass auch der Nachwuchs hierzulande wieder mit Talenten gesegnet ist, dass technisch starker Fußball nicht mehr nur in den Internaten der Niederlande und in Frankreich entsteht, sondern nach Jahrzehnten der Ödnis auch in Deutschland. Der Erfolg der U21 bei der Europameisterschaft ist der dritte Nachwuchstitel des DFB in einem Jahr und der zweite Titel von Hrubesch. »Endlich nützt der deutsche Fußball das, was auf deutschen Hinterhöfen und Bolzplätzen schon längst zueinandergefunden hat: die Generation M, die Generation Multikulti, die dem deutschen Fußball einen neuen Charakter verleiht. Der Wandel ist in vollem Gange und verspricht mehr als nur Titel«, schreibt die *Berliner Zeitung* nach dem EM-Sieg. »Ein Versprechen für die Zukunft«, heißt es in der *Welt*. Und der *Tagesspiegel* jubelt über den Titel in Schweden: »Ein Mittsommernachtsmärchen*.« Dass Kevin für Ghana spielen will, ist den Zeitungen nur noch ein paar Zeilen wert.

Für Jérôme wird die Europameisterschaft zum Sprungbrett einer internationalen Karriere. Die Kritiken nach einer eher enttäuschenden Saison beim HSV sind überschwenglich, in einer Einzelkritik zu jedem Spieler macht ihn der *Kicker* zum persönlichen Sieger des Turniers.

---

* Benannt nach Sommersonnenwende im Juni, der früher magische Bedeutung zugesprochen wurde.

Jérôme wird nach dem größten Erfolg seiner Karriere gefragt, ob nun die Teilnahme bei der Weltmeisterschaft 2010 in Südafrika sein nächstes Ziel sei.

Er antwortet: »Träumen ist erlaubt.«

Distanz und Nähe

Prince Boateng ist bei Jérôme in Hamburg, als sein Handy klingelt und sich Kevin nach zwei Jahren wieder bei ihm meldet.

»Papa, morgen bin ich in Mönchengladbach, wenn du Lust hast, komm vorbei«, sagt Kevin.

»Ja, ich komme«, sagt sein Vater.

Kevin ist für ein paar Tage aus Portsmouth in die Heimatstadt seiner Frau gekommen, am letzten Tag der Transferperiode der Premier League hatte er doch noch den Absprung aus Tottenham geschafft. Er spielt nun beim FC Portsmouth, einem Klub, der gegen den Abstieg kämpft, aber das ist besser, als weiter in London bei den Spurs zu bleiben, wo er für viel Geld schon zwei Jahre seiner Karriere verschenkt hat.

Als Prince Boateng in Mönchengladbach am Bahnhof ankommt, warten Kevin und seine Frau schon auf ihn. Den kleinen Jermaine haben sie auch mitgebracht. Prince Boateng sieht an diesem Tag zum ersten Mal sein Enkelkind, Jermaine nennt ihn gleich Opa.

Kevin sagt seinem Vater, dass er ihn angerufen hat, weil er für Ghana spielen will und seine Hilfe braucht. Es muss eine Menge Papierkram erledigt werden. »Kevin wusste, dass er da ohne mich keine Chance hat«, sagt Prince Boateng. »Ich habe seine ganzen Papiere gemacht, damit er für Ghana spielen konnte.«

Jenny bringt Jermaine gegen neun ins Bett und lässt Kevin mit seinem Vater allein. Sie sprechen sich aus, zum ersten Mal nach all den Jahren. Auf dem Tisch steht eine Flasche Whisky, und dann reden und trinken sie bis zum nächsten Morgen, sieben, acht Stunden lang. Prince Boateng erzählt seinem Sohn alles, was damals passierte zwischen ihm und Christine. Er erzählt ihm die Geschichte dieser Ehe aus seiner Sicht.

Kevin hatte von seiner Mutter jahrelang nur gehört, wie sie auf den abwesenden Vater schimpfte, der sich aus dem Staub gemacht hatte. Mit diesem Bild war Kevin groß geworden, es war eine Geschichte, die es Kevin leicht machte, seinen Vater abzulehnen. Als Prince Boateng mit seiner Geschichte fertig ist, fühlt sich Kevin als Opfer seiner beiden Eltern. Er weiß nicht, wem er jetzt glauben soll.

Prince Boateng glaubte nach dem Gespräch mit seinem Sohn, sie seien einen Schritt weitergekommen. Nach all den Jahren hatten sie sich in dieser Nacht geöffnet, zumindest ein Stück. Kevin hatte ihm auch erzählt, was er jetzt in Portsmouth mit seinem Profileben anfangen will, dass er die Sache konzentrierter und ernsthafter angehen wird und dass er nun für seine Familie und seinen Sohn da ist. Prince Boateng gefiel, was Kevin vorhatte, er war sehr zufrieden nach dem Gespräch. Aber weil sich Kevin dann nicht mehr meldete, dachte Prince Boateng, dass Kevin doch nur bei ihm angerufen hatte, weil er seine Hilfe brauchte. Aber auch Prince Boateng meldete sich nicht mehr bei seinem Sohn. Auf die Idee, dass Kevin ihn vielleicht auch angerufen hatte, um einen neuen Anfang mit ihm zu versuchen, so wie es einst George getan hatte, kam er nicht. Und so entstand trotz des guten Gesprächs ein großes Missverständnis, weil sich keiner beim anderen meldete.

Kevin kam in Portsmouth allmählich wieder auf die Beine. Er machte genau das, was er seinem Vater gesagt hatte. Er trainierte hart, er ging konzentriert in die Spiele und nahm seinen Job ernst. Er hatte verstanden, worauf es im Profifußball ankommt. Kevin sah sich nicht mehr als ein Geschenk für den Fußball, für das er sich so viele Jahre gehalten hatte. Er begriff, dass es ein Geschenk war, im Profifußball spielen zu dürfen, und dafür arbeitete er nun an sich.

Wenn er in Portsmouth zum Trainingsplatz geht, hat er die Baseballmütze nicht mehr tief ins Gesicht gezogen, um schnell und wortlos an den Fans vorbei in die Kabine verschwinden zu können. Er redet mit den Fans und gibt Autogramme, auch wenn keine Kamera in der Nähe ist. Als einmal ein Fan im Rollstuhl vorbeikommt, umarmt Kevin ihn. Die Fans sind hingerissen von diesem Deutschen, der alles für den Klub gibt – so wie sie.

Aber Portsmouth taumelt dem Abstieg entgegen. Nur im Pokal gibt es Erfolge. Im April 2010 trifft Kevin im Halbfinale auf Tottenham, seinen alten Klub. Portsmouth ist der große Außenseiter, und ob Kevin dabei sein kann, ist lange nicht sicher. Er hat mit den Folgen einer Knöchelverletzung zu kämpfen, drei Wochen kann er vor dem Halbfinale nicht spielen. Es ist die wichtigste Partie der Saison, sein Vater kommt auch.

Es ist ein packendes Spiel, nach neunzig Minuten steht es 0:0, die Partie geht in die Verlängerung. Kevin ist immer noch dabei, nur sein Wille lässt ihn durchhalten nach der wochenlangen Pause.

Am Tag vor dem Halbfinale hatten Vater und Sohn wieder miteinander telefoniert. »Papa, ich hatte einen Traum: Heute passiert irgendetwas Besonderes auf dem Platz«, sagt Kevin. Aber etwas ganz Besonderes ist in der regulären Spielzeit noch nicht passiert. »Deswegen hält er durch«, denkt sich sein Vater auf der Tribüne, »er glaubt an sich und dass noch etwas Besonderes passiert.« Früher hatte er seinen Söhnen vor dem Spiel oft einen einfachen Rat mit auf den Weg gegeben, den sie gerne hörten. »Wenn du auf den Platz gehst, nimm dir immer was vor. Sage dir: Ich spiele heute für meine Schwester, für meine Mutter, für meine Familie. Oder: Heute spiele ich für mich. Dann machst du ein besonderes Spiel«, sagte Prince Boateng. »Ich habe ihnen immer gesagt: Egal, was ihr macht, versucht immer besser zu sein als alle anderen.«

Es läuft die 99. Minute, als ein Freistoß in den Strafraum segelt, Kevin steigt hoch zum Kopfball und bereitet damit das Tor zum 1:0 durch Piquionne vor. Er will dieses Spiel unbedingt gewinnen und lässt sich auch nach der Führung nicht auswechseln. Es ist die 117. Minute, Kevin steht immer noch auf dem Platz, jeder Schritt schmerzt, seine Muskeln sind völlig übersäuert, aber er glaubt noch immer an diesen besonderen Moment, und er will diesen Klub schlagen, bei dem er seine schlimmste Zeit als Profi erlebte. Portsmouth startet einen letzten Konter, und als der Stürmer in den Strafraum eindringt und fällt, gibt der Schiedsrichter Elfmeter. Kevin nimmt sich den Ball und legt ihn sich auf den Elfmeterpunkt. Alle Blicke im Wembley-Stadion richten sich auf Kevin, es wird totenstill, als er anläuft. Kevin schießt hart und flach, der Torwart hat keine Chance, 2:0. Tottenham ist besiegt, es ist der schönste Augenblick für Kevin auf dem Fußballplatz seit vielen Jahren. Er reißt sich das Trikot vom Leib, schlägt sich auf die nackte Brust und schaut grimmig in Richtung der Trainerbank von Tottenham. Diesen Kampf hat Kevin gewonnen.

Nach dem Spiel kommt Kevins Trainer Avran Grant zu Prince Boateng und sagt: »Fragen Sie doch mal Ihren Sohn, wo er die Kraft hernimmt.«

Das Trikot vom Halbfinalsieg, der Portsmouth ins Pokalfinale gegen Chelsea führt, schenkt Kevin seinem Vater. Es ist das Finale, in dem er fünf Wochen später Michael Ballack umtreten wird.

Ein halbes Jahr vor Kevins Einzug ins Pokalendspiel ist Jérôme deutscher Nationalspieler geworden. Er tritt damit die Karriere an, die auch für Kevin vorgesehen war. Als Jérôme mit der U21 im Sommer den EM-Titel gewann, hat Kevin sich nicht bei ihm gemeldet, und er gratuliert seinem Bruder auch jetzt nicht, als ihn Löw zum ersten Mal in den Kader holt. Kevin ist damit beschäftigt, seine Karriere in Portsmouth wieder in den Griff zu bekommen und damit auch sein Leben. Er ist noch nicht so weit, dass er seinem Bruder sagen kann, dass er stolz auf ihn ist.

Joachim Löw hat Jérôme für das WM-Qualifikationsspiel gegen Russland in Moskau nominiert. Nur vier Monate nach dem Triumph bei der Europameisterschaft mit der U21 in Schweden hat er das große Ziel erreicht, von dem er als Kind zusammen mit Kevin geträumt hat, aber nun geht er diesen Weg alleine. Die Experten sind überrascht, dass Jérôme in Moskau in der Startelf steht, es ist das wichtigste Qualifikationsspiel für die WM in Südafrika, und die Russen sind der stärkste Gegner in der deutschen Gruppe. Es

steht eine Menge auf dem Spiel für die Nationalmannschaft, aber
noch mehr für Jérôme. Der Bundestrainer hat in seiner Amtszeit
schon Dutzenden Spielern eine Chance gegeben, doch wenn er
merkt, dass sie sein Team nicht voranbringen, dann sind diese jungen Spieler ebenso schnell wieder verschwunden.
Jérôme ist nervös vor seinem Debüt, er weiß um die große Aufgabe, mit der ihn der Bundestrainer beauftragt hat. Aber auf dem
Platz findet er schnell zu der Ruhe zurück, die ihn immer stark
gemacht hat. Löw hatte Jérôme kurz zuvor beim 1:0-Sieg des
HSV gegen den FC Bayern beobachtet. Als er sah, wie Jérôme erst
Franck Ribéry und dann Arjen Robben die Qualitäten raubte, entschied er sich, diesem jungen Spieler den Moskauer Spezialauftrag
zu übertragen.
In der ersten Halbzeit spielt Jérôme stark, und die deutsche Mannschaft macht ihr bestes Spiel in der Qualifikationsrunde. Deutschland führt 1:0, aber Jérôme hat sich doch eine kleine Unachtsam-
keit geleistet. Er geht ungeschickt in einen Zweikampf und sieht
dafür die Gelbe Karte.
In der Halbzeit sagt ihm der Bundestrainer, dass er in den Zwei-
kämpfen nicht mehr ein so großes Risiko eingehen soll, nachdem
er schon mit einer Gelben Karte belastet ist. Aber in der 69. Minute
begeht Jérôme wieder ein Foul, und es ist klar, was geschehen wird:
Der Schiedsrichter zeigt ihm die Gelb-Rote Karte. Mit leerem
Blick und hängendem Kopf geht Jérôme vom Feld, er weiß, dass
sein Platzverweis die deutsche Mannschaft um die direkte WM-
Qualifikation bringen kann. Aber schon am Spielfeldrand gibt
ihm der Bundestrainer einen tröstenden Klaps mit auf den Weg
in die Kabine, niemand macht ihm einen Vorwurf, und auf dem
Platz verteidigt die deutsche Mannschaft auch mit zehn Spielern
ihren kostbaren Vorsprung. Jérôme versucht nach dem Spiel den
Medien zu erklären, wie es zu dem Platzverweis kommen konnte,
und als er damit fertig ist, bleibt vom Bild des rüpelhaften und
unberechenbaren Boateng nicht viel übrig. »Ich muss in dieser
Szene attackieren, ich kann da nicht zurückziehen«, sagt Jérôme,
»sonst schießt er vielleicht das 1:1.« Dieses Risiko habe er nicht

eingehen können, auch wenn er gewusst habe, was ihm nach seiner Gelben Karte drohte.

Der Bundestrainer weiß um die schwierige Geschichte, die sein Debütant mitbringt in die Nationalelf, und dass der Name Boateng in Deutschland keinen guten Klang hat, weiß er natürlich auch. Löw stellt sich nach dem Platzverweis hinter seinen neuen Verteidiger und spricht ihm so deutlich das Vertrauen aus, wie es der Bundestrainer nur ganz selten bei einem Debütanten macht: »Meine Meinung über Jérôme ist sehr gut, er hatte eine sehr große Belastung. Jérôme gehört jetzt fest zu unserem Kader.« Der Bundestrainer hat ihn damit zur Stammkraft der Nationalelf erklärt, und damit ist auch klar, dass Jérôme zum Kader bei der Weltmeisterschaft gehören wird. Aber vor allem ist es ein Satz, der Jérôme vor der Vergangenheit schützt. Am nächsten Tag steht in den Zeitungen, dass sich Jérôme Boateng mit seinem Foul ein bisschen auch für Deutschland geopfert hat.

Kevin fällt es nicht leicht, damit klarzukommen, dass sein jüngerer Bruder nun der erfolgreichere Bruder ist. Jérôme ist wie ein Spiegel, in dem er seine verpassten Möglichkeiten sieht. Er wird wütend, wenn er in den Zeitungen nun immer öfter liest, dass Jérôme der nette Bruder aus Wilmersdorf ist, der in Deutschland Karriere macht – und er der kaputte Typ aus dem Wedding, der dabei ist, seine Karriere gegen die Wand zu fahren.

Auch Jérôme sagt nun immer öfter, dass es ihn nervt, wenn er immer noch mit Kevin gleichgesetzt wird. »Das bin ich nicht«, sagt er. Sein Berater hat die Idee, mit einer eigenen Internetseite am Image von Jérôme zu arbeiten, damit er in der Öffentlichkeit stärker als eigenständige Person wahrgenommen wird und das Ghetto-Image endlich verschwindet.

Vor allem aber sind es Leute wie Matthias Sammer, die mit ihren Äußerungen dafür sorgen, den ohnehin vorhandenen Konkurrenzkampf der beiden Brüder noch weiter zu verschärfen. In der *Welt am Sonntag* erscheint kurz nach Jérômes Debüt in der Nationalelf ein Artikel, in dem der Sportdirektor des DFB weiteren

Stoff liefert, um aus Jérôme und Kevin zwei Brüder zu machen, von denen der eine den Good Guy, der andere den Bad Guy verkörpert: »Bei Kevin zeigt sich aus meiner Wahrnehmung, dass das rein sportliche Potential am Ende nicht ausreicht, um Karriere zu machen«, sagt Sammer. Er erklärt mit fast schon wissenschaftlicher Gewissheit, warum Kevin im Profifußball nicht weiterkommen wird und Jérôme eine große Karriere bevorsteht: »Die wesentliche Aussage bei der Leistungsvoraussetzung ist die Persönlichkeit. Ich sehe Jérôme als leistungsorientierten, konzentrierten, disziplinierten Spieler. Er erfüllt alle Anforderungen der heutigen Leistungsvoraussetzungen. Sein Bruder eben nicht. Gerade beim wesentlichen Punkt Persönlichkeit, da kann seine Entwicklung nicht mit der von Jérôme mithalten.«

Wie Sammer über ihn spricht, das kommt Kevin wie das nachträgliche Urteil vor, dass für Spieler wie ihn beim DFB eigentlich nie ein Platz gewesen ist, dass ihn seine »Persönlichkeit« zu einem Fremdkörper im deutschen Fußball macht, den das System abstößt, ganz egal, was er auf dem Platz leistet. Aber noch wütender wird er darüber, dass Leute wie Sammer offenbar keine Ahnung haben, welch weiten und schweren Weg er schon gegangen ist, und dass sich Sammer nicht einmal die Mühe gemacht hat, ihn kennenzulernen, bevor er ihn öffentlich verurteilte. Kevin ist nach dem Artikel überzeugt, dass der DFB-Sportdirektor einen Keil zwischen ihn und seinen Bruder treiben will, und das zu einem Zeitpunkt, als er in England alles versucht, um seine Karriere zu retten.

Der Bundestrainer hält unterdessen wie versprochen an Jérôme fest. Er ist bei allen weiteren Länderspielen dabei, und als Joachim Löw im Mai 2010 seinen Kader für die WM bekannt gibt, ist es keine Überraschung, dass Jérôme dazugehört. Die Zeit beim HSV, zu dem er gewechselt war, um sich in der Bundesliga zu etablieren und von seinem Bruder zu distanzieren, beendet Jérôme kurz vor der Weltmeisterschaft. Er hat erreicht, was er sich vorgenommen hat, nun lockt Manchester City, der neureichste aller neureichen Klubs, mit viel Geld und der Aussicht, in naher Zukunft Champions League zu spielen. Vor allem aber verspricht ihm Manchester, dass er in der besten Liga der Welt endlich auf seiner Lieblingsposition des Innenverteidigers spielen darf. Das war das Einzige, was in Hamburg nicht geklappt hatte, Jérôme hatte immer wieder auf die rechte Abwehrseite ausweichen müssen, und auch Löw hatte in der Nationalmannschaft nur rechts für ihn einen Platz. Doch in der Nationalelf spielte die Position für ihn eine nicht ganz so große Rolle wie im Klub. Da war er schon glücklich, überhaupt dabei zu sein.

Als Kevin in Portsmouth nach ein paar Monaten allmählich sein Gleichgewicht zurückgewinnt, wächst auch wieder die Nähe zu seinen Brüdern und der Familie. Nach der Auslosung für die Weltmeisterschaft im Dezember 2009, die Deutschland und Ghana in einer Gruppe zusammenführt, vereinbaren Kevin und Jérôme, in Südafrika nach dem Spiel die Trikots zu tauschen. Aber stabil ist der Kontakt unter den Brüdern nicht, immer wieder reißt er ab. Es reicht, wenn Kevin etwas in den Zeitungen liest, was Jérôme gesagt haben soll, oder wenn er ein paar Sachen von gemeinsamen Kumpels hört, die ihm nicht gefallen. Seine beiden Brüder gewöhnen sich daran, dass Kevin immer wieder mal abtaucht, immerhin haben sie wenigstens untereinander eine verlässliche Verbindung. George und Jérôme telefonieren fast jeden Tag oder schicken sich SMS.

George hat es sich zur Aufgabe gemacht, die Karriere von Jérôme zu begleiten, wie er früher seine Aufgabe darin sah, Kevin vor dem Wedding zu beschützen. Und Jérôme sieht es als seine Pflicht an, George zu unterstützen, und ihm dabei zu helfen, dass auch er endlich seinen Weg findet. George schaut sich jedes Spiel von Jérôme im Fernsehen an, nimmt es auf DVD auf, analysiert die Leistung seines Bruders. Er sagt es ihm ganz direkt, wenn er findet, dass Jérôme »Scheiße gespielt hat«, selbst wenn die Kritiken in der Zeitung ganz in Ordnung sind. Aber manchmal sagt er seinem Bruder auch, dass er ein gutes Spiel gemacht hat, obwohl Jérôme selbst das Gefühl hatte, dass er schlecht war. Das passiert immer dann, wenn er ein paar Zweikämpfe im Spiel verliert, dann denkt er immer nur an diese Szenen und vergisst darüber leicht, was er in der Offensive für seine Mannschaft geleistet hat. »George und mein Vater halten mich mit ihren Urteilen ganz gut auf dem Boden. Ich kann ernst nehmen, was sie sagen, weil ich weiß, dass sie es ehrlich mit mir meinen«, sagt Jérôme. »Die Tipps von George und meinem Vater haben mich weitergebracht. Sie haben mir gesagt, dass ich manchmal härter spielen und an meinem Kopfball arbeiten muss. Das habe ich getan, und ich habe mich verbessert.«

Im Frühjahr fährt Kevin nach London zur ghanaischen Botschaft, um den Pass abzuholen, der ihn zu einem Ghanaer macht, zu einem Gegner von Deutschland im letzten Gruppenspiel bei der Weltmeisterschaft und zum Gegner seines Bruders. Als er den neuen Pass in den Händen hält, fragt sich in Deutschland niemand mehr, wie es so weit kommen konnte. Mit dieser Frage ist Kevin ganz allein.

Die drei Familien Boateng

Oktober 2011, es ist ein herrlicher Herbsttag in der Lombardei. Kevin kommt gerade vom Trainingszentrum Milanello des AC Mailand zurück, in ein Hotel im Norden der Stadt. Von dort hat man eine gute Verbindung zum Trainingsgelände und steht nicht so oft im Stau. Auf solche Dinge achtet er mittlerweile.

Kevin ist in Mailand der Star, der er immer sein wollte. Er ist Meister geworden im Sommer 2011, und wenn er in der Innenstadt am Dom auftaucht, ist sofort eine Menschenmenge um ihn herum, das ist etwas ganz anderes, als wenn Jérôme, Bastian Schweinsteiger oder Philipp Lahm durch München laufen. Da fragen die Leute manchmal nach Autogrammen oder bitten um ein Foto, an Kevin hängt eine Traube von jungen Leuten, und die Mädchen kreischen, wie sie es in Berlin am Potsdamer Platz tun, wenn ein Popstar über den roten Teppich läuft.

Über ein merkwürdiges Finanzierungsgeschäft war er vom FC Genua verpflichtet worden, aber unverzüglich reichten die ihn weiter an den zwischenzeitlich etwas klammen Klub von Silvio Berlusconi.* Doch nach dem Titelgewinn hat der AC Mailand Kevin für weitere drei Jahre fest engagiert, kein Trikot verkauft sich besser als das mit dem Namen Prince auf dem Rücken. Auf seinem rechten Oberarm ist die italienische Nationalflagge tätowiert, mit einer 18 in der Mitte, die Zahl steht für Milans achtzehnte Meisterschaft.

In Mailand hatte Kevin schnell den Weltmeister Gattuso verdrängt. Andrea Pirlo, der andere Weltmeister, hat sich einen neuen Klub gesucht, weil ihm die Konkurrenz bei Milan zu groß geworden ist. Der Trainer änderte wegen Kevin das System und führte die klassische Spielmacherrolle wieder ein, die Zehner-Position, die schon abgeschafft schien im modernen Fußball. Die Zeitungen nennen ihn nach wenigen Spielen staunend, aber auch doppeldeutig einen Zug, den man nicht stoppen kann, weil ihm die Bremsen fehlen (»treno senza freni«). Kevin fegt mit einer solchen Wucht über den Platz, seine Auftritte sind ein Ereignis. Die seriöse und zurückhaltende Turiner Zeitung *La Stampa* spielt mit dem Namen des neuen Stars: »Nach wenigen Spielen ist Boateng bereits zum Fürsten des Milan-Mittelfelds avanciert und hat die Tifosi mit seinem Repertoire begeistert: Laufbereitschaft, Intensität und Vorlagen.« Es dauerte nur ein paar Wochen, und das ganze Stadion rief »Boa«, das hatte Kevin noch nie zuvor erlebt. Die Fans halten Transparente hoch, auf denen steht: »Big Bang Boateng«. Er selbst gibt sich zurückhaltend und sagt, dass es für ihn eine große Ehre ist, mit Stars wie Ronaldinho und Ibrahimovic in einer Mannschaft zu spielen, und dass er aus seinen Fehlern gelernt hat.

Vor dem Duell gegen Inter Mailand kurz vor dem Saisonende kommt Silvio Berlusconi in die Kabine und verspricht den Spielern 500 000 Euro Extraprämie und ein paar andere Annehmlichkeiten, wenn sie das Derby gewinnen und den Scudetto, die italie-

---

* Wohlhabender italienischer Unternehmer und langjähriger Ministerpräsident Italiens (geb. 1936), Vorsitzender des AC Mailand.

nische Meisterschaft. Als sie den Titel nach einem 4:1 gegen Cagliari Calcio sicher haben, steigt Kevin im San-Siro-Stadion auf eine kleine Bühne, auf die er den Meisterpokal stellt. Im Stadion geht das Licht aus, nur auf Kevin ist ein Scheinwerfer gerichtet. Er macht im Michael-Jackson-Outfit den Moonwalk zum Song »Billy Jean«. Seine Mitspieler stehen klatschend und jubelnd mit den Medaillen um den Hals an der Bühne, die Fans toben vor Begeisterung. Die Bilder des Moonwalks gehen um die Welt, und Kevin hofft, dass sein Lehrer Bleimling diese Bilder sieht. Als er mit der Show fertig ist, stürmen die Kollegen auf die Bühne und umarmen ihn, als hätte Kevin das entscheidende Tor zum Titel geschossen.

Ein Jahr lang hat er es abgelehnt, auch nur ein Wort über sich und seine Brüder zu erzählen, er sprach ja selbst nicht mehr mit ihnen. Aber kurz vor dem Titelgewinn meldet sich Kevin wieder, erst bei Jérôme und dann auch bei George. Es geht ihm endlich wieder gut, er hat bewiesen, was für ein guter Spieler er sein kann, und nun überlegt er, vielleicht doch gemeinsam über sich und seine Brüder zu sprechen.

Kevin wirkt ruhig und gelassen an diesem Tag in Mailand. Er sagt, dass er schon länger darüber nachdenkt, seine eigene Geschichte aufzuschreiben, es soll ein Knaller werden, ein Bestseller. Er bestellt sich einen Teller Nudeln, und es dauert nicht lange, bis er aus seinem Leben erzählt, von seinen Brüdern, seinem Vater, seiner Mutter, seiner neuen Familie, seinem Wechsel nach Ghana, von der Weltmeisterschaft und von Mailand.

Nach einer Stunde beendet Kevin etwas abrupt das Gespräch. Es gäbe noch viel zu erzählen, aber er weiß nicht, ob er nicht doch seine eigene Geschichte veröffentlichen wolle, ohne seine Brüder. »In zwei Tagen melde ich mich«, sagt er.

Aber Kevin meldet sich nicht.

Nach dem Titelgewinn mit Mailand heißt es in den Zeitungen bald, dass Kevin nachts zu lange feiert. Seine Leistungen sind schwankend, Verletzungen machen ihm zu schaffen und auch zwei Platzverweise. Einmal ist es ein Handspiel, dann schimpft er nach seiner Auswechslung rum. »Ich weiß, dass es nur Kleinigkeiten bedarf, um vom Topstatus runterzufallen«, sagt Kevin. Aber seine Auftritte sind immer wieder auch eine große Show. Als er in der Liga beim Spiel in Lecce eingewechselt wird, liegt Milan 0:3 zurück. Nach der Pause erzielt Kevin in 14 Minuten drei Tore zum 3:3-Ausgleich, Milan gewinnt noch 4:3. Er ist erst der zweite Spieler in der Geschichte der Serie A, dem nach einer Einwechslung drei Tore gelingen. Auf dem Spielfeld legt er den Finger auf seine Lippen: die Aufforderung an seine Kritiker, endlich zu schweigen. »Das galt all jenen, die an meiner Professionalität gezweifelt haben«, sagt Kevin. »Ich denke jeden Moment an meinen Beruf.« Im Achtelfinale der Champions League wenige Monate später gelingt ihm beim 4:0 gegen Arsenal London ein spektakulärer Treffer, nun schwärmen auch die deutschen Zeitungen. »Kevin Boateng in Mailand auf dem Weg zum Weltstar«, schreibt die Welt. Und in *Bild* heißt es: »Vom Ballack-Treter zum Super-Liebling – ganz Milan liegt Boateng zu Füßen«.

Als Kevin sich im Sommer 2011 nach fast einem Jahr wieder bei seinem Bruder meldet, läuft es in Manchester für Jérôme immer noch nicht so, wie er sich das erhofft hatte. Wieder ist er verletzt, diesmal für mehrere Wochen. Kevin fragt seinen Bruder, was die Verletzung macht und wie es den beiden Kindern geht. Sie plaudern ein bisschen, fast so, als wäre nichts gewesen. Dann verabreden sie, sich in Ruhe auszusprechen. Drei, vier Wochen später treffen sich Jérôme und Kevin in Deutschland.
Im März 2011 ist Jérôme als letzter der drei Brüder Vater geworden, seine Freundin Sherin hat in Berlin Zwillinge zur Welt gebracht. Sie dachten zwar an einen Umzug nach Manchester, aber nicht vor der Geburt, und so ist Jérôme an seinen freien Tagen immer wieder bei seiner hochschwangeren Freundin in Berlin, und als er im März nach einem zweitägigen Besuch gerade wieder in Manchester ankommt, ruft Sherin an. Die Wehen haben eingesetzt. Jérôme nimmt die nächste Maschine zurück nach Berlin, mit seinem Klub hat er wegen der Geburt längst alles abgesprochen. Bevor er in die Maschine steigt, schreibt er noch eine SMS an den Trainerassis-

tenten, um sich abzumelden. Jérôme wundert sich, dass der Assistent fragt, ob er abends schon wieder in Manchester sein könne, falls die Kinder schnell kommen. Er solle ein paar Fitnessübungen absolvieren.

Nun bekommt Jérôme alle zwei, drei Stunden eine SMS des Assistenten, der immer nur fragt: Sind die Kinder da? Jérôme antwortet auf jede SMS, irgendwann schreibt er dann, dass er jetzt im Kreißsaal ist. Aber der Assistent gibt trotzdem keine Ruhe.

Jérôme ist erst ein gutes halbes Jahr in Manchester, er will nichts falsch machen bei seinem neuen Klub und sich keinen Ärger einhandeln. Er wagt es nicht, sein Telefon einfach auszuschalten, um den Zumutungen ein Ende zu machen. In der Nacht kommen keine SMS mehr aus Manchester. Am nächsten Morgen schreibt Jérôme, dass die Kinder da sind. Der Assistent gratuliert und teilt ihm dann mit, dass er ihm noch an diesem Tag einen Flug von Berlin nach Kiew bucht zum Spiel in der Euro League. Der Assistent simst ihm am Nachmittag, dass er in einer Viertelstunde am Flughafen sein muss. Jérôme hetzt aus dem Krankenhaus, nicht einmal 24 Stunden hat er mit den Neugeborenen und seiner Freundin verbracht. Er schafft es gerade noch rechtzeitig auf die Maschine, aber am nächsten Tag spielt er nicht in Kiew, und auf der Bank sitzt neben ihm ein Kollege, der seine Position ebenfalls spielen kann. Jérôme wurde gar nicht gebraucht. Solche Erfahrungen irritieren ihn in einem Klub, in dem er sich eigentlich wohl fühlt.

Jérôme ist 22 Jahre alt, als er Vater wird. Er spielt bei einem Spitzenklub der Premier League, der die höchsten Gehälter der Branche zahlt, mit der Nationalmannschaft ist er Dritter bei der Weltmeisterschaft geworden. Eine glänzende Zukunft liegt vor ihm, aber Jérôme fällt es schwer, sein erfolgreiches Profileben zu genießen. Immer spürt er den Druck, immer geht alles Schlag auf Schlag: Der Titel mit der U19, das Debüt bei Löw, die Weltmeisterschaft, der Wechsel nach Manchester, dann melden sich die Bayern. Der Druck wirkt vor allem, wenn er verletzt ist. Dann will Jérôme so schnell wie möglich wieder fit werden, denn er fürchtet, alles, was er sich erarbeitet hat, könnte ebenso schnell wieder dahin sein. »Die anderen sind doch genauso hungrig und wollen ihre Ziele erreichen«, sagt Jérôme. »Wenn man zu lange weg ist, und der andere gute Leistungen bringt, wird es immer schwer. Ich kann einfach nicht richtig genießen, was ich erreicht habe. Es geht immer weiter und weiter.«

Seine Mutter sagt ihm, dass er sich doch eine Woche länger Zeit nehmen soll, wenn er verletzt ist. Sie weiß, dass es ihren Sohn nervt, wenn sie das sagt, aber sie sagt es trotzdem. Auch George warnt seinen Bruder immer wieder, nicht zu früh einzusteigen. Aber Jérôme hört nicht auf die beiden.

In Manchester hört er von den Reportern immer wieder Fragen wie: Was nimmst du lieber: 30 Millionen Euro oder »nur« fünf Millionen und dazu gewinnst du die Champions League? Jérôme sagt dann, dass er Titel gewinnen will, die Champions League, die Europameisterschaft, die Weltmeisterschaft. »Das ist mir wichtiger, als am Ende 25 Millionen mehr zu haben. Natürlich ist Geld etwas Wichtiges, auch für meine Familie. Aber ich will etwas erreichen, so, dass man mich nicht vergisst.«

In Manchester erlebt Jérôme eine Saison mit vielen kleinen Rückschlägen. Er ist immer wieder verletzt, und das Versprechen des Klubs, dass er endlich als Innenverteidiger spielen darf, zählt bald nicht mehr. Wenn er dabei ist, spielt Jérôme meist als rechter Verteidiger. Manchester City erreicht dank der vielen Millionen Investitionen die Champions League und gewinnt den Pokal, aber im Endspiel von Wembley fehlt Jérôme wegen einer Blessur.

Doch dann meldet sich der FC Bayern, der deutsche Rekordmeister sucht einen Innenverteidiger. Es ist ein Angebot, wie es sich Jérôme nicht besser wünschen konnte. Er glaubt nun endlich auf seiner Lieblingsposition Karriere machen zu können, beim besten Verein des Landes, dem einzigen Weltklub in Deutschland. Außerdem freut er sich darauf, näher bei seiner Familie zu sein, wenn er wieder nach Deutschland zurückkehrt. Aber das Wichtigste ist die Aussicht auf die Innenverteidigerposition, auf der er bisher nur bei der U21-EM zeigen durfte, was er kann. »Ich will der beste Innenverteidiger der Welt werden«, sagt Jérôme. »Das ist ein großes Ziel, und es ist noch weit weg, ich brauche dafür viele Spiele und viel Erfahrung. Aber ich kann es erreichen bei den Bayern und der Nationalmannschaft.«

George macht im Jahr 2011 Pläne für sein Leben, wie er sie nie zuvor gemacht hat. Vor gut einem Jahr hatte er ein gutes Gespräch mit seinem Vater. Es sei endlich an der Zeit, dass auch er etwas aus sich und seinem Leben mache. Das sind Worte, auf die George lange gewartet hat, es ist das erste Mal, dass sein Vater so eindringlich mit ihm spricht. »Du darfst dich nicht aufgeben«, sagt ihm sein Vater. Er erzählt ihm aus seinem eigenen Leben, dass er einst den Traum hatte, in Deutschland zu studieren, aber dann auf dem Bau landete. Er sagt ihm, dass es sich lohnt, nicht aufzugeben, und dass es damals seine Kinder waren, die ihm Halt gaben.
Diese Erfahrung hat George auch schon gemacht. Im Jahr 2007 wurde Georges erstes Kind geboren, Jamal, ein Jahr später die Tochter Rojda. Jamal ist mit einer schweren Behinderung auf die Welt gekommen, er leidet am Down-Syndrom. Als die Ärzte Georges Biographie sahen, glaubten sie nicht, dass er und seine Frau diese Belastung würden tragen können. Sie fürchteten, die jungen Eltern würden mit dem Jungen überfordert sein, denn Jamal ist zu 80 Prozent behindert. Aber George merkte, dass nun eine Herausforderung auf ihn wartete, der er sich nicht entziehen wollte. »Ich weiß, dass ich das ganze Leben Vater sein werde«, sagt George, »das ist eine Lebensaufgabe. Ich habe mir gesagt: Du hast jetzt Kinder, kümmere dich um deine Kinder. Der Rest ist zweitrangig.«
George merkt sehr bald, wie gut ihm das Familienleben tut, das er früher so schmerzlich vermisst hatte. »Ich war schon immer ein Familienmensch«, sagt er. »In mein Leben ist allmählich Ruhe reingekommen. Denn das ist das Wichtigste: den inneren Frieden finden.«
Kevin, aber vor allem Jérôme unterstützen ihren Bruder, und so kann auch George den Wedding hinter sich lassen. Er zieht mit seiner Familie aus einer Anderthalbzimmerwohnung in ein eigenes Haus nach Reinickendorf. Sie wohnen nun in sechs Zimmern,

einen kleinen Garten gibt es auch, in dem die Kinder mit den Hunden spielen, und auf der Straße steht Georges schwarzer Mercedes. »Jérôme hilft mir jederzeit, wenn es mir schlecht geht. Von den Gedanken, aber auch finanziell«, sagt George. »Ich bin sehr, sehr froh, dass sich Jérôme so entwickelt hat. Da habe ich endlich einen Ruhepol in der Familie.«

Wenn George eine Idee hat, bespricht er sie mit Jérôme. Der hört sich die Sache an, schläft eine Nacht drüber und sagt George dann, was er davon hält. Jérôme versucht George immer alles in Ruhe zu sagen, ganz offen. Früher wäre das nicht möglich gewesen, das hätte George nicht akzeptiert. Er hätte seinen jüngeren Bruder nicht ernst genommen und ihn angemacht: Was er sich eigentlich einbilde? »George ist ein schwieriger Mensch, in dieser Hinsicht hat er sich schon sehr verbessert«, sagt Jérôme. »Ich hätte zuletzt viele Schritte gemacht, die nicht gut oder nötig gewesen wären. Davon hat Jérôme mich abgehalten«, sagt George. »Der eine Bruder weiß, was für den anderen gut ist. Manchmal kann man sich selbst nicht einschätzen. Da braucht man jemanden, der nachdenkt. Jérôme hat sehr viel Reife, fußballerisch und menschlich. So wäre ich in seinem Alter auch gerne gewesen.«

George plant, eine Sportsbar aufzumachen, auch Jérôme gefällt die Idee. Sie haben schon ganz konkret einen Laden in der Nähe des Ku'damms im Auge. Ihr Vater lebt dort um die Ecke mit seiner dritten Frau, einer Ghanaerin. Auch diese Nähe zu seinem Vater gefällt George, aber dann ist der Laden schon weg. Ein Konkurrent war schneller mit dem Vertrag. Doch diesmal lässt George sich nicht unterkriegen. »Es ist ein Segen für mich, dass ich zwei Brüder habe, die so erfolgreich sind, das bestärkt mich«, sagt er. »Ich hatte eine Phase, wo ich aufgegeben hatte, da habe ich mir gesagt: Alles, was ich anfasse, wird Scheiße. Aber wenn ich sehe, dass bei Jérôme und Kevin alles klappt, dann gibt mir das Hoffnung. Meine Brüder zeigen mir, dass es geht.«

Wie seine Brüder und sein Vater liebt George Musik, und Talent dafür hat er auch, aber jahrelang fehlten ihm der Mut und die Zuversicht, daraus etwas zu machen. Doch jetzt will er die Sache angehen, deutscher Hiphop war schon immer sein Ding. George gibt sich den Künstlernamen Trisomie, nach der Genommutation, unter der sein Sohn leidet. Er schreibt Texte und findet einen Manager, gemeinsam arbeiten sie an seinem ersten Album. Die Texte handeln von Liebe und Schmerz, es sollen keine Sachen über Gewalt, Verachtung und Hass werden, wie man sie von anderen Hiphoppern kennt, davon hat George genug. Die Einnahmen aus seinem Album und den Auftritten sollen einmal auch den Kindern zugute kommen, die wie Jamal am Down-Syndrom leiden. »Ich habe viel Arbeit vor mir«, sagt George.

Im Sommer hat George den Führerschein abgeben müssen, er war zu schnell unterwegs mit dem Mercedes. Als er den ersten Tag wieder fahren durfte und der Führerschein noch bei der Polizei lag, kontrollierte ihn eine Streife in Zivil. Der Wagen war ihm schon tagelang vor seinem Haus aufgefallen. Die Beamten fragten ihn, ob er seinen Führerschein schon wieder habe. »Klar«, sagt George, »seit heute darf ich wieder fahren.« »Schade«, entgegnet der Polizist. »Das wäre eine schöne Schlagzeile gewesen: Boateng-Bruder fährt ohne Führerschein.«

Im Sommer 2011, kurz vor dem Saisonstart, spielen Jérôme und Kevin wieder gegeneinander, diesmal mit dem FC Bayern und dem AC Mailand. Es ist ein Testspiel und Jérômes erster Einsatz für seinen neuen Klub. Er wird eingewechselt, sie sind nur ein paar Minuten gemeinsam auf dem Platz, aber anders als bei der Weltmeisterschaft steht diesmal nichts mehr zwischen ihnen. Es ist die Zeit, in der alle drei Brüder wieder zueinander finden. Nur ein paar Monate später sehen sie sich erstmals wieder zu dritt. Sie treffen sich bei Jérôme in München, Kevin kommt aus Mailand und George aus Berlin.

»Über alle wichtigen Dinge rede ich nur mit George und jetzt auch wieder mit Kevin, das war früher schon so. Es gibt ja Themen, über die man vielleicht nicht so gerne mit seinem Vater reden will«, sagt Jérôme. »Aber jetzt haben wir uns weiterentwickelt.« Kevin ist froh, dass er mit Jérôme nun wieder einen Bruder hat, mit dem er auch über sein Leben als Profi reden kann, einen, der genau versteht, was er meint, und auf dessen Rat er zählen kann. Seit er in Mailand angekommen ist, scheint in ihm auch der Konkurrenzkampf mit Jérôme nicht mehr so zu brennen, der ihn all die Jahre immer wieder angetrieben hatte, genauso wie Jérôme. Es ist, als müsse er sich nun nicht mehr beweisen, wer der bessere der Brüder ist. Jeder kann jetzt sein Spiel machen.

Kevins emotionale Verbindung zu George ist eine ganz besondere Verbindung, intensiver als zu Jérôme. Die Zeit, als er im selben Zimmer mit seinem großen Bruder aufwuchs und sie sich gemeinsam durch den Wedding und ihr schwieriges Leben kämpften, ist noch immer mächtig. Im Streit können sie heftig aneinandergeraten, aber nie geht dabei etwas kaputt.

Mit Jérômes Rückkehr nach Deutschland sind die Brüder wieder näher zusammengerückt, nicht nur geographisch, aber schon das ist nicht schlecht. George fand es schrecklich, als Kevin sich aus Mailand nicht meldete und Jérôme in Manchester lebte, da konnte er sich nicht einfach ins Auto setzen und zu ihm fahren wie in den Jahren zuvor nach Hamburg. Sie mussten in den Kalender schauen, um sich zu verabreden. »Das war die schlimmste Zeit für mich«, sagt er.

Im Oktober stehen die beiden letzten Qualifikationsspiele für die Europameisterschaft an. Jérôme ist wieder dabei, mit dem FC Bayern steht er an der Spitze der Bundesliga, die Nationalelf gewinnt in der Türkei mit 3:1, und danach auch gegen Belgien. Es ist der zehnte Sieg im zehnten Spiel. So gut war eine deutsche Nationalmannschaft noch nie. Nach diesen Siegen erreicht Jérôme eine Nachricht von seinem Bruder aus Mailand. Kevin will sich jetzt doch nicht mit ihm und George treffen, um über die gemeinsame Vergangenheit zu sprechen. Er macht lieber sein eigenes Ding. »So ist er halt«, sagt Jérôme.

Kevin beschließt, dass er nicht mehr für Ghana spielen will. Die physische Belastung sei zu groß, er will sich auf seine Karriere im Klub konzentrieren. Er macht ein spezielles Trainingsprogramm in Mailand, das er bei Länderspielen immer wieder unterbrechen muss, und das sei nicht gut, heißt es in der offiziellen Begründung. Nach nur neun Länderspielen endet im Oktober 2011 die Beziehung zwischen Kevin und Ghana, endgültig, wie es heißt. Kevin weiß, dass sich seine Karriere nach den Erfolgen im Klubfußball bemessen wird, nicht nach den Erfolgen mit Ghana. Und weil Milan ihn nicht für die Nationalelf abstellen will, weil er dem Klub dann etwa während des Afrikacups wochenlang fehlen würde, entscheidet sich Kevin gegen Ghana. Aber man muss sich nicht wundern, wenn er bei der Weltmeisterschaft 2014 in Brasilien wieder auftaucht im Trikot der »Black Stars«. Ghana wird Kevin auch dann noch gut gebrauchen können, und Kevin wird die Weltmeisterschaft gebrauchen können.

Auf Kevins Handrücken ist ein Datum tätowiert: 23.4.08. Es ist der Geburtstag seines Sohnes. Ein paar Wochen nach dem Besuch in Mailand melden die Zeitungen die Trennung von seiner Frau. Jenny nimmt Jermaine mit zurück nach Deutschland. Kevin und Jérôme verabreden, in der Winterpause zusammen Urlaub zu machen, in Miami. Das ist nun ihre gemeinsame Reise in die Vereinigten Staaten. In Deutschland sieht man zum Jahreswechsel Bilder von Kevin und Jérôme am Strand, ein paar Wochen später zeigen die bunten Blätter, wie Kevin mit seiner neuen Freundin durch Mailand bummelt. »Ich vermisse meinen Sohn sehr«, sagt Kevin in einem Interview mit *Vanity Fair*. »Er ist jetzt für mich nur eine Stimme im Alter von drei Jahren, die ich mehrmals am Tag am Telefon höre. Wenn mein Sohn jetzt da wäre, würde er mir entgegengerannt kommen und mit mir Ball spielen wollen.«

»Wenn man aus einem gestressten, getrennten Elternhaus kommt, dann will man seinen Kindern so schnell und so früh wie möglich viel Gutes geben«, sagt George. »Darum haben wir alle vielleicht ein bisschen früh Kinder bekommen. Wir haben das Verlangen, jemandem etwas zu geben.« Auch Jérôme hatte sich früh vorgenommen, ein junger Vater zu werden, er wollte nicht älter als 24 sein, sonst hätte er sich ein bisschen alt gefühlt, sagt er. Er wollte vermeiden, dass seine Kinder später einmal sagen: Papa, du bist so langweilig.

Langweilig war es mit ihrem Vater nie, da sind sich die Brüder einig. George erinnert sich noch, wie Prince Boateng an der Ampel gehalten hat, alle Kinder hinten drin im Wagen, und er bremste im Rhythmus der Musikbeats aus dem Recorder. »Wenn ich mit meinen Freunden im Auto fahre, und der Beat kommt so, dann bremse ich manchmal auch so wie mein Vater«, sagt George. »Unsere Kinder sollen genauso viel Spaß haben an uns wie wir an unserem Vater. Das ist eine seiner guten Seiten.«
George wünscht sich, dass ihre Kinder helfen, die Familie zusammenzuführen. Er hätte es früher gerne gehabt, wenn alle wenigstens einmal in Monat bei den Großeltern zusammengekommen wären, der ganze Clan, wie er sagt, damit man die Kraft einer Großfamilie spürt. So hatte sich George immer eine intakte Familie vorgestellt. Jetzt fühlt er sich mit seinen Brüdern zuständig dafür, dass sie es besser machen als die Generation vor ihnen. »Wir haben jetzt das beste Verhältnis unter uns Brüdern seit unserer Kindheit im Käfig«, sagt George. »Jetzt hat jeder seinen Platz gefunden«. Auch die Frauen der Boatengs wollen den Kontakt mit den Kindern untereinander halten. »Wir können etwas aufbauen, was wir früher nicht hatten. Unsere Kinder sollen wissen, dass sie immer zu Onkel Jérôme, Onkel Kevin und Onkel George gehen können«, sagt George.
Es ist, als hätte er es immer gewusst, als er auf der Bank an der Panke seine Tochter im Arm hält, seinen Bruder anschaut und sagt: »Die Vergangenheit können wir nicht mehr ändern. Die Zukunft ist alles.«

Anmerkung zu den Quellen und Zitatnachweise

Dieses Buch fußt auf intensiven Gesprächen mit George und Jérôme Boateng sowie auf Interviews mit Verwandten, Freunden und Wegbegleitern der drei Brüder: Karin Babbe, Wolfgang Bleimling, Nina Boateng, Prince Boateng, Frank Friedrichs, Dennis Hoy Ettisch, Horst Hrubesch, Jürgen Klopp und Frank Vogel. Unter den journalistischen Texten zu den Brüdern seien die folgenden hervorgehoben: Andreas Austilat: »Das Talent«, *Tagesspiegel*, 8.6.2003 • Anita und Marian Blasberg: »Der Nabel ihrer Welt«, *Die Zeit*, 12.5.2010 • Maik Grossekathöfer: »Das Familienduell«, *Spiegel*, 12.4.2010 • Florian Scholz und Tim Prüfig: »Aus dem Ghetto direkt in die Bundesliga«, *Sport-Bild*, 18/2007. Im Folgenden werden die aus anderen Texten stammenden Zitate im Einzelnen aufgelistet:

S. 13, Zitat Kevin Boateng (abgek. KB): *Die Zeit*, 12.5.2010 (»Der Nabel ihrer Welt« von Anita und Marian Blasberg) • **S. 16**, Zitat KB »Ich komme aus dem Wedding«: *Frankfurter Allgemeine Zeitung*, 13.6.2010; ähnlich in *Bild am Sonntag*, 23.5.2010 und *Bild*, 15.7.2010; Zitat KB »Viele Kumpels«: *Sport-Bild*, 14.2.2009 (Interview mit Oliver Pocher, aufgezeichnet von Kai Traemann) • **S. 22**, Zitat KB »Ich wusste schon«: *Frankfurter Allgemeine Zeitung*, 13.6.2010 • **S. 25**, Zitat Michael Becker: *Frankfurter Allgemeine Zeitung*, 19.5.2010 • **S. 26**, Zitat KB: *Tagesspiegel*, 13.3.2006 und *Die Zeit*, 12.5.2010 • **S. 27**, Zitate Prince Boateng: *BZ*, 16.5.2010 • **S. 29**, Zitat KB »Warum tut ihr das?«: *Sport-Bild*, 26.5.2010 • **S. 30**, Zitat KB »In den ersten Tagen«: *Sabotage Times Online*, Juni 2010 • **S. 30**, Zitat KB »Was für ein Verhalten«: *Sport-Bild*, 19.5.2010 • **S. 35**, Zitat Jérôme Boateng (abgek. JB) »Kevin ist ein guter Mensch«: *Frankfurter Allgemeine Zeitung*, 13.6.2010 • **S. 44**, Zitat KB »Bild des Bad Boys«: *Fifa-Homepage*, Juni 2010 • **S. 44**, Zitat Rajevac: *Spiegel-Online*, 23.6.2010 • **S. 46**, Zitat KB »weder Hass«: *Sport-Bild*, 2.5.2010 • **S. 47**, Schlagzeilen: *Bild*, 22.6.2010; *BZ*, 22.6.2010 • **S. 49**, »Kain und Abel«: *Le Monde*, 23.6.2010 • **S. 50**, Zitat Tine Boateng: *Super-Illu*, 25.6.2010 • **S. 53**, Zitat KB »Ab sofort«: *Sport-Bild online*, 24.6.2010 • **S. 54**, Zitat KB »Wir wollen für ganz Afrika siegen«: *Hamburger Abendblatt*, 2.7.2010 • **S. 58**, Zitate Atta Mills und Kofi Annan: *Sport-Informations-Dienst*, 6.7.2010; Zitat KB: *Sport-Informations-Dienst*, 5.7.2010 • **S. 61**, Zitat Beckenbauer: *Bild*, 30.5.2010 • **S. 62**, Schmiererein im Netz: http://www.ultras.ws/auslaendische-spieler-in-der-(deutschen)-nationalmannschaft-t6900-s8.html; Zitat NPD: http://www.freitag.de/community/blogs/alem-grabovac/wir-sind-deutsche-und-ihr-seid-idioten • **S. 63**, Zitat Löw: *Bild*, 4.6.2010 • **S. 65 f.**, Zitat Cacau: *Frankfurter Allgemeine Zeitung*, 16.6.2010 • **S. 66 f.**, Zitat Khedira: *Frankfurter Allgemeine Sonntagszeitung*, 13.6.2010 • **S. 69**, Zitat de Maizière: *Frankfurter Allgemeine Zeitung*, 29.6.2010 • **S. 70**, Zitat Integrationsbeauftragte (Maria Böhmer): *Berliner Morgenpost*, 8.7.2010 • **S. 70 f.**, Zitat Wulff: Pressekonferenz in Pretoria, 11.7.2010, *Frankfurter Allgemeine Zeitung*, 12.7.2010 • **S. 71**, Zitat Özil: *Focus*, 2.10.2010 • **S. 91**, Zitat Merkel: *Berliner Morgenpost* und *Bild*, 20.10.2011 • **S. 110**, »Die falschen Freunde«: *Tagesspiegel*, 8.6.2003 (»Das Talent« von Andreas Austilat) • **S. 114**, »den Okocha machen«: ebd. • **S. 126**, Zitat KB »Die Aktion finde ich super«, »gleich wieder wohl gefühlt«: http://www.deinkiez.de/Hertha-Fussballerputzt-im-Kiez.2698.0.html • **S. 126**, Zitat KB »Herr Bleimling«: *Die Zeit*, 12.5.2010 • **S. 129**, Zitat KB »Probleme mit Autoritäten«: *Elf Freunde*, 16.5.2010 • **S. 133**, Zitat Deisler: *Frankfurter Allgemeine Zeitung*, 3.4.2003 • **S. 134**, Zitate KB: *Tagesspiegel*, 8.6.2003 • **S. 136**, Zitat DFB-Präsident (Theo Zwanziger) am 12.10.2005: http://www.dfb.de/index.php?id=500014&tx_dfbnews_pi1%5BshowUid%5D=5136&tx_dfbnews_pi4%5Bcat%5D=10 • **S. 144**, Zitat JB »Plötzlich lagen da Trikots«: *Tagesspiegel*, 21.6.2010 • **S. 148**, Zitat KB: *Daily Mail Online*, 10.8.2007 • **S. 149**, Zitat KB »Abschiedsparty«: *BZ*, 2.8.2007 • **S. 149**, »Schnäppchen«: http://www.fanatix.com, 1.8.2007 (Mark Apostolou) • **S. 150**, Zitat KB »Als ich von Hertha kam«: *Sabotage Times Online*, Juni 2010 • **S. 150**, Zitat KB »was für ein guter Spieler«: *Frankfurter Allgemeine Zeitung*, 13.6.2010 • **S. 152**, »Verkehrte Welt bei den Boatengs«: *Kicker*, 5.11.2007 • **S. 155**, Zitate KB: *Kicker*, 27.10.2008 • **S. 156**, Zitat KB »auf Anhieb«: *Kicker*, 20.1.2009 • **S. 156**, Zitat Klopp: *Die Welt*, 21.1.2009 • **S. 157**, Zitat KB »letzte Chance«: *Kicker*, 20.1.2009 • **S. 157**, Zitate Beckenbauer und Klose: *Bild*, 9.2.2009 • **S. 158**, Zitat Matthäus: *Sport-Bild*, 25.2.2009 • **S. 158**, Zitat Klopp: *Sport-Bild*, 4.3.2009 • **S. 159**, Zitat KB »noch sechs Spiele«: *Süddeutsche Zeitung*, 21.5.2009 • **S. 160**, Zitat Reif: *Bild*, 14.5.2009 • **S. 160**, Zitat Klopp: *Bild*, 11.3.2009 • **S. 160**, Zitate KB »nur noch drei Spiele«: *Sport-Bild*, 27.5.2009 • **S. 160**, »RAMBOateng«: *Bild*, 14.5.2009 • **S. 160f.**, Zitat KB »Meine Frau und ich beten«: *Süddeutsche Zeitung*, 21.5.2009 • **S. 161**, Zitat KB »Trotzdem«: *Sport-Bild*, 27.5.2009 • **S. 162**, Zitat Hrubesch: *Frankfurter Allgemeine Zeitung*, 29.6.2009 • **S. 164**, »Wie ein schwarzes Loch«: *Financial Times Deutschland*, 16.6.2009 • **S. 165**, Zitat Hrubesch: *Hamburger Abendblatt*, 17.6.2009 • **S. 165**, »Er verblüfft«: *taz*, 22.6.2009 • **S. 167**, »Endlich nützt«: *Berliner Zeitung*, 1.7.2009; »Ein Versprechen«: *Die Welt*, 1.7.2009; »Mittsommernachtsmärchen«: *Tagesspiegel*, 1.7.2009, *Kicker*, 2.7.2009 • **S. 172f.**, Zitat JB »Ich muss in dieser Szene attackieren«: *Süddeutsche Zeitung*, 12.10.2009 • **S. 174**, Zitat Sammer: *Die Welt*, 30.10.2009 • **S. 177** »treno senza freni«: http://tutto-mercatoweb.com, 7.10.2010; »zum Fürsten des Milan-Mittelfelds avanciert«: *La Stampa*, 21.9.2010 • **S. 179**, Zitate KB: *Frankfurter Rundschau*, 31.12.2011; »In Mailand auf dem Weg zum Weltstar«: *Die Welt*, 16.2.2012; »Vom Ballack-Treter zum Superliebling«: *Bild*, 16.2.2012

Verzeichnis der Fußballspieler und Fußballspielerinnen

Das folgende Verzeichnis führt die im Buch erwähnten Fußballspieler und Fußballspielerinnen mit ihren Vereinen in der Saison 2011/12 auf.

Adiyiah, Dominic: geb. 1989 in Ghana, AC Mailand
Annan, Anthony: geb. 1986 in Ghana, Vitesse Arnheim
Aogo, Dennis: geb. 1987 in Karlsruhe, Hamburger Sportverein
Asamoah, Gerald: geb. 1978 in Ghana, Spielvereinigung Greuther Fürth
Badstuber, Holger: geb. 1989 in Memmingen, FC Bayern München
Bale, Gareth: geb. 1989 in Wales, Tottenham Hotspurs
Ballack, Michael: geb. 1976 in Görlitz, Bayer Leverkusen
Banecki, Nicole: geb. 1988 in Berlin, FC Bayern München (Frauenmannschaft)
Banecki, Sylvie: geb. 1988 in Berlin, FC Bayern München (Frauenmannschaft)
Beck, Andreas: geb. 1987 in Russland, TSG 1899 Hoffenheim
Beckham, David: geb. 1975 in England, Los Angeles Galaxy
Ben-Hatira, Änis: geb. 1988 in Berlin, Hertha BSC
Bent, Darren: geb. 1988 in England, Aston Villa
Boateng, Jérôme: 1988 in Berlin, FC Bayern München
Boateng, Kevin-Prince: 1987 in Berlin, AC Mailand
Borowski, Tim: geb. 1980 in Neubrandenburg, SV Werder Bremen
Cacau (eigentlich: Claudemir Jeronimo Barreto): geb. 1981 in Brasilien, VfB Stuttgart
Dejagah, Ashkan: geb. 1986 im Iran, VfL Wolfsburg
Ebert, Patrick: geb. 1987 in Potsdam, Hertha BSC
Ede, Chinedu: geb. 1987 in Berlin, 1. FC Union Berlin
Essien, Michael: geb. 1982 in Ghana, FC Chelsea
Friedrich, Arne: geb. 1979 in Bad Oeynhausen, Chicagio Fire
Gattuso, Gennaro: geb. 1978 in Italien, AC Mailand
Gyan, Asamoah: geb. 1985 in Ghana, AFC Sunderland
Hasebe, Makoto, geb. 1984 in Japan, VfL Wolfsburg
Ibrahimovic, Zlatan: geb. 1981 in Schweden, AC Mailand

Kaboul, Younès: 1986 in Frankreich, Tottenham-Hotspur
Karabulut, Aydin: geb. 1988 in Berlin, Göztepe Izmir
Kehl, Sebastian: geb. 1980 in Fulda, Borussia Dortmund
Klose, Miroslav: geb. 1978 in Polen, Lazio Rom
Lahm, Philipp: geb. 1983 in München, FC Bayern München
Marcelinho (eigentlich: Marcelo dos Santos): geb. 1975 in Brasilien, Sport Club do Recife
Mensah, John: geb. 1982 in Ghana, AFC Sunderland
Metzelder, Christoph: geb. 1980 in Haltern, FC Schalke 04
Müller, Thomas: geb. 1989 in Weilheim, FC Bayern München
Özil, Mesut: geb. 1988 in Gelsenkirchen, Real Madrid
Piquionne, Frédéric: geb. 1978 in Neuschottland (Pazifik), West Ham United
Pirlo, Andrea: geb. 1979 in Italien, Juventus Turin
Podolski, Lukas: geb. 1985 in Polen, 1. FC Köln
Ribéry, Franck: geb. 1983 in Frankreich, FC Bayern München
Robben, Arjen: geb. 1984 in den Niederlanden, FC Bayern München
Ronaldinho (eigentlich: Ronaldo de Assis Moreira): geb. 1980 in Brasilien, CR Flamengo
Rooney, Wayne: geb. 1985 in England, Manchester United
Sahin, Nuri: geb. 1988 in Lüdenscheid, Real Madrid
Salihovic, Sejad: geb. 1984 in Bosnien-Herzegowina, TSG 1899 Hoffenheim
Sarpei, Hans: geb. 1976 in Ghana, FC Schalke 04
Schindzielorz, Sebastian: geb. 1979 in Polen, VfL Wolfsburg
Schwarzer, Mark: geb. 1972 in Australien, FC Fulham
Schweinsteiger, Bastian: geb. 1984 in Kolbermoor, FC Bayern München
Seedorf, Clarence: geb. 1976 in Suriname, AC Mailand
Suárez, Luis: geb. 1987 in Uruguay, FC Liverpool
Trochowski, Piotr: geb. 1984 in Polen, FC Sevilla
Yelen, Zafer: geb. 1986 in Berlin, FSV Frankfurt

Nachwort

Neil MacGregor ist der Leiter des weltbekannten Britischen Museums in London. MacGregor hatte die faszinierende Idee, die Weltgeschichte in 100 Objekten darzustellen, die im Museum ausgestellt werden sollten. Natürlich fehlt der steinzeitliche Faustkeil nicht, auch nicht die altägyptische Statue von Ramses II. Objekt Nr. 99 ist eine moderne Kreditkarte. Was sollte als Nr. 100, als letztes Objekt, gewählt werden?

MacGregor erwarb für das Museum ein Fußballtrikot der Weltmeisterschaft von 2010. Sport habe, so schreibt er, „auch schon früher zur Verbrüderung von Gemeinschaften beigetragen, aber heute scheint der Fußball die Welt vereint zu haben" (Neil MacGregor: *Eine Geschichte der Welt in 100 Objekten*, München: C. H. Beck, 2011, S. 748). Das Fußballtrikot als Symbol einer zueinander findenden Weltgemeinschaft: Das wäre gleichsam die kulturgeschichtliche Krönung eines Mannschaftsspiels gewesen, das in aller Welt auf jeder Gasse und auf jeder Wiese gespielt werden kann, auch ohne Hightech-Schuhe und Marken-Lederball. MacGregor entschied sich zwar dann doch für eine Solarlampe als Objekt Nr. 100, da diese mehr Bedeutung für die Zukunft habe als ein Fußballtrikot, aber an der weltumspannenden Bedeutung des Fußballspiels ändert diese Entscheidung natürlich nichts.

Der Fußball hat die drei in Berlin geborenen Brüder Boateng, die Halbbrüder George (geb. 1982), Kevin-Prince (geb. 1987) und Jérôme (geb. 1988) in einer wichtigen Phase ihres Lebens entscheidend geprägt. Zwei der Brüder, Kevin-Prince und Jérôme, sind als Fußballprofis Weltstars geworden. Der dritte und älteste Bruder George galt als der begabteste Fußballer, er hat es aber nicht bis an die Spitze geschafft – er lebt in Berlin, da, wo er herkommt, und züchtet Kampfhunde. Warum haben es zwei bis an die Spitze geschafft, einer aber nicht? Warum spielen die beiden erfolgreichen Brüder, die einen gemeinsamen Vater haben, aber nicht gemeinsam aufgewachsen sind, nicht nur in unterschiedlichen Spitzenmannschaften, sondern auch in unterschiedlichen Nationalteams? Warum stehen beide, wie viele Spitzensportler, so oft im Rampenlicht der Medien? Wiederholt sich bei Kevin-Prince und Jérôme die ewig junge Geschichte vom feindlichen Brüderpaar: *the good guy and the bad guy?* Ist die Integration von Jugendlichen mit Migrationshintergrund wie die Brüder Boateng nur im Ausnahmefall mal erfolgreich oder können die Brüder als Beispiele einer erfolgreichen Integrationspolitik in unserem Land stehen? Und natürlich: Was hat das mit uns zu tun? Stehen die Lebensläufe der Brüder exemplarisch für Lebensläufe junger Menschen in unserer Gesellschaft, ob mit und ohne Migrationshintergrund? Antworten auf diese und weitere Fragen werden durch die Lektüre des Buches vorbereitet. Die Antworten verraten viel über den Zustand unserer Gesellschaft, in sozialer Hinsicht, mit Blick auf die Medienmacht und mit Blick auf das Seelenleben von Spielern und Zuschauern, den Fans. Das Buch verrät damit auch viel über uns.

(Dr. Christoph Kunz)

Der Autor

Michael Horeni wurde 1965 in Frankfurt am Main geboren. Nach seinem Politikstudium ist er seit 1989 als Redakteur bei der renommierten Sportredaktion der *Frankfurter Allgemeinen Zeitung* tätig. Für seine journalistische Arbeit erhielt er 1998 den Fair-Play-Preis für Sportjournalismus.